ullstein

Das Buch

Als Markus im Internet Anna kennenlernt, ist es sofort um ihn geschehen. Doch Annuschka ist Russin. Sie lebt weit weg mit ihrer Familie, den Eltern, dem Bruder und Babuschka Maria, in einer Stadt im Ural. Keine Frage, Markus muss zu ihr. Und so reist er mitten im russischen Winter nach Perwouralsk. Ohne Sprachkenntnisse und mit der Ahnung, dass es um seine Männlichkeit nach russischen Maßstäben nicht so gut bestellt ist.

Getreu dem russischen Motto »lieber zu viel als zu wenig« kämpft Markus im wilden Osten um Annuschkas Liebe – und um die Anerkennung ihrer russischen Verwandtschaft: Mit Vater Semjon misst sich Markus im Biathlon. Für Babuschka Maria wagt er sich an abenteuerliche Gerichte wie »Hering im Pelzmantel« und mit Bruder Mischa im rostigen Lada auf die Autobahn. Für die mandeläugige Annuschka geht Markus in Russland jedes Risiko ein. Doch erst als die beiden gemeinsam zurück nach Deutschland reisen, merkt Markus, dass ihrer Liebe die größte Prüfung noch bevorsteht …

Der Autor

Markus Müller, Jahrgang 1965, hat in Köln Germanistik, Politik und Ethnologie studiert, danach arbeitete er unter anderem als Werbetexter, Journalist und Drehbuchautor von Fernsehserien für ARD, RTL und SAT1. Seit 2002 ist er überwiegend als Comedy-Autor tätig, unter anderem »Die dreisten Drei« und »Ich bin Boes«. Markus Müller ist glücklich mit seiner russischen Frau Ksenia verheiratet; sie leben gemeinsam mit ihrem kleinen Sohn Aljoscha in Köln.

MARKUS MÜLLER

RUSSENKUSS

ANNUSCHKA,
IHRE FAMILIE UND ICH

Ullstein

Besuchen Sie uns im Internet:
www.ullstein-taschenbuch.de

MIX
Papier aus verantwortungsvollen Quellen
FSC® C083411

Originalausgabe im Ullstein Taschenbuch
1. Auflage September 2014

Umschlaggestaltung: © semper smile, München
Illustration: © semper smile, München
Titelabbildungen: Hintergrund: © Shutterstock / Alina G;
Skyline Moskau: © Shutterstock / Yurkalmmortal
Satz: KompetenzCenter, Mönchengladbach
Gesetzt aus der Dante MT
Papier: Pamo Super von Arctic Paper Mochenwangen GmbH
Druck und Bindearbeiten: CPI books GmbH, Leck
Printed in Germany
ISBN 978-3-548-37514-4

Für die beste Ehefrau westlich des Ural – und östlich.

1.

Der Analphabet, der aus dem Flugzeug stieg und nie ankam

Moskau, Flughafen Scheremetjewo, zwei Wochen vor Weihnachten:

Ich muss umsteigen, Moskau ist gerade mal die halbe Strecke bis Jekaterinburg. Um umzusteigen, muss ich aber erst zum Inlandsterminal. Nur ist der Inlandsterminal nicht einfach ein Terminal, sondern ein eigener Flughafen, deshalb muss ich zunächst den Bus nehmen. Wo ist dieser verdammte Busbahnhof?! In meinem Kopf schnurren die zweieinhalb Stunden, die ich zur Verfügung habe, zu einem Minutenaufenthalt zusammen, während ich mit meiner schweren Reisetasche an der Schulter orientierungslos durch endlose Gänge haste.

So viel weiß ich bereits: Die Suche nach einem Infoschalter mit englischsprachiger Infeuse wäre reine Zeitverschwendung. Der Exil-Russe im Kölner Reisebüro, bei dem ich den Aeroflot-Flug gebucht habe, hatte eine recht lakonische Antwort parat, als ich ihn fragte, was zu tun sei, wenn ich mich in Moskau nicht zurechtfände: »Wenn Sie wollen, dass sich irgendein Offizieller um Sie kümmert, spielen Sie den Betrunkenen, lassen Sie eine Bierflasche fallen, pöbeln Sie ein bisschen rum. – Aber Englisch ...«, der Alte lachte spöttisch. »Es gibt ein Sprichwort in Russland: Falls du am Ertrinken bist, solltest du schleunigst schwimmen lernen.«

Als ich mit den Tickets in der Hand und leicht mulmigem Gefühl im Bauch seinen Laden verließ, machte er ein Fischmaul und fröhlich Schwimmbewegungen: »Denken Sie dran ...!«

Interessant, dachte ich, im ehemaligen Weltreich des Kommunismus gibt's sogar eine säkulare Version von »Hilf dir selbst, dann hilft dir Gott«. Aber warum machte der Idiot ein Fischmaul?! Wenn ich ein Fisch wäre, müsste ich schließlich nicht schwimmen lernen – schon gar nicht Brustschwimmen!

Okay, ich habe zweieinhalb Stunden Zeit, um hier den verdammten Busbahnhof zu finden und in den Bus Nummer 5 zu steigen, das sollte für einen durchschnittlich intelligenten Mann wie mich doch machbar sein. Den Besoffenen spielen kann ich immer noch, wenn's nicht klappt. – Bloß nicht hektisch werden, Markus!

Leicht gesagt. Ich schaue auf die Uhr. Wie lang die Busfahrt wohl dauert? Was, wenn diese Busse nur jede Stunde oder so fahren? Inzwischen trage ich die überladene Reisetasche in der Hand, weil meine Schulter schmerzt. Jetzt dengelt sie mir im Laufschritt ständig ans Knie, was auf die Dauer ebenfalls ziemlich weh tut. Warum, verdammt noch mal, habe ich mir nicht so ein praktisches Rollköfferchen angeschafft?! – Ach ja: Ich finde, Männer mit Rollköfferchen im Schlepp sehen albern aus.

Womöglich dient die Reisetaschen-Tortur auch dazu, mir einen letzten Rest Männlichkeit gegenüber Anna zu bewahren? Die Vorstellung, ihr bei der ersten Begegnung mit einem Rollköfferchen an der Hand unter die Augen zu treten, würde mir jedenfalls ganz und gar nicht behagen. Die ganze Aktion ist ohnehin ziemlich heikel für (m)ein männliches Selbstverständnis. Da sich meine Russischkenntnisse nach wie vor auf »Haraschо«, »Spassiba« und »Doswidanje« beschränken, werde ich nolens volens für die nächsten zwei Monate wie ein Kleinkind an Annuschkas Rockzipfel hängen. Und weil ich nach wie vor auch nicht in der Lage bin, Kyrillisch zu lesen, ist mein einziger Trost hier auf dem Flughafen: Wenigstens die Zahlen sind auch in Russland arabische. Habe ich erst den Busbahnhof gefunden, sollte der Bus Nummer 5 also kein Problem darstellen. – Also ruhig bleiben, gaanz ruhig, nicht hektisch werden!

Da, ein Piktogramm! Noch nie in meinem Leben habe ich mich so sehr über ein Wegweiser-Bildchen gefreut. Es zeigt zwar keinen Bus, sondern einen Fußgänger, aber entscheidend ist, dass es hier überhaupt Piktogramme gibt! Das ist ja das Schöne am Reisen: neue Erfahrungen, ungekannte Emotionen. Sagt man …

Und es stimmt. Als ich endlich das ersehnte Bus-Piktogramm erblicke, durchströmt mich ein wunderbares, großes Gefühl von Stolz und Zuversicht. So muss Kolumbus sich gefühlt haben, als der Ausguck rief: »Land in Sicht!« – Leider wissen wir, dass sich Kolumbus zu früh gefreut hat …

Sei gefälligst nicht so ein Pessimist, Markus, keine Hektik! Such dir den Bus Nummer 5 und ab geht's! Uhrencheck. Super in der Zeit.

Ich stehe wie angewurzelt da und starre auf das letzte Bus-Piktogramm: Das da ist eindeutig kein Busbahnhof, obwohl es die Ausmaße eines Busbahnhofs hat. Vom Geruch her unterscheidet es sich kaum von einem durchschnittlichen Busbahnhof, aber mein Augenlicht trügt mich nicht: Es ist die zentrale Flughafentoilette! Ich gehe erst mal pinkeln.

Als ich mit leichter Blase und schweren Gedanken aus den Toiletten trete, entdecke ich einen kleinen, versteckten Ausgang.

Und das hinter der Tür … ja, das ist ein Bus! Eindeutig. Ich könnte freudig losspurten, hätte ich mir nicht ausgerechnet jetzt den Hemdzipfel im Reißverschluss eingeklemmt.

Der Busfahrer lädt bereits Gepäck ein, als ich, immer noch am Hosenstall fummelnd, zu ihm trete und meine geballten Russischkenntnisse zum Einsatz bringe: »Aeroport?« Ich deute dabei demonstrativ in weite, ungeahnte Ferne. Am Flughafen nach dem Flughafen zu fragen, kann schließlich leicht zu Missverständnissen führen. Statt wenigstens zu nicken, reißt er mir die Reisetasche aus der Hand und schleudert sie ins Gepäckabteil. Ich bin noch nicht überzeugt und deute auf den Bus: »Aeroport Jekaterinburg?« Der Mann hat sich schon abgewendet und bedeutet mir mit einem ungeduldigen Wink über die Schulter, einzusteigen. Ich zögere noch immer. Schließlich könnte er meine Frage auch so deuten, dass ich vorhabe, die nächsten zweitausend Kilometer bis in den Ural per Bus zurückzulegen.

Los, Markus, lass den Blödsinn! Steig ein, du Memme!

Der Fahrer lässt bereits den Motor an und würdigt mich keines Blickes. Sein Gestus lässt keinen Zweifel daran, dass er auch *mit* meiner Tasche und *ohne* mich fahren würde. Babysitter spielen für so ein zauderndes deutsches Sprachgenie, das sich auch noch ständig am Genital rumfummelt, hat ihm gerade noch gefehlt. Ich greife hastig nach der Stange und schwinge mich hinein.

Kolumbus im Bus hat endlich Zeit durchzuatmen, seinen Reißverschluss zu richten und sich umzuschauen: Um mich herum eindeutig nur Indianer. Das war im Flugzeug noch anders. Außer mir scheint kein anderer Westeuropäer Interesse daran zu haben, die Weiten Russlands auszuloten. Ha! Wieder erfüllt mich Stolz. Ich lehne mich zurück und schaue mit zufriedenem Lächeln aus dem Fenster, da lässt mich der Anblick eines an sich harmlosen Straßenschildes schockgefrieren: »Zentr«. Jetzt *bin* ich hektisch! Im Moment hätte ich auf lateinische Buchstaben ausnahmsweise prima verzichten können. Gab es am Flughafen vielleicht zwei Busbahnhöfe?! Einen für die Shuttles zu den anderen Terminals und einen für die Busse, die nach Moskau reinfahren? Das werde ich mit Sicherheit erst feststellen können, wenn wir am Roten Platz halten. – Vorausgesetzt, wir halten am Roten Platz und es heißt nicht irgendwann: »Endstation. Slums von Moskau. Alles aussteigen!« Aber selbst das würde ich ja gar nicht verstehen!

Nervös scanne ich die Insassen nach potenziell Englischsprachigen ab: jung, gebildet, zugänglich et cetera. Studenten wären natürlich besser geeignet als Businessleute mit akuter Telefonitis, ein oder zwei kommen schon infrage, aber ich traue mich nicht, sie anzusprechen.

Während vor dem Fenster im Grau der winterlichen Dämmerung eine endlose Kolonie von Vorstadthochhäusern vorüberzieht und ich in banger Hoffnung nach irgendetwas Flughafenähnlichem Ausschau halte, kommt eine SMS von Anna: »Wo bist du?«

»Im Bus.«

»In welchem Bus?«

Gute Frage. Ich mache auf selbstbewusst: »Scheremetjewo. Der Bus vom Auslands- zum Inlandsterminal.«

»Ach ja. Sitzt du auch im richtigen Bus?« Annuschka trifft mal wieder zielsicher den Kern der Sache. Heißen Dank für die extrem ermutigenden Worte, denke ich und simse mit zittrigen Fingern ein knappes männliches: »Klar.«

»Gut. Ist dein Anschlussflug denn pünktlich?«

»Davon gehe ich aus«, antworte ich geschäftsmäßig und versuche beim Tippen den Tatterich zu unterdrücken.

»Super«, simst Anna euphorisch zurück, »ich freu mich! Erwarte dich mit meinen Eltern am Flughafen.«

Da sehe ich auch schon mein nächstes Problem auf mich zukommen: So nett es auch sein mag, dass Semjon und Vera bereit sind, mich vom Flughafen abzuholen, lieber wäre mir Anna allein. Es ist schließlich das erste Mal, dass wir uns leibhaftig begegnen!

Andererseits kann ich gut verstehen, dass Annuschkas Eltern die neueste Eskapade ihrer Tochter in Augenschein nehmen wollen. Internet-Bekanntschaft aus Deutschland! Für jemanden, der in seinem Leben noch nie online war, muss das klingen wie: Er hat drei Beine, zwei grüne Fühler wachsen ihm aus der Stirn, und er trägt die Unterhose auf dem Kopf, aber ich mag ihn.

Dass *meine* Eltern mal eine Freundin in Augenschein nehmen durften, ist schon länger her. Alles unterhalb einer Beziehungs-Inkubationszeit von zwei Jahren interessiert sie auch gar nicht. Demzufolge könnte das Wasser, das seitdem an Leverkusen vorbei den Rhein hinuntergeflossen ist, locker das Becken der Ostsee füllen. Wie würde mein Vater wohl auf meine Bitte reagieren, mitten in der Nacht eine Schnecke von Gott-weiß-wo vom Flughafen abzuholen? Vermutlich so etwas wie: »Du hast wohl den Arsch auf, Müller! Fahr mal schön selbst.«[1]

Heute werde ich einen zarten Eindruck davon bekommen, wie junge, moderne Inder sich fühlen, wenn ihnen der Partner für die arrangierte Ehe vorgestellt wird. Mit dem feinen Unterschied, dass hier von Semjon und Vera rein gar nichts gewollt oder gar arrangiert ist. Und es wird tatsächlich tiefste Nacht sein, wenn fast die gesamte Familie Mischina meinetwegen am Flughafen ausharrt. Zu Hause bleiben nur Annas jüngerer Bruder

1 Er nennt mich wirklich immer Müller.

Mischa, weil er in aller Frühe nach Jekaterinburg ins Konservatorium muss, wo er Geige und Klavier studiert, und Babuschka Maria.

Dem Ziel der Busfahrt sehe ich inzwischen mit einem gesunden Schuss Fatalismus entgegen. Moskau liegt bereits im Dunkel. Die Nacht ist winterschnell hereingebrochen über der Stadt, als der Bus auf einen Parkplatz einbiegt. Falls der Fahrer gerade sagt, »Bitte aussteigen, verehrte Fahrgäste. Stellen Sie sich neben dem Bus in einer Reihe auf, damit meine Kumpels Sie ausrauben können«, werde ich es sowieso nicht verstehen.

Was ich dann erblicke, sieht aber doch einigermaßen nach einem Flughafenterminal aus – wenn auch nach einem ziemlich kleinen und alten. So ein bisschen wie die Miniaturausgabe von Berlin-Tempelhof.

Im plötzlichen Hochgefühl, mein erstes Russland-Abenteuer überstanden zu haben, steige ich aus. Schier grenzenloser Optimismus packt mich: Hier den richtigen Abflugschalter zu finden, kann kein Problem sein, selbst wenn sich herausstellen sollte, dass es *doch* kyrillische Zahlen und Ziffern gibt. Die Tasche lässig über den Rücken geworfen, marschiere ich Richtung Eingang und bin geradezu überwältigt von meinem virilen Entdeckermut.

2.

50 Schattierungen von Braun

Im Inneren hat die Halle nichts mehr von dem 30er-Jahre-Nazi-Bau-Charme, den sie von außen versprüht, sondern ist um Jahrzehnte jünger geworden. Das heißt, ich befinde mich in den frühen 70ern.

Der einzige Abfertigungsschalter ist tatsächlich schwer zu übersehen. Sein neumodisches Design stört empfindlich das nostalgische Retro-Markthallen-Ambiente, das Kiosk- und Last-Minute-Buden bieten. Ganz hinten hat man eine Galerie eingezogen, von der Kaffeeduft und sympathische Rauchschwaden herunterwabern.

Da bis zum Check-in noch Zeit ist, ziehe ich es allerdings vor, draußen zu rauchen. Leiser Schnee rieselt, als ich vor die Tür trete. Russischer Schnee auf russischem Boden! In wenigen Stunden werde ich im Ural landen, am östlichsten Zipfel Europas, und zum ersten Mal werde ich wirklich in Annuschkas strahlend grüne Augen sehen können und sie berühren. Es läuft alles perfekt – mehr als perfekt! Langsam beginne ich, diese Reise zu genießen.

»Do you speak english?« Zuversichtlich starte ich einen Präventiv-Test am Check-in-Schalter. Die Aeroflot-Stewardess, die gerade mein Ticket beäugt, macht sich allerdings kaum die Mühe, auch nur den Kopf zu schütteln. Immerhin war da aber etwas, das man mit Wohlwollen als Verneinungsgeste deuten kann. Was schon ein Fortschritt gegenüber dem Busfahrer ist, der mir statt zu nicken lediglich die Tasche aus der Hand gerissen hat. Egal, denke ich, geht auch ohne Englisch. Inzwischen kann ich Jekaterinburg sogar halbwegs auf Kyrillisch entziffern. Das liegt daran, dass es hinter meiner Flugnummer auf der Anzeigetafel steht, die ich nur selten länger als zehn Minuten aus den Augen lasse. Sicher ist sicher.

Anna meldet sich per SMS: »Bist du da? War schon Check-in nach E-Burg[2]?«

»Ja. Alles ok.«

»Bist du sicher, dass du dich am richtigen Schalter angestellt hast?«

Typische Anna-Frage.

»Who knows, vielleicht hab ich nach Wladiwostok eingecheckt ☺«

»Nein, wirklich, frag doch besser noch mal.«

»Erstens werden die mich wohl kaum im falschen Flugzeug mitfliegen lassen, zweitens gibt's hier nur einen Check-in-Schalter und drittens absolut niemanden, den ich fragen könnte.«

»Ok, aber melde dich noch mal, bevor du einsteigst.«

In diesem Moment klickert die Anzeigetafel herunter, und bei Flug SU 1408 tauchen kyrillische Buchstaben in beunruhigender Farbe auf: Rot! Die Ziffern, die zum Glück immer noch arabisch sind, sagen mir, zwei Stunden Verspätung. Während sich am Schalter bereits ein kleiner Pulk zusammenrottet, simse ich die Neuigkeit noch relativ entspannt Annuschka.

2 Die meisten Jüngeren nennen Jekaterinburg E-Burg, denn auf Russisch schreibt es sich Екатеринбург.

»Ok, und du bist sicher, dass dein Flug gemeint ist?«

Langsam fängt ihre Fragerei an, mich zu verunsichern.

»Kannst gerne mal auf der Flughafen-Website nachschauen: Flug SU 1408.«

»Gute Idee, mach ich.«

Ich stehe ein bisschen unschlüssig herum, ob ich mich jetzt sinnfrei an der Zusammenrottung am Schalter beteilige oder auf die Galerie gehe und mir Kaffee und Kippe reinziehe. Nachdem ich mich vergewissert habe, dass die Saftschubse am Schalter immer noch dieselbe ist, entscheide ich mich für Letzteres.

In der Cafeteria gibt es ein paar Tische für Raucher und einige für Nichtraucher – direkt nebeneinander. Mein Problem sind aber nicht die vermeintlich leidenden russischen Nichtraucher, sondern Rubel. Ich besitze nicht einen einzigen!

Also wieder runter, Wechselstube gesucht. Gibt's nicht.

Warum auch, ist ja ein Inlandsflughafen.

Anna simst: »Hier hat dein Flug drei Stunden Verspätung.«

Ich sehe mich bereits inmitten der Zivilisation verdursten.

Der Reisebüro-Russe in Köln hätte mir ruhig sagen können, dass man sich die Flasche Bier zum Auf-den-Boden-Werfen am besten gleich selbst mitbringt. Da hätte ich glatt zwei Fliegen mit einer Klappe geschlagen. Stattdessen schlage ich mich jetzt doch zum Schalter durch und versuche aus dem lärmenden Pulk heraus der des Englischen gänzlich unfähigen Aeroflot-Biene auf Englisch klarzumachen, dass ich englischsprachige Hilfe benötige. Entgegen jeglicher Logik und allen Erwartungen holt sie tatsächlich irgendwann eine Kollegin herbei. Die erklärt mir sofort in bestem Englisch, dass sie leider ebenfalls kein Englisch spricht. Damit ist die Sache für sie hinreichend erledigt, und sie wendet sich anderen nach Information heischenden Fluggästen zu.

Langsam verstehe ich Annuschkas Skepsis. Den beiden ist es vermutlich egal, ob ich nach Jekaterinburg, Wladiwostok oder sonst wohin einchecke, Hauptsache, sie haben mein Ticket ordnungsgemäß abgerissen.

»Wenn du am Ertrinken bist, solltest du schleunigst schwimmen lernen!«

Apropos: Ich habe Durst. Großen Durst! Ich könnte glatt den Baikalsee leertrinken.

Aber die Grundbedürfnisse müssen warten. Weil mir nichts anderes mehr einfällt, verlege ich mich aufs laut in die Menge Rufen: »Somebody who speaks english? Is there somebody who speaks english?? …«

Zu meinem Erstaunen erhalte ich ziemlich prompt dreifache Hilfe. Ein älterer Russe verabschiedet sich allerdings rasch wieder, weil ihm offenbar einfällt, dass er gar kein Englisch kann, als ich ihn anspreche. Trotzdem bin ich schier überwältigt von so viel Hilfsbereitschaft. Es bleiben ein Pärchen Mitte dreißig und Sergej, Anfang zwanzig, der einen schicken Anzug trägt. Von ihnen erfahre ich schließlich, dass der Flug Verspätung hat, weil für Jekaterinburg in der Nacht Schneesturm vorausgesagt wurde. Wann es losgeht, kann niemand sagen. Es stellt sich allerdings heraus, dass Sergej auf denselben Flug wartet wie ich. Als ich ihn frage, ob er mir Euro in Rubel tauschen kann, damit ich etwas zu trinken bekomme, will er mir sofort einen ausgeben. Ich bedanke mich und erkläre ihm, dass ich ihm nicht die ganze Nacht zur Last fallen möchte, woraufhin er mir sofort 500 Rubel schenkt. Da meine Zunge bereits am Gaumen festpappt, bin ich nicht mehr in der Lage, das generös abzulehnen, bestehe aber darauf, dass er sein Geld am Flughafen Jekaterinburg zurückbekommt, sollten wir diesen je erreichen.

Das Erste, was ich also tun werde, wenn ich Annuschka zum

ersten Mal sehe, ist, sie anzuschnorren – vor ihren Eltern. Prima Einstieg, kann man nichts machen.

Merke: Der russische Spruch vom Ertrinkenden, der gefälligst schwimmen lernen soll, bezieht sich nur auf die offiziellen Stellen. Gerade weil man von dort keinerlei Hilfe erwarten kann, hilft man sich untereinander umso mehr. Daraus ergibt sich für den gemeinen Russen die *Über*lebensnotwendigkeit, wenigstens den ein oder anderen Beamten privat zu kennen. Andernfalls ist man ziemlich aufgeschmissen.

Raucher sind schon ziemliche Saubeutel, denke ich, während ich in der Cafeteria zwischen Müll und darin ausgedrückten Kippen sitze, an meinem von Sergejs Geld gekauften Wasser nippe und an einer Art russischem Yes-Törtchen mümmele, das mir den Mund schnurstracks wieder austrocknet. Das Ding ist so trocken, dass selbst ein Sandfloh daran ersticken würde.

Drei Stunden sind inzwischen vergangen, ein Start von SU 1408 ist immer noch nicht in Sicht. Ich habe beschlossen, mir Nahrung und Wasser strikt einzuteilen. Annas Vater Semjon, der soweit ich weiß eine Art Survival-Trainer an der Oberschule von Perwouralsk ist, wäre stolz auf mich.

Vierte Wartestunde: wieder draußen. Der frische russische Schnee ist inzwischen übersät von meinen deutschen Raucherhinterlassenschaften, da kommt Sergej angeschlendert. Aber er kommt nicht aus der Halle, sondern aus einer völlig anderen Richtung: »Hey, hast du schon was gegessen?«

»Na ja, Schokoriegel.«

»Das meine ich nicht. Die haben Essensmarken ausgeteilt. Du kriegst dahinten was.«

Er deutet an der Fassade hinunter.

»Anderer Eingang. Die Marken kriegst du von den Stewardessen.«

Ich zögere immer noch. Mir behagt der Gedanke nicht, mich wieder mit den beiden Saftschubsen auseinandersetzen zu müssen: »Und der Flug?«

»Ist auf morgen verschoben. Sie bringen uns später ins Hotel.«

Die Hektik, die mich jetzt erfasst, ist nicht gerade förderlich, um meinen Hintern zielgerichtet in Bewegung zu setzen. Folgende Fragen schießen mir durch den Kopf:

1. Wie lange ist »später«?
2. Wie lange kann ich es noch ohne etwas zu essen aushalten?
3. Wie komme ich eigentlich an meine Reisetasche?
4. Komme ich überhaupt je wieder an meine Reisetasche, oder ist die schon in Wladiwostok?

Sergej scheint meine Gedanken gelesen zu haben, er schaut auf seine Uhr: »Okay, wenn du noch was essen willst, würde ich mich beeilen.«

Ich nicke ihm zu und haste zum Check-in-Schalter: »Coupon, Coupon?!« Dabei führe ich die rechte Hand zum Mund. Im Übrigen habe ich nicht die geringste Ahnung, ob »Coupon« im Russischen geläufig ist, ich benutze einfach eine der beiden Fremdsprachen, die mir selbst einigermaßen geläufig sind. Da sich Englisch nicht bewährt hat, jetzt einfach mal Französisch. Und siehe da, ich werde verstanden!

Ich hechele mit dem Coupon in der Hand in die Richtung, aus der Sergej gekommen ist. Dabei fällt mir siedend heiß Annuschka ein! Wenn die Mischinas meinetwegen die ganze Nacht am Flughafen campieren müssen, habe ich schon verschissen, bevor ich überhaupt gelandet bin. Ich versuche, im Laufen zu simsen: »Fulg errt mrgen. Hotl.«

»Was?«

»Flug gecnnclt.«

»Gecancelt?«

Ich bin am Ende des Gebäudes angekommen und habe offenbar den Eingang verpasst.

»Ja, bin in Eile. Schau noch mal ins Netz.«

Ich stecke das Handy weg und hechele zurück. Da, eine Tür! Ich stoße sie auf und stutze: Kann das richtig sein? Das erinnert eher an einen Mietshausflur …

Ich haste die Treppen hinauf, und schon im zweiten Stock schlägt mir tatsächlich Essensduft entgegen: Egal, was es ist, es riecht wunderbar! Vier bis fünf Stockwerke später stehe ich atemlos röchelnd und halb betäubt vom Duft vor einer Russin mit Haarnetz und weißem Kittel. Falls sie keine Krankenschwester ist, muss es hier irgendwo auch eine Kantine geben. Ob ich mich gerade zu einer freiwilligen Nierenspende oder zu gebratenen Nierchen anmelde, ist mir aber schon egal. Ich reiche ihr den Coupon. Sie sagt etwas auf Russisch, dann schüttelt sie bedauernd den Kopf. Hinter ihr in der Küche wird schon abgespült – tiiief durchatmen.

Ich trotte die Stufen wieder hinunter. Annuschka simst etwas. Draußen vor der Tür ziehe ich mein Handy aus der Tasche. Dann fällt mein Blick zum Halleneingang: Da steht ein Bus! Ich renne los. Im Näherkommen erkenne ich tatsächlich einige Gesichter aus dem Pulk vorm Schalter wieder und ziehe meinen Spurt an, denn die Letzten steigen bereits ein. Ich hechte schwungvoll in den Bus, ohne zu bedenken, dass schwungvolles Hechten und Schneematsch im Allgemeinen keine gute Kombination darstellen. Ich knalle mit dem Schienbein heftig vor die Stufe. Na ja,

Unglück im Glück ist immer noch besser als nur Unglück, sage ich mir, während ich zum nächstbesten Sitz humple und mein farbenfroh schillerndes Hämatom begutachte: Gut, dass es nichts mehr zu essen gab – irgendwie …

Ist mir jetzt auch wurst, ob meine Tasche dabei ist: Wurst? Wurst! Fleischwurst, Bratwurst, Bierwurst, Brühwurst – mit Erbsensuppe! Ich will ein Zimmer und ein Bett mit leberwurstfarbener Nackenrolle zum Draufrumkauen. Wenn's dem Hotelservice gefälligst nicht zu viel Mühe macht!

Als der Bus in die Auffahrt zum Hotel einbiegt, sagt mir Annas SMS, dass mein Flug morgen um acht Uhr Moskauer Zeit losgehen soll. In Jekaterinburg wird es also schon Mittag sein, wenn wir landen. Irgendwie beruhigt das mein schlechtes Gewissen gegenüber Semjon und Vera, wenigstens können sie ausschlafen.

»Bin am Hotel. Gute Nacht, Annuschka. Kuss☺«

»Ok, wie sieht es denn aus, taugt es was?«

Ich muss unwillkürlich schmunzeln. Annas stete Besorgtheit ist gleichermaßen nervig wie liebenswert. Momentan ist sie eindeutig liebenswert, denn sie gibt mir das Gefühl, dass ich hier in Russland niemals so richtig verlorengehen kann. Ihre SMS wird mich finden, selbst wenn es mich noch in die nordsibirische Tundra verschlägt.

»Sieht ganz ordentlich aus.«

»Dann ist gut! Gute Nacht, bis morgen. Küsse dich auch.«

Ich habe das Handy gerade wieder eingesteckt, da kommt noch eine SMS: »Schlaf gut.«

»Du auch.«

»Kuss☺, Kuss☺, Kuss☺«

Ich seufze lächelnd: »Gute Nacht! – Kuss☺«

Kurze Zeit nichts, dann: »Freue mich auf morgen.«

Gerade richte ich mich darauf ein, die Nacht SMS schreibend in der Hotelauffahrt zu verbringen, da fällt mir auf, dass der Fahrer im Gewühl vor dem Bus schon seit geraumer Zeit ungeduldig eine Reisetasche hochhält, die niemandem zu gehören scheint, allerdings meiner frappierend ähnlich sieht. Ich nehme sie erleichtert entgegen.

Meine Tasche habe ich also bekommen, aber nichts zu essen, denn es ist schon ein Uhr nachts. Einzelzimmer gibt es auch nicht, und so finden Sergej und ich uns zu einer Schlafgemeinschaft zusammen. Zumindest kriegen wir an der Bar noch zwei Flaschen Bier. Als wir endlich auf dem Zimmer sind, sende ich Annuschka noch einen Kuss und beeile mich, das Handy auszuschalten. Wer weiß, was ihr sonst noch dringend Mitteilenswertes einfällt, und ich möchte gegenüber Sergej nicht unhöflich erscheinen.

Wir teilen uns ein geräumiges, in beruhigenden, Flecken absorbierenden Brauntönen gehaltenes Nullachtfuffzehn-Hotelkettenhotelzimmer, das man so überall auf der Welt hunderttausendfach findet. Sergej schaut mich fragend an, als ich das Handy wegstecke: »Familie in Deutschland?«

»Nein, Russland.« Ich stutze selbst, als ich mich antworten höre. Sergej ebenfalls: »Du hast Familie in Jekaterinburg?«

»Nein, nein, ich meine, ich hab mit Russland gesimst«, antworte ich reichlich vage. Ich merke, dass mir seine Fragen ein bisschen peinlich sind. Russische Männer sind vermutlich schlecht zu sprechen auf diese West-Typen, die mit ihrem Geld herkommen, um ihnen die Frauen wegzuschnappen.

Ich wäre es bestimmt.

Da ich das Gespräch aber auch nicht abwürgen will, werde ich konkreter: »Ich werde am Flughafen von einer Frau erwartet. Sie kommt aus Perwouralsk.«

»Deine Freundin?«

Ich nicke. »Ja.« So muss man das wohl sagen: Anna ist meine Freundin. Zumindest verhalten wir uns beide so, obwohl wir uns noch nie gesehen haben. Jedenfalls verhalten wir uns meistens so … Kurz schießt mir Ella in Köln durch den Kopf. Ich verdränge den Gedanken an sie so schnell wie möglich.

»Wir kennen uns aus dem Internet.« Jetzt ist es raus.

Sergej nickt. »Versteh meine Frage nicht falsch«, bemerkt er, »aber wie lange kennst du sie denn schon?«

»Inzwischen seit fünf Monaten.«

Erstaunlicherweise ist er ganz und gar nicht sauer auf den Wessi, im Gegenteil: »Okay, das ist ja schon eine ganze Weile. Weißt du, es gibt hier viele Frauen, die suchen nur jemanden mit Geld …«

Ich bin unschlüssig, ob ich gerührt sein soll, weil Sergej so an meinem Wohlergehen gelegen ist, oder beleidigt, weil er an meiner Menschenkenntnis zweifelt.

Sergej wirkt ein bisschen altklug, was auch mit seinem Äußeren zusammenhängt. Die dunkelblonden Haare rahmen ein rundliches Gesicht mit fast noch kindlichem, rosig-blassem Teint ein, und er ist vielleicht gerade mal 1,73 groß. Das jugendliche Erscheinungsbild passt nicht recht zu seinem schnieken Businessanzug, der chromglänzenden Brille und dem prächtigen Timex-Wecker am Handgelenk, der laut zu schreien scheint »Wenn ich groß bin, werde ich mal eine Rolex!«. Ohne diese Insignien eines Geschäftsmannes würde man Sergej für höchstens siebzehn halten.

Seine Warnung höre ich im Übrigen nicht zum ersten Mal. Als ich meine Absichten in Deutschland kundtat, konnte ich mich vor wohlgemeinten Ratschlägen kaum retten, die samt und sonders in der impliziten Behauptung mündeten, Annuschka sei so etwas wie eine Amateurprostituierte oder Betrügerin, die bestimmt nur an mein Geld wolle. Man hält mich offensichtlich für ziemlich naiv. Und wohlhabend. – Dies natürlich zu Recht! Durch nichts wird man schneller Millionär als mit dem Schreiben von Sketchen für TV-Comedy-Shows … Und dass ich in einer $50m^2$-Wohnung hause statt in einem Landschlösschen mit englischem Park, ist selbstverständlich allein meiner rasenden Bescheidenheit zu verdanken. – Na ja, warum soll es mir auch besser ergehen als Anna. Semjon und Vera sind offenbar noch nicht restlos davon überzeugt, dass ich nicht doch eine Art Mafioso bin, der nichts anderes im Schilde führt, als ihre Tochter in den Westen zu locken, wo sie fortan in irgendeiner ranzigen Kaschemme ein Leben als Zwangsprostituierte fristen soll. Schön zu wissen, dass einen hüben wie drüben nur die besten Hoffnungen begleiten.

»Ich denke, das kann ich bei Anna ausschließen«, sage ich zu Sergej.

»Dann wünsche ich dir alles Gute und eine schöne Zeit in Russland.«

Wir stoßen an: »Nastrowje!«

Wenig später liege ich im Halbdunkel unserer braungetönten Luxus-Notunterkunft und kann nicht schlafen, obwohl ich eigentlich todmüde bin. Sergej schnorchelt seelenruhig vor sich hin, während ich auf dem Rücken liegend mal wieder die Schlaflos-Frage Nummer eins zu klären versuche: Hände über oder unter der Decke? Verdammt! Ich werfe mich entnervt auf die Seite. – Jetzt scheinen mir die Hochhauslichter der Moskauer Vorstadt direkt in die Augen, aber wenigstens wird mir dadurch klar, was mich eigentlich nicht schlafen lässt. Es ist eine Frage, die schon den ganzen Tag lang seit meiner Abreise immer wieder versucht, sich dreist in den Vordergrund zu drängen, und sie lautet: Ist das alles hier nicht doch total idiotisch?!

Ist dieses unfreiwillige Moskau-Intermezzo denn nicht bloß der Auftakt zu einem viel größeren Fiasko, das mir noch nach der Landung in Jekaterinburg bevorsteht, sollte ich je dorthin gelangen? Wer zum Teufel reist denn 4000 Kilometer weit, bloß um eine Frau zu treffen, die er nur aus dem Internet kennt?![3] – Als ich diesen Entschluss vor fast zwei Monaten gefasst hatte, schien er mir noch das einzig Richtige zu sein.

3 Ja, ja, schon klar, das waren jetzt drei Fragen.

3.

Es war einmal im Herbst

Nach drei Monaten hatten sich unsere Webcam-Rendezvous Anfang Oktober schon zum fast alltäglichen Ritual entwickelt. Sie waren zu etwas geworden, das man unwillkürlich vermisste, wenn es aus irgendeinem Grund mal nicht stattfand. Und doch wurde mit jedem Treffen klarer: Etwas fehlte.

»Hattest du eigentlich in letzter Zeit mal Sex?«

Annuschkas Frage traf den Nerv unserer Beziehung, denn *wir* hatten bisher keinen. Wie auch? Sie saß wie gesagt ziemlich weit entfernt am anderen Ende einer Internetleitung.

Cybersex, ja, den hatten wir. Aber wenn man ehrlich ist, ist das nur ein cooles Wort für eine ziemlich uncoole Angelegenheit. Ein Euphemismus für bedripstes Befummeln mit Zuschauer. Nicht jeder ist zum Peep-Show-Star geboren. Annuschka und ich sind es eher nicht. Ursprünglich waren wir richtig »wissenbeflissen« unterwegs in einem Europa-Forum für Reisen, Sprache und europäische Geschichte. Ich wollte für die Übersetzung einer BBC-Comedyserie meine Englischkenntnisse auf Vordermann bringen, und Anna hatte als Englischlehrerin mitten in Russland kaum Gelegenheit, die Sprache wirklich zu praktizieren. Alles ging also ganz brav und sittsam zu, als wir uns kennenlernten.

Nur sind Gespräche über den Hitler-Stalin-Pakt oder die Vorzüge der Reisefreiheit in der EU auch nicht wirklich sexy. Und letzten Endes, wenn man ganz ehrlich ist, ist es doch so: Eine Beziehung wird erst besiegelt durch den Austausch realer Körperflüssigkeiten!

Annuschkas Frage jetzt war kein Keuschheits-Check, sondern sie hatte vermutlich selbst Sex gehabt, seit wir uns kannten. Realen Sex!

Eigentlich war mir das egal – so lange ich nichts davon wusste. Auch mir ging Cybersex inzwischen gehörig auf den Sack. *Das* wollte ich Anna aber nicht sagen.

»Nein«, antwortete ich betont sachlich und leider wahrheitsgemäß, »hatte ich nicht. Kein Sex in den letzten drei Monaten. Hattest du?«

Schon im selben Moment bereute ich die Frage. Annuschka war sichtlich bemüht, ganz unbedarft zu erscheinen, klimperte dabei aber verdächtig oft mit den großen grünen Scheinwerfer-Augen, zupfte verlegen an ihrem Pony und drehte sich ansonsten eifrig Locken ins schwarze Haar. »Nein, ich auch nicht.«[4]

So viel war klar, nach einem Vierteljahr Cyber-Geplänkel musste endlich mal Butter bei die deutsch-russischen Fische. Ich unterstellte ihr daher einfach mal, dass sie mit dem Thema Sex lediglich unsere Beziehung voranbringen wollte: »Aber du hast recht, auf Dauer geht das mit uns so nicht weiter.«

Anna ließ sich dankbar darauf ein: »Tja, was können wir denn da machen?«

»Da gibt's eigentlich nur eins: uns treffen!«

4 Liebe Leserinnen, wenn ihr um eine »süße Lüge« nicht herumkommt, gönnt euch vorher eine schöne Kopfrasur. Das hilft zwar nicht gegen Augenklimpern, kommt mit Sonnenbrille dafür aber ziemlich cool rüber.

»Ja? Na ja, ich hab natürlich auch schon darüber nachgedacht, ob wir uns mal besuchen sollten.«

Das klang jetzt nicht eben euphorisch, eher schon ein bisschen *zu* beiläufig. Womöglich wollte Annuschka sich einfach nicht die Blöße geben, ein Treffen mehr zu wollen als ich. Allerdings: Wenn sie tatsächlich Sex gehabt hatte, sich dessen ungeachtet aber mit mir treffen wollte, konnte das nur heißen, dass ich immer noch ihr Favorit war. Noch! Also Dampf machen, volle Breitseite: »Annuschka, das Ob ist für mich eigentlich schon keine Frage mehr!«

»Wirklich nicht?«

»Nein.«

»Okay, dann komm doch her.«

Ach, so läuft der Hase! Das eigene Terrain verlassen und mich auf russisches Glatteis begeben. So hatte ich mir das eigentlich nicht vorgestellt.

»Du könntest auch nach Köln kommen.« Den Schwarzen Peter mal eben elegant zurückgeflippt, 4000 Kilometer weit direkt auf Annas Schreibtisch.

»Ja, du aber auch nach Russland.«

Das konnte langwierig werden. »Ja, schon …«

»Und was spricht dagegen?«

Vieles. Doch dann hatte ich plötzlich einen akuten Anfall von Abenteuerlust: »Gut, angenommen, ich komme nach Russland. Wo wohnen wir dann?«

»Na, bei mir.«

»Du meinst, mit deinen Eltern, deinem Bruder und deiner Oma? In einer Wohnung?«

Es ist in Russland nicht wie hier, wo die Eltern einem, kaum volljährig, noch einen dankbaren Tritt versetzen. Als russischer Spross muss man einen triftigen Grund zum Ausziehen vorweisen, selbst wenn man weit über zwanzig ist. Zugelassen sind nur: Heirat, Job in Moskau oder Tod. Ledige Russen, die ihren Eltern verkünden, sie wollten jetzt mal ausziehen, um ihre Freiheit auszukosten und so weiter, würden eine schwere Familienkrise heraufbeschwören, die damit endet, dass Mama sich Gram gebeutelt aus dem Fenster wirft, wo nur eine Schneewehe Schlimmeres verhindert, während Papa sofort die Enterbung der undankbaren Brut einleitet.

»Ja«, sagte Annuschka trocken. Dabei konnte ich dank Webcam allerdings sehen, dass sie unruhig auf ihrem Stuhl hin- und herrutschte.

»Ich stelle mir gerade vor, wie du das deiner Familie beibringst«, schmunzelte ich, »Mama, Papa, mein Freund kommt zu Besuch.« – »Ach, du hast einen neuen Freund?« – »Ja.« – »Und wo kommt er her?« – »Aus Deutschland.« – »Aus Deutschland?« – »Ja, wir kennen uns aus dem Internet.« – »Aus dem Internet? Aha, und was macht er so beruflich: Zuhälter, Sittenstrolch, Nazi …?!«

Anna lenkte ein: »Ich kann uns auch günstig eine Wohnung besorgen, das ist kein Problem.«

Große Erleichterung westlich des Rheins: »Ich glaube, das wär mir lieber – vorausgesetzt natürlich, ich komme …«

Annuschka nickte. »Ich weiß da auch schon eine hier ganz in der Nähe. Die Tochter der Freundin meines Großonkels ist zurzeit bei ihrem Mann im Norden, der arbeitet da auf den Ölfeldern …«

So läuft das in Russland: Ohne Connections geht gar nichts! Ohne Connections bist du ein Niemand, ein Nichts, ein ganz armes Schwein. Wenn sich das Problem nicht über den großen Kreis von Verwandten lösen lässt, dann über Kollegen und Bekannte, oder über die Bekannten der Verwandten, oder über die

Kollegen der Bekannten der Verwandten, oder ... Meister dieser Disziplin: Annas Vater Semjon.

Aber es gab ja nicht nur das Wohnungsproblem. »Dir ist schon klar, dass ich dann hundertprozentig auf dich angewiesen bin? Ich kann kein Wort Russisch und vermutlich bist du die Einzige in Perwouralsk, die so gut Englisch spricht.« Annuschkas Heimatstadt ist eine kleine, hässliche Industriestadt vor den Toren Jekaterinburgs. Sozusagen das russische Pendant zu meiner alten Heimatstadt Leverkusen, bloß dass die zwei Fußballvereine, die sich hassen, hier zwei Eishockeyvereine sind.

»Meine beste Freundin Ewa spricht auch Englisch.«

Herzlichen Glückwunsch, wenn's mit uns eine Katastrophe wird, kann ich mich ja bei deiner besten Freundin ausheulen, dachte ich, sagte aber stattdessen: »Ich kann nicht mal kyrillische Buchstaben lesen.«

In dem Moment wurde mir erst mit aller Deutlichkeit bewusst, dass ich in Russland tatsächlich der totale Analphabet sein würde. Meine Abenteuerlust schwand wie Neuschnee auf einem sibirischen Kernkraftwerk. »Vielleicht kommst du doch einfach nach Köln, ich hab eine eigene Wohnung.«

»Und wenn wir uns nicht verstehen?«

Oder wie Adi Preißler in seiner unendlichen Weisheit sagen würde: »Entscheidend is' aufm Platz!«[5]

Annas Offenheit löste zwar nicht unser Problem, brachte sie mir aber doch näher. Es war gut zu wissen, dass wir beide das Gleiche fühlten und dachten. Ich machte einen letzten Versuch, sie nach Köln zu lotsen: »In Russland kann ich nicht mal allein eine doofe Tüte Milch kaufen.«

5 Adi war hauptberuflich Stürmer bei Borussia Dortmund, trotzdem haben etliche hauptberufliche Philosophen nicht annähernd etwas derart Wahrhaftiges zustande gebracht.

»Na und, du hast doch mich. Und Milch heißt *Moloko.*«

Die Sache war entschieden. Irgendwie schien es mir auch gerecht, dass ich das größere Risiko tragen würde: Abenteuer und Edelmut, ja, das gefiel mir! Außerdem wollte ich Anna wirklich nicht sang- und klanglos wieder verlieren, sie hatte für mich das Potenzial zur absoluten Traumfrau!

Man lernt sich schon ziemlich gut kennen, wenn man drei lange Monate aufs Reden reduziert ist. Mal abgesehen von Annuschkas umwerfender Kombination aus dunklem Haar, grünen Augen und Sommersprossen, war das eigentlich Entscheidende die Vertrautheit, die von Anfang an zwischen uns herrschte. Man weiß nicht, wo sie herkommt, und man weiß auch nicht, wieso sie da ist. Mit manchen Menschen redet man von Anfang an, als würde man sie schon ewig kennen. Verlegenes Schweigen oder gar verzweifelte Suche nach Themen kannten wir nicht. Manchmal dauerten unsere Webcam-Sessions vier bis fünf Stunden und wurden nur dadurch beendet, dass einem von uns die Augen zufielen oder ihn der Hunger übermannte – und nicht eine Minute davon hatten wir uns gelangweilt.

Würde ich diese Gelegenheit verstreichen lassen, wäre ein schlichter Biss in den eigenen Allerwertesten jedenfalls nicht Strafe genug; ich müsste ihn abreißen, einpökeln und mir jeden Abend ein Stück zum Lonely Candle-Light-Dinner servieren lassen, um mich an meine eigene Dummheit zu gemahnen.

»Okay, ich werde mich mal nach Flügen erkundigen und nach den Visumsformalitäten.«

»Jipiee …!« Annuschka hüpfte durchs Zimmer. Als sie ihren Hintern mit vollem Schwung wieder vor den Schreibtisch befördern wollte, sah ich sie von rechts nach links durchs Bild rutschen, dann hörte ich ein Poltern und einen dumpfen Aufprall. *Das* war womöglich der Hauptgrund, warum wir uns unbedingt kennenlernen mussten: Minus mal Minus ergibt Plus. An den entgegengesetzten Enden Europas hatten wir endlich jemanden gefunden, der uns in puncto Schusseligkeit ebenbürtig war. Gemeinsam sollten wir ein glückliches – und vor allem unfallfreies – Leben führen können![6]

Annuschka zog sich mit ungetrübter Laune am Schreibtisch hoch. Als ihre glücklicherweise unbeschädigte Nase mit den zarten Sommersprossen wieder auf meinem Bildschirm erschien, konnte ich ehrliche Freude sehen. »Markus …!«

Plötzlich wurde es mir doch noch mulmig. »Ja?« Hoffentlich sagt sie jetzt nicht, ich liebe dich. Man *kann* niemanden lieben, den man nur übers Internet kennt!

»Ich freue mich wirklich, wenn du kommst.«

Strike! Perfekt, die perfekte Antwort. In diesem Moment freute ich mich wirklich auf Russland …

6 Hätten wir je Nachwuchs, der unbedingt Atomphysiker werden möchte, würde ich mich auf diese Rechnung aber lieber nicht verlassen und vorsichtshalber in ein Land emigrieren, das außerhalb der Reichweite einer etwaigen radioaktiven Wolke liegt.

4.
Zwei in einunddreißig Tagen

Ich sitze tatsächlich im Flugzeug, und das Beste ist: Es fliegt! Und zwar nach Jekaterinburg, soweit ich das als Passagier beurteilen kann. Jedenfalls sitzt neben mir Sergej. Je näher wir dem Ziel kommen, desto maulfauler werde ich. Sergej scheint zum Glück der Überzeugung, das liege ausschließlich daran, dass ich so wenig wie möglich von der Umgebungsluft einatmen will. Der Typ im Sitz vor uns furzt seit einer Stunde wie ein Weltmeister.

In Wahrheit plagt mich aber nicht nur die Ausgasung unseres Vordermannes, sondern ebenso ein schlechtes Gewissen. Weil es doch noch passiert ist: Nahezu fünf Monate bin ich Annuschka redlich treu geblieben, und dann, als ich bereits Ticket und Visum für Russland zusammenhatte, lief mir Ella über den Weg. Ausgerechnet in einer Bar namens »Roter Platz«! Ich habe nicht mit meinen Reiseplänen hinterm Berg gehalten, schließlich bot sich das Thema Russland hier geradezu an. So gesehen war es sogar der Einsteiger für diesen One-Night-Stand.

Ich hatte definitiv kein Interesse daran, bei einer selbstbewussten und attraktiven Frau wie Ella als treudoofer Trottel dazustehen, der für eine Frau im Zölibat lebt, die er noch nie zuvor gesehen hat. Vielleicht bin ich ja ein Schussel, aber ein Nerd bin ich nicht. Und ich war inzwischen auch ziemlich geübt darin, mich für Anna zu rechtfertigen. Da war es auch schon wieder: »Aha, eine Russin! Du suchst dir deine Frauen also gern im Katalog aus.«

Ich zog wortlos mein Handy aus der Tasche und machte ein Foto von ihr. Ella runzelte spöttisch lächelnd die Stirn: »Und jetzt?«

»Jetzt brauche ich noch Alter und Größe. – Ich steh ja so was von auf Kataloge …«

»Ach, und sonst interessiert dich gar nichts? Beruf, Hobbys, Sternzeichen … Kinder?«

»Nee, ich bin ziemlich oberflächlich. Höchstens noch Körbchengröße und sexuelle Vorlieben.«

Ella grinste. »Ich will aber nicht in deinen Katalog.«

»Warum glaubst du eigentlich, dass sich alle russischen Frauen in Katalogen feilbieten? Hältst du dich für was Besseres, bloß weil du Deutsche bist?«

Wir verstanden uns auf Anhieb. Damit war aber auch schon der tiefsinnigste Teil des Abends vorbei. Das erste Gespräch mit Annuschka war ganz anders verlaufen. Ella war nicht weniger eloquent, aber ein bisschen zu verliebt in die eigenen Worte. Sie legte dabei großen Wert auf die ungeteilte Aufmerksamkeit ihres (männlichen) Publikums. Ella stand im Gegensatz zu Anna gern im Mittelpunkt, eine echte Rampensau, vereinnahmend. Am Ende des Abends hatte sie allerdings ziemliche Mühe, überhaupt noch irgendwo zu stehen. Ella kippte Wodka, als müsse sie die komplette Besatzung des Panzerkreuzers Potemkin unter den Tisch saufen.

Unsere Nacht war provozierend, betrunken, geil und sogar zärtlich. Aber beim Frühstück war klar, dass das Austauschen der

Telefonnummern nur formaler Teilakt einer Verabschiedung war, bei der keiner den anderen verletzen wollte. Ella wäre jedoch nicht Ella gewesen, hätte sie sich eine letzte Provokation verkniffen: In Hemdchen und Slip saß sie mir gegenüber und musterte mich kritisch über den Frühstückstisch hinweg, während sie mein Nutella auslöffelte. »Ehrlich, wenn ich dich so sehe: Du bist überhaupt nicht mein Typ.«

Ich war ganz froh, als sie ging. Mit dickem Kopf wurde ihre herausfordernde Art, die mich am Abend zuvor noch gereizt hatte, schnell anstrengend. Und da war auch wieder dieses abgeschmackte Gefühl, diese leicht depressive Leere, die sich an einem verkaterten Sonntag nach unverbindlichem Sex gern einstellt. Ich kann nicht sagen, dass ich die Episode mit Ella heftig bereue. Aber in diesem Moment war mir eine verbindliche virtuelle Beziehung lieber als eine unverbindliche reale.

Demgemäß schwanken meine Gefühle im Flugzeug, was Ella und Annuschka angeht, zwischen »ist ja nichts passiert« und »Vollidiot, musste das sein!?«. Wann fängt bei einer Cyber-Beziehung eigentlich das Fremdgehen an?

»Gar nicht«, sagt Paul in Köln, »es hört nie auf.«

Nach seiner Scheidung hat er festgestellt, dass man Seitensprung-Agenturen im Internet wirklich nicht braucht, um jede Menge Sex zu haben. Viel besser sind die vermeintlich seriösen Premium-Partner-Sites, wo man nach seinem Akademiker oder seiner Akademikerin fürs Leben sucht. Paul, der ehemals streng Monogame, fährt inzwischen drei bis vier Sexbeziehungen parallel und ist bei der Koordination seines Liebeslebens wirklich zu einem Meister der Logistik herangereift. Nicht ohne Stolz erzählt er, wie er einmal drei Frauen an einem Tag gedatet und zwei davon auch gevögelt hat.

Vierzig Prozent der Deutschen lernen ihren Partner mittlerweile im Internet kennen. Wenn das bei allen am Anfang so abläuft wie bei Paul, gehört »Koordination des Liebeslebens« bald zu den Soft Skills beim Vorstellungsgespräch: »Das sieht ja alles ganz gut aus in Ihren Unterlagen, Herr Müller. Aber wie viele Partnerinnen können Sie denn gleichzeitig managen?«

Da brechen schlechte Zeiten an für mich: Ich war noch nie gut im Organisieren.

Im Landeanflug auf Jekaterinburg ist mir eines klar: Was in Köln geschehen ist, soll in Köln bleiben. Ein schöner Wunschtraum, aber man wird ja mal träumen dürfen. So wie ich davon träume, dass bei der nächsten Salve des Furz-Königs vor uns sämtliche Sauerstoffmasken aus den Deckenluken fallen. Die Stewardess, die gerade die Reihen abschreitet, um zu überprüfen, ob alle Insassen den Sicherheitsgurt angelegt haben, würde dann auf Höhe von Flatulenz-Fjodor ohnmächtig aus den Pumps kippen. Woraufhin der Rest der Crew ihn aus Sicherheitsgründen zum frühzeitigen Ausstieg per Fallschirm zwingt.

Andererseits: Vielleicht sollte ich für diesen Landeanflug den Fallschirm doch lieber selbst reklamieren: Entweder beeinträchtigt die schlechte Luft mein Sprachzentrum, oder der Pilot hat gerade auf Russisch etwas anderes gesagt als auf Englisch. Für mich hörte es sich an wie: »We are proceeding to land at Airport Ekaterinburg. Please fasten your seat belts and switch off your mobile phones or any electronic devices.«

Tatsache ist aber, dass alle Russen, die ihr Handy nicht sowieso schon den ganzen Flug über benutzt haben, es jetzt anschalten. Vielleicht benötigen russische Flugzeuge, um einen sicheren Landeanflug zu gewährleisten, die geballte technologische Unterstützung ihrer Passagiere? Vielleicht sagt der Pilot auf Russisch aber auch nur: »Ich freue mich, Ihnen mitteilen zu können, dass wir in Bälde wieder Empfang haben.«

Wahrscheinlich telefoniert er selbst schon mit seiner Frau, den Kindern oder der netten Stewardess, die auf dem Rückflug an Bord sein wird.

Während die Russen um mich herum also fröhlich unbeschwert telefonieren, was das Zeug hält, klammere ich mich beim Landeanflug nervös an die Armlehnen. Der Typ, der neben mir auf der Fensterseite sitzt, mustert mich streng von oben bis unten, ohne sein Telefongespräch zu unterbrechen. Vielleicht, weil ich mich mit der linken Hand in seinen Unterarm kralle … Gerade fällt mir nicht mal ein, was »Entschuldigung« auf Russisch heißt: *Spassiba*? – *Doswidanje*? – *Pashalusta*? Nee, das heißt »bitte«. Seit ich weiß, dass ich in Russland mit Englisch nicht weit komme, fallen mir tatsächlich nur noch französische Begriffe ein, also entscheide ich mich für »Pardon«[7].

7 Und hier die Auflösung für Wissenbeflissene: Iswinitje.

5.

Romeo und Julia – und die Eltern …

Fakt ist, wir haben wider Erwarten keinen uralischen Berg geküsst, sondern sind sicher in Jekaterinburg gelandet. Die gute Nachricht, dass wir nicht tot, zermalmt und pulverisiert sind, müssen auch gleich alle russischen Anverwandten erfahren. Jedenfalls bin ich immer noch der Einzige, der nicht telefoniert, als wir zum Gate rollen, selbst Sergej ist schwer beschäftigt. Ich bin natürlich auch gespannt, ob mein Empfangskomitee da sein wird – vermutlich sogar gespannter als alle anderen. Denn ohne Annuschka, Semjon und Vera wäre ich ziemlich aufgeschmissen. Als Deutscher wurde mir aber eingebläut, dass ich mein elektronisches Zeug ausgeschaltet lassen soll, bis das Flugzeug zum Stillstand gekommen ist, und daran halte ich mich sklavisch. Womöglich lösen deutsche Handys in russischen Maschinen sofort einen Kabelbrand aus? Während es um mich herum bimmelt, brummt und summt wie in einem elektrischen Bienenkorb und die ersten Russen schon fröhlich ihr Gepäck aus den Fächern über meinem Kopf reißen, wage ich schließlich doch ein Stück Anarchie und öffne todesmutig meinen Gurt. Das wird auch höchste Zeit, denn der Typ am Fenster mustert mich schon entnervt wie einen Schwachsinnigen.

Der Flughafen ist brandneu und teilweise noch im Bau. Vom Gepäckband aus kann man daher bereits einen Blick in die Empfangshalle werfen, nur eine hüfthohe Barriere trennt sie vom Passagierbereich; die Arbeit, die in der Regel von einer Wand verrichtet wird, übernimmt hier ein Grenzpolizist.

Nervös halte ich Ausschau nach Annuschka – und da ist sie!

Anna winkt. Ich winke zurück und laufe strahlend auf sie zu. Dann fällt mir plötzlich ihre und Sergejs Warnung ein: »Pass bloß auf dein Zeug auf, in Russland wird alles sofort geklaut!« Hinzu kommt, dass an dem Grenzpolizisten eine Kalaschnikow baumelt.

In einem kurzen Anfall von Paranoia eile ich zurück zum Band, sondiere misstrauisch, ob einer der ersten Davoneilenden meine Reisetasche eingesackt hat, und bin auch irgendwie erleichtert, aus dem Schussfeld der Kalaschnikow zu sein.

Semjon und Vera halten sich dezent zurück, als Annuschka und ich uns umarmen. Es ist genauso seltsam, wie ich es mir vorgestellt habe. So viel »dirty talk«, so viele mehr oder weniger wilde Cybersexphantasien. Doch jetzt geht es einfach nur um einen Kuss – aber um einen echten Kuss! Den ersten Kuss! Anna ist darauf nicht eingestellt. Sie hat offenbar nur mit einem Begrüßungsschmatzer auf die Wange gerechnet und zuckt zurück, als ich zart ihre Lippen berühre. Sie hat recht: Es gehört nicht hierher, nicht jetzt. Aber es ist für uns beide gleich seltsam, und deshalb ist es in seiner ganzen Seltsamkeit fast schon wieder der intime Moment, der es sein soll. Außerdem spüren wir beide noch etwas: einen leichten Schmerz. Bei ihrem unkoordinierten Zucken sind wir mit den Nasen aneinandergestoßen. Womöglich ergibt Minus mal Minus wirklich Plus – allerdings ein Unfall-Plus …

Dann steht plötzlich Sergej neben uns, eine mehr oder minder willkommene Gelegenheit, sich voneinander zu lösen und zur Tagesordnung überzugehen: »Darf ich dir meinen Retter vorstellen? Ohne Sergej säße ich wahrscheinlich immer noch am Flughafen in Moskau.«

Während Anna einigermaßen überrascht seine Hand schüttelt, kommen nun auch Semjon und Vera hinzu.

»Markus!« Ich erwidere Semjons festen Händedruck. Bloß nicht zu lasch rüberkommen. Semjon ist klein und drahtig, etwa Anfang fünfzig. Er hat ein bisschen Bauch, aber man sieht, dass er mal sportlich unterwegs war. Ich weiß von Annuschka, dass er während seiner Militärzeit Teil der Biathlon-Auswahlmannschaft gewesen ist.

Offenbar habe ich die Händedruckprüfung bestanden. Semjon nickt anerkennend.

Man sieht auf den ersten Blick, von wem Annuschkas asiatisch-mongolischer Einschlag stammt: Semjons Augen sind schmal und eingerahmt von vielen Lachfalten. Sein Teint ließe jeden Bad Segeberger Winnetou-Darsteller vor Neid noch blasser werden, seine Züge haben tatsächlich etwas Indianisches. Interessanterweise kontrastiert die Farbe von Semjons Augen ihre Form: Sie sind grau-grün. Von seiner Ethnie, den Mari, hatte ich noch nie etwas gehört, bis ich Anna kennenlernte.

Veras freundliches Gesicht mit den roten Wangen und den hohen Jochbeinen wirkt dagegen sehr russisch. Es ist genauso rund wie das von Ehemann und Tochter, rührt aber wohl eher von der guten russischen Küche her: »Willkommen, Markus. Ich spreche bisschen Deutsch.« Sie schüttelt mir die Hand. »Ich heiße Vera.«

Ich bin baff.

»Warum hast du mir das nicht gesagt?«, frage ich Anna. Sie hatte mir erzählt, dass Vera Russisch und russische Literatur unterrichtet, von Deutsch kein Wort.

Annuschka lächelt entschuldigend: »Vera wollte es nicht. Sie war sich noch nicht sicher, ob sie sich trauen würde, mit dir Deutsch zu sprechen.«

Sergej legt mir die Hand auf die Schulter, um sich zu verabschieden, da fallen mir siedend heiß meine Schulden ein: »Ähem, kannst du mir vielleicht 500 Rubel leihen?«

Annuschka blickt mich überrascht an. »Sorry, ich hab gar kein Geld dabei.«

Sergej räuspert sich. »Macht nichts«, aber ich halte ihn zurück: »Nein, nein, nein, warte!«

Da muss ich jetzt durch. Ich schiele verlegen zu Semjon und Vera. »Könntest du vielleicht deine Eltern …? Ohne Sergejs Geld wäre ich in Scheremetjewo glatt verdurstet. Und ich hab immer noch keinen einzigen Rubel.«

Semjon fragt Anna etwas auf Russisch, während er mich kritisch mustert. Annuschka rollt mit den Augen und macht keine Anstalten zu übersetzen.

»Was hat er gesagt?«, frage ich sie.

»Ach, nichts.«

»Klang aber nicht nach nichts.« Ich könnte vor Peinlichkeit im Boden versinken. »Sag deinem Vater bitte, ich entschuldige mich, dass ich noch keine Rubel habe. Man hat mir bei der Bank in Deutschland geraten, erst in Russland zu tauschen, weil der Kurs hier viel besser ist. Außerdem hat mir der Bankangestellte gesagt, also der sagte, ich hätte die Rubel vorbestellen müssen. Rubel hatte er nicht vorrätig. Ich … ich gebe sie ihm später natürlich sofort zurück. Also, wenn ich … wenn wir bei einer Bank vorbeikommen. Sofort.«

Annas Übersetzung meines Sermons besteht aus circa vier bis fünf knappen Worten. Russen machen nicht gern viele Worte. Wenn man Dostojewski liest, könnte man auf etwas ganz anderes kommen. Aber im Alltag ist man doch eher kurz angebunden. Am Telefon beispielsweise meldet sich jeder nur mit »Da«. Während bei uns so ein knapp gebelltes »Ja« eher als unhöflich gilt, fragt man sich in Russland, warum man jemandem Nettigkeiten entgegenbringen soll, wenn noch völlig unklar ist, ob er derlei überhaupt verdient. Womöglich ruft da gerade einer an, den man gar nicht leiden kann. Und der ein freundliches »Hallo, Markus Müller« dann in den ganz falschen Hals bekommt.

Semjon nickt nur verständig und reicht seiner Tochter 500 Rubel. Annuschka reicht sie mir, ich reiche sie mit heißem Kopf an Sergej weiter. Die Schweißperlen auf meiner Stirn bedeuten mir, dass ich inzwischen knallrot angelaufen sein muss. Mit einem Seitenblick auf Anna klopft Sergej mir anerkennend auf die Schulter und raunt altklug: »Die ist okay, der kannst du vertrauen«, bevor er davonzieht.

Semjon und ich rangeln noch ein bisschen darum, wer meine Tasche zum Auto schleppt. Ich setze mich durch, denn in meinem Kopf schwirrt die leicht absurde Überzeugung herum, ich könne dadurch die Schmach von vorhin ein wenig wettmachen: Kein Geld, aber wenigstens kann er anpacken.

Wir laufen über den riesigen Parkplatz. Es ist kalt, sehr kalt, anders kalt als in Deutschland und auch anders als noch in Moskau. Eine Kälte, die mir verweichlichtem Rheinländer unmittelbar in die Knochen fährt und die Schweiß- sofort in Eisperlen verwandelt, die mir bei jedem Schritt anmutig klickernd von der Stirn springen.

»Quatsch«, wiegelt Annuschka meine Bemerkung über die raue Witterung ab, »sind doch bloß minus 15 Grad.«

»Okay«, sage ich, »und wo sind die Berge?«

»Welche Berge?«

»Na, wir sind doch im Ural!« Irgendwie hatte ich erwartet, dass man vom Flughafen aus gleich auf eine Art Alpenpanorama schaut, doch vor mir breitet sich vollkommenes Flachland aus. Nicht mal ein Hügelchen in Sicht.

»Berge gibt's natürlich auch, aber nicht hier«, entgegnet Anna.

Tatsächlich warte ich bis heute darauf, ein uralisches Alpenpanorama zu Gesicht zu bekommen. Die »Berge«, die ich bislang kennengelernt habe, erinnern eher an die Eifel oder das Weserbergland.

Vera schaut uns fragend an, weil wir Englisch gesprochen haben. Annuschka übersetzt. Das kann ja noch lustig werden: Semjon spricht nur Russisch, ich spreche Deutsch und Englisch, aber kein Russisch, Vera Russisch und ein wenig Deutsch, aber kein Englisch und Anna Russisch und Englisch, aber kein Wort Deutsch ...

»Woher kannst du Deutsch?«, frage ich Vera. Sie klärt mich auf: »Deutsch hatte ich in Schule, aber sehr, sehr lange ...« Sie lächelt verlegen und macht eine Handbewegung, die in ferne Vergangenheit deutet. »Aber mag ich deutsche Dichter: Goethe, Schiller ...«

Ich lasse ein anerkennendes »Ah ja« vom Stapel, das bin ich meinem abgebrochenen Germanistikstudium schuldig. Zu meiner Schande muss ich hinzufügen, dass Vera Schillers »Glocke« immer noch komplett auswendig kann. Ich selbst bringe es maximal auf die ersten zwei Zeilen.

Semjon stellt mir eine Frage und schaut erwartungsvoll zwischen Annuschka und mir hin und her. Doch Anna zuckt bloß die Schultern.

»Übersetzt du mal?«

Sie nickt unwillig: »Semjon möchte wissen, ob du Sport machst?«

Fangfrage. Ich weiß zum Glück auch, dass Semjon an der

Oberschule eine besondere russische Form von Sportunterricht gibt. Wir würden es wohl Wehrsportunterricht nennen, denn das Curriculum beinhaltet so schöne Sachen wie Überlebenstechniken in der Wildnis und Schießübungen. Semjon stählt sozusagen die russische Jugend für die Landesverteidigung. Was würde wohl passieren, wenn ein Schulminister auf die Idee käme, so etwas bei uns einzuführen? Ich sehe einen Mob linksliberaler pazifistischer Eltern das Ministerium stürmen, um im Namen des Weltfriedens den Minister zu lynchen.

Jetzt schiele ich kurz auf mein eigenes kleines Wohlstandsbäuchlein und wünsche mir insgeheim etwas mehr Stählung für mich. Außer äußerst sporadisch mit Kumpels zu kicken, treibe ich seit Jahren überhaupt keinen Sport mehr. Das will ich aber nicht zugeben. Semjon schaut mich immer noch erwartungsvoll an. Ich repetiere kurz im Gedächtnis, was ich schon so alles angefangen und wieder aufgehört habe: Tennis? Zu elitär und lang her. Handball? Noch länger her, genau genommen hab ich mit elf Jahren damit aufgehört, weil es schlicht zu unfallintensiv war. Nach jedem Training hatte ich mindestens einen verstauchten oder gebrochenen Finger; der kleine der rechten Hand ist jetzt noch krumm und schief. Einziger Vorteil dieser sportlichen Betätigung war, dass ich im Winter keine Handschuhe zu tragen brauchte, da alle Finger verbunden waren.

Aber Handball klingt ordentlich bodenständig.

Annuschka übersetzt. Semjon nickt zufrieden und sagt wieder etwas, während Anna mich mit einem skeptischen Seitenblick mustert. Ich ignoriere ihre Skepsis: »Was hat er jetzt gesagt?«

Annuschka grinst: »Dass du dann ja sicher ausreichend Kondition zum Skifahren hast.«

Erleichtert setze ich eine Miene des Bedauerns auf. »Ich kann leider überhaupt nicht Skifahren, sagst du ihm das?«

Annuschka grinst weiter. »Semjon meint Ski-Langlauf. Das kann jeder.«

Langlauf habe ich schon mal gemacht und kann daher aus gutem Grund sagen: Ich hasse es! Mir leuchtet einfach nicht ein, warum ich auf sperrigen, rutschigen Skiern durch den Wald schliddern soll – womöglich noch bergauf –, wo ich ebenso gut eine schöne, entspannte Winterwanderung unternehmen kann. Außerdem ist mir die Koordination von zwei extrem scharfkantigen Brettern in der Nähe meiner Knöchel einfach zu heikel.

Semjon nickt zufrieden. Sein *Harascho*[8] verstehe ich auch ohne Annas Übersetzung. Die Aussicht, mit einer russischen Mischversion aus Indianer-Scout und Drill-Sergeant den anstrengendsten Sport auszuüben, den ich bisher versucht habe, paralysiert mich. Hoffentlich nimmt er sein Biathlon-Gewehr mit, damit ich mir im Notfall den Gnadenschuss verpassen kann. Ich grinse gezwungen und schüttle Semjons ausgestreckte Hand. Der scheint aufrichtige Freude bei mir zu entdecken. Wer mein Schauspiel nicht übersehen hat, ist Vera. Sie schmunzelt vielsagend.

Semjon sieht nicht von ungefähr so aus, wie er aussieht. Seine frühen Vorfahren sind tatsächlich auch die Vorfahren der amerikanischen Ureinwohner. Der eine Teil wanderte während der letzten Eiszeit nach Osten und erreichte über die zugefrorene Beringsee Nordamerika, während der andere gen Westen wanderte und zunächst am Ural siedelte.

Die Mari gelten hier als die ersten Siedler, als Ur-Uralier sozusagen, ihre Sprache nennt man denn auch Uralisch.

»Ich versteh kein Wort davon«, erklärt mir Annuschka seuf-

8 Wir Deutschen sagen ja gern »Karascho«, das russische Okay krächzt man aber mit rauem »ch« wie in Sprache.

zend, »mit Russisch hat Uralisch in etwa so viel Ähnlichkeit wie Suaheli.«

Nachdem sie bereits ganz Sibirien durchquert hatten, hatte ein Teil von Semjons Leuten offenbar noch immer Hummeln im Hintern und zog weiter die Wolga hinauf. Irgendwo auf dem Weg bog ein kleiner Teil der Sippschaft dann nach links ab und wanderte ins sonnige Ungarn, während der Rest sich nach Norden wandte und die Ostsee erreichte. Uralisch gilt als Ursprung der finno-ugrischen Sprachen, zu denen Ungarisch, Estnisch und Finnisch gehören.

Diese Leute sind also einmal quer durch ganz Russland gelaufen, von Ost nach West! Daraus folgt für mich vor allem, dass Anna und Semjon schon rein genetisch eines mit Sicherheit exzellent beherrschen: Langlauf! Ob zu Fuß oder auf Skiern. Keine gute Ausgangsposition für meine Raucherlunge. Ich bin eher ein Freund des Kurzlaufs. Und wenn kein Ball durch die Gegend fliegt, habe ich eigentlich überhaupt keine Motivation, mich sportlich zu betätigen.

»Ah, Lada!« Ich nicke Semjon anerkennend zu. Kann unter Männern bestimmt nicht schaden, die einheimische Technik zu loben. Prompt bekomme ich von Annuschka die Bestätigung dafür: »Ja, Semjon schwört auf Lada. Er weigert sich, ein vernünftiges Auto zu kaufen.«

Schon beim Einsteigen wird sehr deutlich, was sie damit meint. Die Beifahrertür lässt sich nur von innen öffnen und von außen schließen, so dass Semjon erst von der Fahrerseite hinübergreift, um den Griff zu betätigen, und dann aussteigt, um die Tür hinter Vera mit Gewalt zuzuknallen.

»Na ja«, sage ich, »so ist das schon mal bei älteren Autos.«

»Der Wagen ist drei Jahre alt«, erwidert Annuschka trocken.

Wir setzen uns nach hinten und starren auf die Rücken ihrer Eltern, beide besorgt, das Schweigen zwischen uns nicht zu lang werden zu lassen. Es beginnt leicht zu schneien, als Semjon auf die Autobahn einbiegt. Der Wind treibt den Schnee in Böen über die frisch geräumte Fahrbahn. Fahles Licht. Die Dezember-Wolken hängen so tief, dass es ebenso gut sechs Uhr abends wie ein Uhr mittags sein könnte. Die Anstrengungen der Reise und die Zeitumstellung tragen auch nicht eben dazu bei, dass sich mein Körper und Geist nach hoher Leistungskurve anfühlen. Nachdem ich mich endlich um nichts mehr kümmern muss, ist mir danach, einfach aus dem Fenster zu starren und die fremde neue Landschaft in mich aufzunehmen. Doch es ist eindeutig nicht der Zeitpunkt für kontemplatives Glotzen. Ich brauche ein Smalltalk-Thema zum Warmwerden. Apropos: Meine Schnäppchen-Boots »WinterPlus« von Deichmann scheinen dem russischen Winter nur bedingt gewachsen. Ich habe verdammt kalte Füße! Das »Plus« im Namen bezog sich offenbar auf die Plus-Temperaturen, die während eines normal verregneten Winters in Köln herrschen.

»Habt ihr denn viel mitbekommen von dem Sturm, wegen dem mein Flug ausgefallen ist?«, frage ich.

Anna schüttelt den Kopf und steigt dankbar ein: »Bei uns war er nicht so stark. Es hat die ganze Nacht geschneit, aber das ist normal. Zwischen Jekaterinburg und Moskau war aber einiges los, ein richtiger Blizzard! Wir haben es in den Nachrichten gesehen.«

»In Köln bricht regelmäßig der gesamte Verkehr zusammen, wenn mal ein paar Flocken rieseln. Es schneit einfach zu selten.«

Annuschka schaut mich bedauernd an. »Winter ohne Schnee? Das ist aber schade.«

Ich zucke die Achseln. »Ja, schon. Andererseits möchte ich nicht wissen, was passiert, wenn es einmal so viel schneit wie hier. Dann gibt's vermutlich gleich Katastrophenalarm und eine Woche schulfrei.«

Anna lächelt und übersetzt. Vera dreht sich um, um etwas zu antworten. Annuschka nickt: »Für Kältefrei reicht es leider noch lange nicht, sagt Vera. Hier ist ganz normal Schule.«

Ich bin erstaunt: »Ach, es gibt tatsächlich Kältefrei? In Deutschland kennt man nur Hitzefrei.«

Langsam entweicht die Beklommenheit aus dem Wagen. Nur meine Füße bleiben kalt.

»Ab minus 30 Grad darf man normalerweise zu Hause bleiben«, klärt mich Annuschka betont lässig auf. Schon komisch, gegenüber Landfremden ist man selbst auf Dinge stolz, die einen sonst nerven oder zumindest egal sind. Sogar auf Wetterphänomene.

Ich lege meine Hand auf Annas Hand und halte sie fest: »Ich bin schon gespannt auf unsere Wohnung.«

Annuschka lächelt mir zu. »Wir haben auch schon ein bisschen was eingekauft. Aber erst mal gehen wir zu meinen Eltern zum Essen. Babuschka steht schon seit heute Morgen für dich in der Küche.«

»Okay, ich habe auch ziemlichen Hunger.«

»Das wird Babuschka freuen. Du musst unbedingt ihren ›Hering im Pelzmantel‹ probieren.«

»Hering im Pelzmantel« hört sich nicht direkt nach meinem neuen Lieblingsgericht an. Aber nach dem übersichtlichen Frühstück im Flugzeug habe ich reichlich Kohldampf und bin gerne bereit, mich auf gesellschaftliche Verpflichtungen einzulassen. Zumal Annas »seit heute Morgen für dich in der Küche« bei mir einen gewissen Druck erzeugt, alles zu mögen, was Babuschka Maria mir vorsetzen wird. Sie liest mal wieder meine Gedanken: »Du musst natürlich nur essen, was du magst.«

»Klar«, ich nicke, »›Hering im Pelzmantel‹ klingt auf jeden Fall interessant.«

Wir blicken uns kurz schweigend in die Augen. Ich drücke ihre Hand etwas fester, bevor ich nach vorn schaue. Der Wind hat inzwischen einen frischen Schneeschleier auf den Asphalt gelegt. Ein kurzes Schmunzeln: Sittsames Händchenhalten im Beisein der Eltern. Dass ich *das* mit Mitte dreißig noch erleben darf!

Annuschka lächelt leicht irritiert. »Was ist?«

Ich hebe unsere Hände. »Komische Situation.«

Sie versteht. »Nach dem Essen fährt uns mein Vater zur Wohnung.«

Es ist beruhigend, dass wir dasselbe denken, was aber nicht verhindert, dass mich plötzlich wieder Zweifel überfällt. Er kriecht mir den Rücken hoch, fährt durch den Kopf und setzt sich ungefähr da fest, wo meine Nasenwurzel in die Stirnfalte übergeht: Was mache ich hier eigentlich?! Und wenn ich es herausgefunden habe, will ich es dann überhaupt …? Ich schüttele ihn mir regelrecht aus dem Kopf.

Auf Annas fragenden Blick hin lächle ich wacker. »Dachte nur kurz, ich hätt was Wichtiges vergessen. Hat sich aber erledigt.«

Anna sieht nicht wirklich überzeugt aus.

6.

Wir Kinder vom Schmuddel-Bahnhof

Die Parallelen zwischen Perwouralsk und meiner Heimatstadt Leverkusen sind frappierend. Beide Städte sind einst um eine Fabrik herum entstanden. Was in Deutschland zunächst Farben waren und heute Chemie ist, war hier Eisen und sind jetzt Röhren. Perwouralsk wird beherrscht von einer riesigen Pipelinefabrik.

In Leverkusen geht die Anekdote um, Frauen, die sich einst in Nylons zu nah ans Bayerwerk wagten, hätten dies mit großen Löchern in ihren schicken Strümpfen bezahlt. So aggressiv sei die Luft gewesen. In Perwouralsk rät man, bei Niederschlag jeglicher Art tunlichst eine Kopfbedeckung zu tragen, da einem sonst die Haare ausfielen. Es ist mir bisher nicht gelungen herauszufinden, ob Perwouralsk eine signifikant höhere Zahl an Glatzköpfen aufweist, da alle Perwouralsker ständig eine Kopfbedeckung tragen.

Perwouralsk und Leverkusen können beide mehr oder minder stolz noch ein Gebäude vorweisen, das an eine Geschichte vor der Industriegeschichte erinnert. Gut, in Leverkusen ist es ein zu einem luxuriösen Museum umrenoviertes Schloss, in Perwouralsk ein historisches Holzhaus in bemitleidenswertem Zustand. Immerhin: Beide stehen unter Denkmalschutz.

Annuschka und ich sind Industriestadtkinder. Sogar die Entfernung zu den Metropolen Köln und Jekaterinburg, in denen wir studiert haben, ist fast identisch. Und hüben wie drüben mussten wir »Schmuddelkinder« uns für unsere Herkunft gegenüber hochnäsigen Großstädtern verteidigen. Das verbindet.

Was unsere Heimatstädte unterscheidet ist, dass Perwouralsk komplett aus Plattenbauten besteht. Auf dem kleinen Hügel, wo die Familie Mischina bis Ende der 80er Jahre ein Holzhaus bewohnte, steht jetzt eine Plattenbausiedlung, in der sie eine Wohnung zugewiesen bekamen.

Das Haus der Mischinas liegt am Boulvar Yunosti, dem Boulevard der Jugend. Jugendliche gibt es zwar, aber boulevardesk ist hier wenig. Bestenfalls der große Supermarkt am unteren Ende der Straße, auf dessen Parkplatz die Jugend für gewöhnlich herumlungert. Genau genommen sollte die Stadt sie für ihr unermüdliches Herumlungern sommers wie winters bezahlen, denn sie sind wirklich das Einzige, was den Namen rechtfertigt. Am oberen Ende, auf dem Hügel ist der Boulvar Yunosti nicht mal mehr eine richtige Straße, sondern Zufahrt zu einem Schotterparkplatz, um den herum sich Plattenbauten gruppieren. Mitten darauf steht eine Baracke, die ebenfalls einen, wenn auch wesentlich kleineren Supermarkt beherbergt. Zwischen dem großen und dem kleinen Supermarkt liegt auf halber Strecke ein mittelgroßer Supermarkt. Supermarkttechnisch ist der Boulvar Yunosti also bestens versorgt. Die Supermarkt-Konglomeration mag für eine Wohngebietsstraße, die gerade mal 150 bis 200 Meter lang ist, sogar etwas üppig erscheinen, entspricht aber ganz der russischen Philosophie »Lieber zu viel als zu wenig«. Die drei Supermärkte sind auch notwendig, weil im größten Land der Erde eben immer etwas größer gedacht wird – das gilt nicht zuletzt für das Ausmaß eines alltäglichen Einkaufs. Ein Supermarkt allein wäre von den Anwohnern des Boulvar Yunosti vermutlich in null Komma nichts leer gekauft.

Das typische Treppenhaus in so einem Plattenbau neueren Datums ist für den Wessi gewöhnungsbedürftig: Es ist das Einzige aus massivem Beton in diesen Häusern, blanker, glattgewetzter Beton in funzeliger Beleuchtung, die bestenfalls auf jedem zweiten Stockwerk funktioniert. Einen Hausmeisterdienst, der auch für die Treppenhausreinigung zuständig ist, gibt es zwar. Da sich für die paar Rubel, die jede Partei zu entrichten hat, aber niemand findet, behält der Oberhausmeister das Geld einfach für sich, ohne putzen zu lassen. In Russland gilt für Dienstleistungen wie für Gebrauchsgüter: Wenn etwas besonders günstig ist, sollte man nicht auch noch erwarten, dass es funktioniert. Das sehen alle im Haus der Mischinas genauso und entrichten brav ihren monatlichen Obolus, ohne etwas dafür zu erwarten. Da der russische Raucher traditionell den Flur nutzt, um nicht die eigene Wohnung vollzuqualmen, herrscht die Ansicht, dass das Putzen sowieso niemandem zuzumuten sei. Natürlich gibt es auch ordentliche Raucher, die ihre Kippen im Müllschlucker entsorgen. Die Eiligen unter den Ordentlichen vergessen allerdings schon mal das Ausdrücken, was dann dazu führt, dass es aus der Mülltonne im Parterre anmutig kokelt.

Es gibt auch einen Fahrstuhl im Haus der Mischinas. Wenn er funktioniert, fährt er grundsätzlich mindestens bis zum vierten Stock, ganz gleich, welches Stockwerk man drückt. Sind mehrere Personen im Fahrstuhl, kann man die »Fahrstuhllotterie« ausrufen: Jeder drückt die Taste, die ihm gerade sympathisch erscheint, und wettet darauf, in welchem der Stockwerke vier bis neun der Fahrstuhl hält.

Für Unterhaltung ist also gesorgt im russischen Plattenbauhausflur. Wenn die Lotterie außer Betrieb ist, kann man immer noch auf ein Schwätzchen mit einem Raucher zählen. Dagegen sind deutsche Hausflure in ihrer porentief reinen, klinischen Funktionalität echte Langweiler.

Semjon sieht sich in der schwierigen Lage, dass er wie alle Mieter Umlagen für den Fahrstuhl bezahlen muss, aber im dritten Stock wohnt, wo der Aufzug niemals hält. Wirklich niemals. Da ihm die Nebenkosten offensichtlich mehr am Herzen liegen als ein Schwätzchen mit einem Raucher, nutzt er den Fahrstuhl trotzdem. Das führt häufig dazu, dass Semjon mehr Stufen hinabsteigen muss, als er hätte hinaufgehen müssen. Ich kann ihn irgendwo verstehen, schließlich zahlt er schon Putzgeld für nichts.

Der Rest der Familie Mischina nimmt lieber gleich die Treppe.

Die erste Diele, die man in einem 80er-Jahre-Plattenbau vom Hausflur aus betritt, teilt man sich mit einer weiteren Mietpartei. Ich nenne sie »Schuhdiele«, weil es in Russland ein absolutes Tabu ist, die Wohnung in Straßenschuhen zu betreten. Die Mischinas teilen sich ihre Schuhdiele mit einem jungen Pärchen, das in der Zweizimmerwohnung neben ihnen lebt, während sie geräumige vier Zimmer zur Verfügung haben. Da die Zweizimmerwohnungen entweder von Erstauszüglern oder von älteren Alkoholikern bewohnt werden, ist die enge Nachbarschaft nicht ganz konfliktfrei. Die Jüngeren nerven die Familien nebenan mit Partys und lauter Musik, die Alkoholiker benötigen keine Musik zum Nerven, denn sie streiten sich meist lautstark mit ihren Kumpels. Am nervigsten sind natürlich junge partygeile Alkoholiker-Pärchen, die sich gern lautstark mit ihren Freunden streiten.

Die Mischinas haben deshalb in weiser Voraussicht eine »Schallmauer« an der Wand zur Nachbarwohnung errichtet. Dort steht nämlich Mischas Klavier, auf dem er virtuos klimpert, wenn er nicht gerade Bratsche übt oder *Need for Speed* spielt, was auch keinen geringeren Lärmpegel hat.

7.

Maria meint, ihm schmeckt's nicht, und Markus hat *Das (falsche) Parfum*

Babuschka Maria ist eine quirlige kleine Person von Mitte siebzig. Eine Wolke aus Essensduft folgt ihr aus der Küche, die mir das Wasser im Mund zusammenlaufen lässt: »Zdrastwuijte.« Veras Mutter reicht mir die Hand, während sie mich mit ihren wachen Augen mustert.

»Zdrastwuijte.« Ich habe das nun schon oft genug gehört, um zu ahnen, dass es »Guten Tag« heißt. »Dobrij Den«, was ich mir extra draufgeschafft habe, scheint niemand zu benutzen.

»›Dobrij Den‹ ist sehr förmlich«, erklärt mir Anna.

Ich werte es als Sympathie-Erfolg, dass ich ein »Zdrastwuijte« wert bin. Vielleicht wird Annuschkas Online-Experiment ja doch nicht so skeptisch gesehen, wie ich befürchtet habe.

Sogar Mischa kommt neugierig aus seinem Zimmer, um mich zu begrüßen. Das ist eine echte Ausnahme, wie ich später feststelle, normalerweise verlässt er sein Zimmer nur zum Essen. Mischa ist dunkelhaarig und gutaussehend wie Annuschka, nur die Sommersprossen fehlen. Mit achtzehn ist er ganze sieben Jahre jünger als seine Schwester. Er ist ein stiller Typ. Vielleicht hat er aber auch bloß, wie die meisten Jugendlichen, die Kommunikation mit seiner Familie auf das Einfordern der Befriedigung seiner Grundbedürfnisse beschränkt. Seine Gestalt wirkt schlaksig, obwohl er kaum größer ist als ich. Typisch für Jungs, die gerade erst ausgewachsen sind, denke ich.

Im Wohnzimmer biegt sich der Tisch unter dem »kleinen Imbiss«, den Babuschka Maria für mich hergerichtet hat: Bratkartoffeln, Hühnchen, Frikadellen, Räucherfisch, Aufschnitt, in Zwiebeln gebratener »Salo« (sibirischer Bauchspeck), Eingelegtes in allen Farben und Formen und in großen Schüsseln diverse mayonnaisegeschwängerte Salatbomben, gegen die sich ein gewöhnlicher deutscher Kartoffelsalat wie eine Diätmahlzeit ausnimmt. Darunter auch der »Hering im Pelzmantel«, der an eine Sahnetorte mit Fischfüllung erinnert.

»Ich habe noch Geschenke«, sage ich zu Anna, während ich versuche, mich möglichst in ihrer Nähe zu halten. Sie hatte mir eingeschärft, dass Begrüßungsgeschenke in Russland äußerst wichtig sind. Ein Gast, der ohne käme, würde sofort als Geizkragen gelten, der sich bloß durchfuttern will.

»Erst mal essen«, rät Annuschka, »sonst ist Babuschka noch beleidigt, weil alles kalt wird.« Da werden wir schon wie zwei Königskinder mit dicken Kissen unterm Hintern nebeneinander auf der Couch inthronisiert. Das Sofa wird beim Essen als Sitzgelegenheit einbezogen. Ein Wohnzimmer mit Couch- *und* Essecke für fünf Erwachsene ist in diesem Raum einfach nicht zu machen. Nicht zuletzt, weil ein Gutteil des Zimmers von einer äußerst voluminösen Schrankwand beansprucht wird, Typ »Jüngerer Sowjet-Barock«.

»Markus?« Semjon hält erwartungsvoll eine Flasche Wodka in der Hand, den guten für besondere Anlässe! Man trinkt ihn zum Essen. Ein Russe trinkt nie, ohne wenigstens eine Kleinigkeit dazu zu essen. Man reicht ihn auch nicht im Wasserglas, das ist ein Klischee und trifft höchstens auf Leute zu, die keine anderen Gläser haben. Als Durstlöscher dient nämlich »Kompott«: ein köstlicher, selbst aufgesetzter alkoholfreier Beerensaft von Waldfrüchten.

»Was war in Moskau?«, fragt Vera.

Während Babuschka Maria mit Argusaugen beobachtet, wie ich auf ihre Speisen reagiere, berichte ich noch einmal in aller Ausführlichkeit von meinem Abenteuer und ernte bei der Stelle mit dem verpassten Essen und dem fast verpassten Bus sogar ein paar Lacher.

»Dann hat er doch bestimmt viel Hunger, der arme Junge«, sagt Maria. Ich bekomme zum dritten Mal den Teller vollgeschaufelt, diesmal auch mit »Hering im Pelzmantel«. Meine persönliche Variante von *Maria, ihm schmeckt's nicht!*. Der pelzige Hering ist eigentlich ein geschichteter Fischsalat mit geraspelten Karotten, Kartoffeln, Eiern, jeder Menge besagter Mayonnaise und – Rote Bete! Mit Milchprodukten beziehungsweise Laktose hat die Familie Müller kein Problem, dafür sind wir »Rote-Beete-intolerant«. Oma, Opa, Mutter, Vater, Schwester, sogar Tanten und Onkel, alle meiden sie. Um bei einem Russlandaufenthalt Roter Beete aus dem Weg zu gehen, müsste man sich jedoch ausschließlich von McDonald's-Produkten ernähren. Wahrscheinlich enthält aber selbst der russische Big Mac statt Rinderhack zwei große saftige Scheiben Rote Beete.

Ich sehe Annuschka etwas verkrampft an und denke, vielleicht ist es an der Zeit, dass der Müller-Genpool mit einer Rote-Beete-Freundin aufgefrischt wird. Dann schaufele ich den Hering im Pelzmantel mannhaft in mich hinein. Auf vollen Magen wäre er auch ohne Rote Beete eine echte Herausforderung. Obwohl ich beim Probieren tapfer nicke und lächle, registriert Babuschka

Maria meinen Betrugsversuch sofort. Sie wendet sich an Vera. »Maria meint, du magst den Hering im Pelzmantel nicht. Wenn du es nicht magst, lass es ruhig liegen.«

Ich entscheide mich, halbwegs bei der Wahrheit zu bleiben: »Nein, nein, der Hering ist schon ganz lecker, aber lieber würde ich noch was von dem Salo essen, der ist wirklich toll. Köstlich, große Klasse!« Um meinem Urteil größtmögliche Glaubwürdigkeit zu verleihen und Babuschka Maria nicht zu vergrätzen, fordere ich noch eine Fuhre Salo. Dabei bin ich eigentlich schon pappsatt, so randvoll, dass mir bereits schwummrig wird. Die Mayonnaisesalate wabern in meinem Bauch. Zum Glück schenkt Semjon noch eine Runde Wodka aus. Der hilft, die Mayonnaise zu neutralisieren.

Es ist ein weit verbreitetes Vorurteil, ganz Russland sei dem Wodka verfallen. In Wahrheit ist ganz Russland der Mayonnaise verfallen, der durchschnittliche Pro-Kopf-Verbrauch muss bei etwa zehn Litern monatlich liegen:

»Am siebten Tage, als Gott ruhte, kamen die Russen zu ihm und sagten: ›Das Land, das du uns gegeben hast, ist sehr schön, lieber Gott. Es ist groß, hat viele Bäume und ist auch nicht zu bergig, so dass man alles gut zu Fuß erreichen kann. Nur damit du uns nicht falsch verstehst, werter Herrgott, es wirft auch genug zu essen für alle ab. Es hat Getreide und Früchte und Fleisch in Hülle und Fülle. Doch genau da liegt unser Problem: Wir brauchen noch etwas mehr, etwas, das dem Ganzen ein bisschen Pfiff gibt, und dabei dachten wir an Majo. Kannst du uns nicht noch etwas Mayonnaise geben? Wir kommen dann auch garantiert nicht wieder‹.

Die Bitte war höflich vorgetragen, aber Gott war trotzdem etwas ungehalten, weil er gerade ein Pfeifchen schmauchen und einen Tee aus dem Samowar probieren wollte, den er eigens für die Russen ersonnen hatte. Deshalb gab er den Russen Schnee statt Majo. Mehr Schnee als allen anderen, eher zu viel als zu wenig Schnee.

Nun sind die Russen in einem aber unschlagbar: aus wenig etwas zu machen. Daher erfanden sie die Schneeverdampfungsmaschine und gleich dazu die Fabrik. Die Fabrik war eine fabelhafte Erfindung, denn hier konnte man von allem gleich ein bisschen zu viel fabrizieren. Sie lieferte nicht nur Stahl und Pipelines und Ladas, sondern bald gab es auch Brotfabriken und Hühner- und Eierfabriken und Mayonnaisefabriken. Außerdem sorgten die Fabriken dafür, dass der ganze Schnee in genau demselben schönen Gelb erstrahlte wie die russische Lieblingszutat. So waren alle glücklich. Und bis heute erinnert der Schnee die Russen daran, dass zu Hause stets eine leckere, nahrhafte Speise auf sie wartet.«

Das ist natürlich vollkommen erlogen. Aber es könnte immerhin so gewesen sein – vorausgesetzt, es gibt einen Gott, der gern Pfeifchen schmaucht. In Perwouralsk jedenfalls erinnert die Farbe des Schnees sehr häufig an Mayonnaise.

»Markus?« Semjon präsentiert mir drei verschiedene Sorten Bier.

»Du sollst probieren und sagen, welches am besten schmeckt«, übersetzt Vera. Ob ich überhaupt Bier trinke, steht nicht zur Debatte, schließlich bin ich Deutscher.

Die Wodkas zirkulieren schon merklich in meinem reisegeschwächten Körper. Vor allem, da der Wodka zwar nicht in Wasser-, aber auch nicht in Schnapsgläsern kredenzt wird. In Deutschland würde man das, was die Mischinas benutzen, als Likörgläser bezeichnen. Was bedeutet, dass ich nach deutschen Maßstäben bereits mehr als sieben Wodkas intus habe. Ich zögere. Semjon sieht mich erwartungsvoll an. Zwickmühle: Wenn ich jetzt dankend ablehne, gelte ich womöglich als Weichei und verpasse eine einmalige Gelegenheit, bei Semjon Punkte gutzumachen. Wenn ich nach der Bierprobe aber mit dem Gesicht im pelzigen Hering lande oder gar selbigen in hohem Bogen über den Tisch kotze, sind alle meine schönen Pluspunkte gleich wieder dahin.

Ich nippe also am ersten Bier und bekunde, es schmecke ganz wunderbar. Fachmännisch führe ich sofort danach aus, dass man es als Biertrinker tunlichst vermeidet, verschiedene Sorten durcheinanderzutrinken, um den Geschmack nicht zu verfälschen.

Wir verschieben die Bierprobe also auf einen späteren Zeitpunkt. Dafür schaufelt mir Babuschka Maria noch einmal den Teller voll, weil man ja keinen Alkohol trinken soll, ohne etwas dazu zu essen. So schramme ich zwar am mentalen und physischen Totalausfall vorbei, bin aber kurz vorm Platzen.

Endlich kann ich auch die Gastgeschenke übergeben. »Spassiba!« Mischa ist begeistert von dem Bayern-München-Trikot und schenkt mir seinerseits sofort einen Schal von »Zenit Sankt Petersburg«. Ich stehe überhaupt nicht auf die Bayern und er nicht auf Zenit. So gesehen macht das Wegschenken unserer Fußball-Devotionalien einen tieferen Sinn, der über den reinen Bekanntheitsgrad beider Mannschaften hinausgeht.

»Oh, Markus, danke schön!« Vera strahlt. Ich schenke Tassen vom Weihnachtsmarkt am Kölner Dom, darauf als Motiv der Weihnachtsmarkt am Kölner Dom, Gläser mit dem Kölner Dom und natürlich ein Modell vom Kölner Dom. Wir Kölner sind wirklich besessen von dieser Kirche! Und was natürlich nicht fehlen darf: Echt Kölnisch Wasser. Unser berühmtes Eau de Cologne, ja! Da ist er wieder, der Stolz des Einheimischen auf Dinge, auf die man sonst gerne verzichtet.

Der echt kölsche Kräuterschnaps, den ich für Semjon mitgebracht habe, erntet lediglich ein bemühtes Nicken, als man ihn vorsichtig probiert. Man traut mir in puncto Bier offensichtlich mehr Kompetenz zu als beim Schnaps.

Annas Geschenk hebe ich mir für den Schluss auf: ein Flakon »Chanel N°5«. Klassiker, dachte ich, damit kann man garantiert nichts falsch machen.

Auch für Vera, die Literaturlehrerin, habe ich noch etwas Besonderes: deutsche Weltliteratur in russischer Übersetzung. Erst fällt mir Annuschkas süß-saures Lächeln auf. Dann, dass Vera gar nicht lächelt: »Patrick Sjuskind, mhm …«

»Ja«, erkläre ich eilfertig, »das ist ein sehr bekannter deutscher Autor.«

Vera nickt: »Ja, ich kenne.« Dabei betrachtet sie das Buch ungefähr so, als hätte ich ihr gerade in bester Katzenmanier eine tote Ratte vor die Füße gespuckt, und legt es mit spitzen Fingern beiseite.

Anna schaut mich stirnrunzelnd an: »Du schenkst meiner Mutter *Das Parfum*?«

»Ja«, ich zucke arglos mit den Schultern, »es handelt von …«

»Von einem Mann, der junge Frauen entführt und umbringt, um sie dann zu seinem persönlichen Vergnügen auszukochen!«

»Ähem, ja gut, Vergnügen …«

Vera fasst Semjon und Maria den Inhalt des Buches zusammen. Man mustert mich irritiert bis kritisch.

»Dir ist aber schon klar, dass meine Eltern sich alle möglichen Sorgen machen, was passieren könnte, wenn ich dich in Deutschland besuche?«

Ich weiche verlegen Semjons und Veras Blicken aus.

»Na ja, aber ich bin doch kein Psychopath. Und wenn ich einer wäre, würde ich höchstwahrscheinlich keine Psychopathen-Bücher verschenken.«

»Nicht?« Annuschkas Blick durchbohrt mich.

»Hey, das ist Weltliteratur!« Irgendwie habe ich mir wohl etwas zu wenig Gedanken zu diesem Geschenk gemacht. Gelesen habe ich das Buch vor Jahren – und anscheinend den Inhalt komplett verdrängt.

Anna rollt genervt mit den Augen: »Ich kenne das Buch, und ich finde es übrigens auch ziemlich gut. Aber darum geht's hier nicht.«

»Versuch mal in Köln, gute deutsche Literatur auf Russisch zu bekommen. Das ist gar nicht so einfach.« Meine Rettungsversuche werden immer kläglicher.

Annuschka seufzt. Ich komme mir vor wie ein Problemkind. Sie redet mit ihren Eltern. Als Vera ihr daraufhin sichtlich erleichtert, ja, fast freudig, das Buch reicht, nicke ich blöde lächelnd, als hätte ich irgendetwas verstanden.

»Ich habe Vera gesagt, dass es ein Missverständnis war. *Ich* habe mir das Buch von dir gewünscht, weil ich es so toll finde, und für sie hast du das Parfüm gekauft.«

Anna drückt Vera den Flakon in die Hand. Ich nicke und lächle noch eifriger, was aber Semjon nicht davon abhält, mich fortan immer wieder skeptisch von der Seite zu mustern. Warum frage ich mich ausgerechnet jetzt, wo er wohl sein Biathlon-Gewehr hat?

Annuschka reißt mich aus meiner Grübelei: »Gut, dass du Chanel gekauft hast, das ist eh ein Parfüm für Frauen ab vierzig.«

»Mhm, ach so ...« Darüber will ich jetzt lieber nicht diskutieren, schon weil mir klar ist, dass das alles andere als ein Lob war. Anna hat die Situation glänzend gelöst, das muss ich neidlos eingestehen. Mein Bedarf an russischem Familienleben ist allerdings vorerst gedeckt. Ich möchte endlich, endlich mit Annuschka allein sein.

8.

Das Gespenst von Perwouralsk

Das mit der Wohnung von der Tochter der Freundin des Großonkels hat dann doch nicht geklappt. Dafür hat Semjon über sonst wen eine Alternative aufgetan. Dieser Plattenbau ist deutlich älter. Die schwere Wohnungstür aus massivem Stahl würde sich auch prima für den Kühlraum einer Großmetzgerei eignen. Darauf prangt ein riesiger Rotarmisten-Stern aus Messing, der den Bewohner als Veteran des »Großen Vaterländischen Krieges« ausweist. So nennt man in Russland den Zweiten Weltkrieg. Für die Russen war das ein Ding zwischen ihnen und den Deutschen. Eher privat sozusagen, das sollte man wissen, wenn man nach Russland reist.

Dieser Veteran war allerdings eine Veteranin: Die alte Dame, die hier gelebt hat, ist kürzlich verstorben und die Wohnung ist an ihre Tochter übergegangen.

Zwei Zimmer, Küche, Diele, Bad (keine Schuhdiele, keine lästigen Nachbarn). Die Wohnung ist ganz offensichtlich noch im »Originalzustand«. Und da auch Anna nicht weiß, ob die Veteranin in ihrem Bett verstorben ist, sind wir uns sofort einig, auf dem Klappsofa im Wohnzimmer zu campieren.

Ich bin erst mal überrascht: »Haben denn auch Frauen im Zweiten Weltkrieg gekämpft?«

Annuschka nickt: »Na klar. Jeder, der ein Gewehr halten konnte, hat gegen euch Deutsche gekämpft.«

Was würde die alte Veteranin wohl dazu sagen, wenn sie wüsste, dass sich ein Deutscher bei ihr breitmacht, kaum dass sie verstorben ist?

»Hast du die Frau gekannt?«

»Nein«, Annuschka grinst plötzlich. »Aber wahrscheinlich wäre sie von dir hier nicht sehr begeistert. Hilf mir mal.«

Während wir das Sofa ausklappen, schaue ich mich mit dem leicht beklommenen Gefühl des ungebetenen Gastes um: An der Wand über dem Sofa der obligatorische Teppich, gegenüber ein altmodischer Schminktisch mit ausklappbaren Spiegelflügeln und darüber russische Winterlandschaft in naivem sozialistischen Realismus. Rechts daneben, über dem kleinen Tisch vorm Fenster zum Balkon, hängt ein altes Familienfoto: Das Konterfei des Patriarchen lässt keinen Zweifel, dass dies eine Familie von wahrhaften Revolutionären ist. Er sieht dem guten alten Wladimir Iljitsch Lenin frappierend ähnlich. Ich wollte »das echte« Russland – authentischer geht es nicht!

Eigentlich ist es hier sogar ganz gemütlich, aber noch fühle ich mich wie ein Eindringling. Vor meinem geistigen Auge sehe ich schon die *Prawda*-Schlagzeile[9]: »Deutscher Kapitalist entehrt Veteranen-Wohnung«. Würde mich nicht wundern, wenn es gleich klingelt und ein Mob aufgebrachter Bolschewiki vor der Tür steht, der mich mit Heugabeln und Dreschflegeln aus der Stadt treibt.

Anna beobachtet mich aufmerksam. »Hab ich dir eigentlich schon erzählt, dass ich als Kind die Deutschen gehasst hab?«

9 Die »Prawda« (»Wahrheit«) war und ist das Presseorgan der Kommunistischen Partei, nur dass sie heute kein Schwein mehr liest.

»Nein.« Ich bin mal wieder ziemlich perplex, dass diese Frau jedes Gefühl von mir offenbar sofort errät. Und langsam bin ich mir nicht mehr sicher, ob es ein Vorteil ist, ein dermaßen offenes Buch zu sein.

»Als ich klein war, liefen im Fernsehen ständig diese Kriegsfilme. Und, na ja, eine Szene ist ganz besonders bei mir hängengeblieben: Da war ein kleiner Junge, der seinem Vater zuwinkt, weil der in den Krieg ziehen muss. Der Vater winkt zurück. Dann wird er von einer deutschen Bombe getroffen und ist einfach weg, und der Junge weint.«

»Du hast dich mit ihm identifiziert«, sage ich, weil mir nichts Besseres einfällt.

»Und wie! Ihr Deutschen wart wirklich das absolute Böse für mich. Frag mal Semjon und Vera!«

»Wieso?«

Annuschka lächelt. »Als ich die ersten leibhaftigen Deutschen gesehen habe, war das ziemlich peinlich für sie. Wir waren in Sankt Petersburg auf dem großen Platz bei der Eremitage, dem *Dworzowaja Ploschtschad,* und da war auch ein deutsches Touristenpärchen. Ich muss so sechs oder sieben gewesen sein. Als Vera erklärte, dass die Deutsch sprechen, bin ich sofort zu ihnen hingerannt und hab sie wüst beschimpft.«

Ich stelle mir die kleine Anna vor, wie sie sich mitten auf dem Palastplatz vor dem perplexen deutschen Pärchen aufbaut, die Hände in die Hüften stemmt und losschimpft wie ein Rohrspatz. Während die armen Leutchen, die als Touristen in der Vor-Perestroika-Zeit sicherlich schwer auf Völkerverständigung aus waren, die Welt nicht mehr verstehen.

Annuschka lacht ebenfalls. »Zum Glück verstanden sie kein Wort Russisch. Ich hab wirklich die schlimmsten Schimpfworte benutzt, die mir eingefallen sind. Ich erinnere mich, dass *ich* danach von Semjon und Vera eine heftige Standpauke bekommen habe.«

»Und hast natürlich überhaupt nicht verstanden, wieso.«

»Natürlich nicht.«

»Tja, und jetzt das.« Wir schauen uns über das Klappsofa hinweg an.

»Tja …« Anna lupft die Brauen, während sie unser unfertiges Bett betrachtet. *Jetzt* ist die richtige Zeit für unseren ersten richtigen Kuss! Ich robbe auf den Knien zu ihr hinüber. Allerdings ist meine Position suboptimal, weil sie mich so um fast einen Kopf überragt. Macht nichts, Annuschka riecht wunderbar! Während ich ihre Lippen mit den meinen vorsichtig lockend betaste, bekomme ich allerdings doch langsam Nackenstarre. Ich ziehe sie zu mir aufs Bett und checke aus den Augenwinkeln kurz das Risiko eines gemeinsamen Seitwärtsfalls. Da liegen bereits zwei üppig ausgestopfte russische Kopfkissen. Genau richtig. Fump!

Der Aufprall ist leider wesentlich härter als erwartet. Als meine Schläfe gegen das Kissen schlägt, sehe ich kleine Sternchen. »Verd…!« Anna hat ihren Fall mit dem Arm abgefedert und wundert sich belustigt: »Was ist?«

»Das Kissen ist steinhart!«

»Findest du? Ich find die genau richtig.«

Ich reibe mir die Schläfe. »Du findest Kissen mit einem Härtegrad, der blaue Flecken verursacht, genau richtig?«

Annuschka zuckt die Achseln. »Russische Kissen sind so. Lieber zu viele Federn als zu wenig.«

Diese Ansicht gilt in Russland offenbar für ALLE Bereiche. Sollte ich mir langsam Sorgen um die Größe meines Penis machen? Noch bin ich dafür aber zu erschüttert: »Das ist ein Daunenkissen?« Es hatte sich eher angefühlt wie ein prall gefüllter Sack Zement.

Anna befühlt das Kissen. »Doch, doch.«

»Kommt es in Russland öfter zu Kissenschlachten mit tödlichem Ausgang?«

Annuschka grinst. »Nicht, dass ich wüsste.« Sie haut mir das Kissen auf den Kopf.

»Ey, ich erhole mich gerade von einem Genickbruch!«

Sie schwingt sich rittlings auf mich und drückt mich aufs Bett. »Na, hoffentlich ist sonst nichts gebrochen!«

Auch wieder wahr. Und wozu brauche ich jetzt Blutzufuhr im Gehirn?

Sie beugt sich so weit zu mir hinunter, dass ich ihren warmen Atem spüren kann. Ich streiche ihr die Haare aus der Stirn. Jetzt ist es endlich der Kuss, auf den wir so lange gewartet haben. Und Annuschka küsst gut! Ich bin erleichtert. Diesbezüglich bin ich nämlich Anhänger der »Theorie der spontanen Kompatibilität«. Okay, diese Theorie ist jetzt vielleicht nicht ganz so bekannt, weil sie nämlich meine eigene ist. Jedenfalls besagt sie, dass Menschen, die beim Knutschen nicht besonders harmonieren, auch sonst wenig Spaß im Bett zu erwarten haben. Das Problem dabei ist, dass sich praktisch jeder für einen guten Küsser beziehungsweise eine gute Küsserin hält. Das stimmt aber nur dann, wenn der/die Geküsste kompatibel ist. So gibt es sicherlich auch zwei Menschen, die es mögen, sich abzuschlecken wie Giraffen beim Blätterpflücken vom langdornigen Akazienbaum. Die brauchen halt nur etwas länger, bis sie ihr Gegenstück finden.

Ob man Kuss-kompatibel ist, merkt man schon in den ersten Sekunden. In diesem besonderen Fall bin ich 4000 Kilometer weit gereist, mutterseelenallein in das Herz von Russland, um womöglich bereits in diesen paar Sekunden herauszufinden, dass das mit uns eher nichts werden kann. Doch Anna ist alles andere als eine

Giraffen-Küsserin – und der Rest meiner Theorie bestätigt sich ebenfalls! Jetzt bin ich erst recht erleichtert.

Als wir aus unserem Hormonbad auftauchen, kann ich an Annuschkas erhitztem Gesicht und ihrem schweren Atem ablesen, dass mein Urteil nicht auf einseitiger Hybris beruht. Seliges Grinsen macht sich auf meinem Gesicht breit: »Ich hab Durst.«

Annuschka lässt sich anstecken, und so grinsen wir uns eine Weile selig-bräsig an, bis ich demonstrativ schmatze. Anna erwacht: »Durst? Dann brauchst du unbedingt Kwas. Komm mit in die Küche.«

Kwas ist ein Brottrunk, schmeckt aber zum Glück ganz anders als die Gesundheits-Plörre, die man unter dieser Bezeichnung in deutschen Reformhäusern bekommt. Kwas schmeckt fast wie Malzbier.

»Geht eigentlich das Wasser? Ich würde gern mal duschen.«

Annuschka schaut überrascht. »Ja, natürlich geht das Wasser. Warum fragst du?«

»Deswegen.« Ich deute auf die vier Zehn-Liter-Kanister bei der Spüle, die Semjon uns hochgeschleppt hat.

»Ach so, das. Das ist unser Trinkwasser. Semjon holt es jeden Tag von einer Quelle, er ist der Ansicht, dass man das Wasser aus dem Hahn nicht trinken sollte.«

»Wieso?«

»Dreh ihn mal auf, dann weißt du's.«

Ich gehe zur Spüle und drehe den Hahn auf. Es blubbert und spritzt, dann fließt schließlich eine rostbraune Suppe.

»Okay«, sage ich fachmännisch, »das ist nur Rost. Das kommt bei alten Rohren schon mal vor, wenn länger niemand den Hahn aufgedreht hat. Wir lassen es einfach ein bisschen laufen.«

»Das mag ja in Deutschland funktionieren, hier nicht. In Perwouralsk wechselt die Wasserfarbe eher tageweise, und trinken sollte man es sowieso nicht. Die Farbe ist nämlich gar nicht so entscheidend, sondern eher das, was du *nicht* siehst!«

»Aha, und Zähne putzen?«

Anna zuckt die Achseln. »Na ja, da musst du halt drauf achten, dass du nichts runterschluckst.«

»Verstehe.« Ich schaue auf die unvermindert braune Brühe, die munter aus dem Hahn sprudelt. »Sieht aus wie Kwas.«

Sie grinst. »Schmeckt aber nicht so.«

Als Gast in diesem Land ist man beflissen, die Vorurteile, die man so mitschleppt, möglichst zu revidieren. Was den Umweltschutz angeht, scheint das in einer Industriestadt wie Perwouralsk allerdings ein hoffnungsloses Unterfangen zu sein.

»Beschwert sich denn niemand?«, frage ich.

»Ja, doch. Vor zwei Jahren haben die Perwouralsker sogar mal einen Parteilosen zum Bürgermeister gewählt, weil der sich für den Umweltschutz eingesetzt hat. Das war eine Riesen-Überraschung, als plötzlich einer die Wahl gewonnen hat, der weder zu Putins Leuten gehörte noch zu den Kommunisten.«

»Und?« Ich rechne damit, dass der gute Mann sich letztlich doch von der Industrie hat kaufen lassen. Annuschkas lakonische Antwort überrascht mich deshalb ein bisschen: »Der ist nach einem Monat erschossen worden.«

»Okay … ich geh dann mal duschen.«

Anna ruft mir hinterher: »Du musst erst mal den Boiler anwerfen, und zum Duschen reicht es eh nicht, nimm lieber ein Bad. Und spar nicht mit dem Badezusatz, dann sitzt du wenigstens in 'ner schönen Farbe!«

Als ich sehe, wie die pfützenfarbige Plörre sich in der Wanne sammelt, kippe ich lieber gleich die halbe Flasche Badezeugs dazu. Schönfärberei ist definitiv das Einzige, was hier hilft, um sich die Illusion des Sauberwerdens zu erhalten. Hoffentlich ist die Farbe des Wassers morgen wirklich eine andere. Rosa wär schön. Sähe dann auch gleich ein bisschen nach Zahnpasta aus.

Annuschka und ich liegen aneinandergekuschelt auf unserer Bettcouch, argwöhnisch beäugt von Lenins Doppelgänger an der Wand.

»Lass uns kuscheln.« Nach der Reise, der reichhaltigen Wodka-Majo-Dröhnung bei Annas Eltern und dem Pfützen-Bad bin ich jetzt wirklich total k.o., so k.o., dass mir langsam das Englisch ausgeht. Mein Hirn arbeitet nur noch auf Sparflamme.

Sie schaut mich an: »Wir kuscheln doch schon.«

»Äh, ja, okay.«

»Das Wort gibt's im Russischen übrigens nicht.«

»Welches Wort?«

»Na, kuscheln.«

»Dann ist kuscheln also sehr unrussisch?«

Annuschka schaut nachdenklich. »Ja, vielleicht.«

Eigentlich war ich schon fast eingeschlafen, aber jetzt wabert plötzlich ein Brei von Befürchtungen durch meinen Kopf: Was erwarten russische Frauen im Bett? Lieber zu viel als zu wenig? Hundert Prozent kuschelfreien Dirty-Hardcore-Sex mit Riesen-Schwänzen rund um die Uhr? Wer will das schon?

Annuschka, die den Kopf auf meine Brust gelegt hatte, schaut zu mir hoch: »Was denkst du gerade?«

Diese Frage scheint offenbar alle Frauen der Welt zu bewegen – und zwar immer genau dann, wenn man sie als Mann am wenigsten gebrauchen kann. Ich antworte, was alle Männer in dieser Situation antworten – und zwar mit Sicherheit überall auf der Welt: »Ach, nichts Besonderes.«

Dabei versuche ich, sehr, sehr müde zu klingen, was mir nicht besonders schwerfällt. Aber wie alle Frauen auf der Welt gibt sich Anna damit natürlich nicht zufrieden: »Findest du mich eigentlich hübsch?«

Zumindest weiß ich jetzt schon mal, dass sich russische Frauen in diesem Punkt nicht von anderen unterscheiden. – Ach, Annuschka, wenn du wüsstest!

Annas Herkunft steht ihr buchstäblich ins Gesicht geschrieben. Hier im Ural, genau zwischen Perwouralsk und Jekaterinburg, kann man mit einem Bein auf dem europäischen Kontinent und dem anderen auf dem asiatischen stehen. Genau diese Mischung ist es, die mich bei Annuschka von Anfang an umgehauen hat. Die Form ihrer Augen zeigt deutlich den asiatischen Einschlag, und doch sind sie tiefgrün. Der blasse Teint mit den hinreißenden vorwitzigen Sommersprossen um die Nase wirkt dagegen sehr russisch-nordisch und wird scharf kontrastiert durch ihr asiatisch-dunkles Haar. Annuschka sieht einfach phantastisch aus! Das sage ich aber natürlich nicht. Stattdessen grinse ich achselzuckend: »Na ja, dass alles dran ist, Arme, Beine und so weiter, wusste ich ja schon.«

»Ja, aber es ist schon etwas anderes, ob man jemanden durch die Webcam sieht oder leibhaftig vor sich hat.«

Ich packe den letzten Charme aus, der mir mit meinem müden Hirn noch zur Verfügung steht: »Ja, das ist … besser.«

Sie lächelt zufrieden – ich auch. Ich schließe die Augen. Beim Einschlafen schaukelt mir noch durch den Kopf, ob sie mit »schon etwas anderes« womöglich eher mich gemeint hat? Ich beschließe, dass mir das egal ist – zumindest bis zum nächsten Tag.

Seltsamerweise wache ich mitten in der Nacht auf. Es könnte an der Stahlfeder liegen, die sich in meine Hüfte gebohrt hat, oder daran, dass das Fußteil der alten Couch von Wanderlust gepackt wurde. Unter meinen Unterschenkeln klafft eine breite Lücke. Da ich keine Lust habe aufzustehen, versuche ich, das Teil mit den Fersen wieder heranzuziehen. Es klappt nur leidlich, gleich bekomme ich einen Krampf in beiden Unterschenkeln. Ich schaue zu Anna hinüber. Sie schläft seelenruhig. Ist das schon die Rache der Veteranin?

Ich steige aus dem Bett und gehe zum Klo. Während ich in der stockdunklen Diele nach dem Lichtschalter taste, fällt mir auf, dass die Schlafzimmertür der alten Dame sperrangelweit offen steht. Dabei bin ich sicher, dass wir sie geschlossen hatten! Ich stoße mir heftig die rechten Zehen am Türrahmen, bevor ich endlich den verdammten Lichtschalter finde. Leise fluchend hinke ich zum Klo, übersehe die kleine Stufe, die direkt hinter(!) der Tür zu der winzigen Toilette lauert, und stoße mir auch noch die linken Zehen.

»Aua, ah! Scheiße, verdammte!«

Ich kann vor Schmerz kaum stehen und tippele von einem Bein aufs andere. Als ich mich so tippelnderweise endlich erleichtern will, fällt die Klobrille herab und trifft mich an meiner allerempfindlichsten Stelle …! Ich kann gerade noch einen Aufschrei unterdrücken, der selbst die verblichene Veteranin geweckt hätte. Wenn mich nicht alles täuscht, ist die aber sowieso schon ziemlich rege. Ihr Geist ist offenbar entschlossen, es dem Deutschen richtig heimzuzahlen.

Ich setze mich. Der Toilettenraum ist so klein, dass ich mit den Knien fast an die Tür stoße. Um mich von meinem Dreizonen-Schmerz abzulenken, sinniere ich darüber, ob die Russen tatsächlich ein Volk von Sitzpinklern sind. Das wäre angesichts des hiesigen Rollenverständnisses wirklich eine Überraschung, allerdings gab's auf dem Klo der Mischinas genau dasselbe Brillen-Problem. Zwischen Klosett und Rückwand ist einfach nicht genug Platz für die Spülkästen. Ich komme zu dem Schluss, dass russische Männer höchstwahrscheinlich eine spezielle Spreizschritt-Technik zum Pinkeln entwickelt haben: den linken Fuß gegen die Klobrille gestemmt, während sie sich mit der Ferse des rechten an der Tür abstützen. Ja, so muss es sein. Sieht bestimmt lässig aus, wenn man's mal draufhat. Und putzen ist eh Frauensache, da sind sie fein raus, die Russen. Und wie russische Männer über 1,90 m das große Geschäft verrichten, angesichts dieser Klotür, die *mir* mit meinen äußerst durchschnittlichen 1,75 m schon fast an die Knie stößt, darüber will ich erst gar nicht nachdenken. Arme russische Frauen …

Beidfüßig humpelnd und mir dabei den Schritt reibend, wanke ich zurück zu unserer Bettstatt. Annuschka schläft immer noch tief und fest. Ich schiebe das Fußteil wieder zurück an seine Position, da knarzt eine Tür. Die Schlafzimmertür der Veteranin! Ich liege im Dunkeln, die Bettdecke bis unter die Nase gezogen, und warte auf ein hämisches Altweiberlachen. Dann kneift mich etwas in den Po! Eine weitere sozialistische Stahlfeder sucht den Weg zur Sonne, zur Freiheit.

Für Anna, der ich die ganze Story (außer den Teil mit der Klobrille) am nächsten Morgen erzähle, ist eine spukende Veteranin die einzig »logische« Erklärung für die Vorkommnisse der Nacht.

Wie alle Kulturen, bei denen die Winter und die Nächte lang und kalt sind, haben die Russen eine sehr lebhafte Vorstellung von der Welt der Geister und Kobolde. Für Annuschka sind sie immer eine willkommene Gelegenheit, ihre (und meine) Schusseligkeit zu rechtfertigen: »Der Kobold war's!« – Ein ideales Totschlagargument, um auch noch die dümmsten Unfälle, die einem passieren, plausibel zu erklären.

9.

Männerstolz und Vorurteil

»Brauchen wir das wirklich?« Ich frage nach, obwohl ich die Antwort schon kenne. Wir sind im Supermarkt (dem großen!) und kaufen ein paar »Kleinigkeiten« ein. Annuschka mustert mich kritisch. »Na ja, allzu viel ist das nicht. Richtig essen werden wir sowieso immer bei meinen Eltern.«

Immer? Insgeheim hatte ich mir doch etwas mehr Anna und etwas weniger Familie erhofft.

Ich begrabe meine Hoffnung still und leise an den Gestaden des mächtigen Wodkaregals. Das hier ist nicht Köln, das ist Russland!

Ich werfe einen Blick auf die Waren, die sich bereits in unserem Einkaufswagen türmen, und stelle mir vor, was in Russland »richtig essen« bedeutet. Allein davon bekomme ich schon ein Völlegefühl.

Annuschka wirft eine Batterie kleiner Snacktüten in den Wagen, jede enthält unterschiedlich gewürzte Brotstückchen, sowie ein paar platte kleine Tütchen, die aussehen, als wären Lutscher ohne Stiel darin verpackt. Während ich hinter ihr herdackele, nehme ich eines der platten Dinger in die Hand und betrachte es näher. Es ist eindeutig ein Fisch darauf abgebildet – und das ist auch drin: Ein einzelner, sehr platter und offensichtlich sehr trockener Fisch! – Fisch-Lutscher? – Ein weiteres Tütchen enthält gleich mehrere kleinere Plattfische. »Was ist das?«

Sie dreht sich zu mir um: »Das sind kleine Snacks, die man zum Bier isst.«

»Du trinkst doch gar kein Bier?«

»Ich nicht, aber du.«

Stimmt schon, bislang bin ich dabei allerdings gut ohne vertrocknetes Brot und Fisch-Lutscher ausgekommen. Der Inhalt der platten Tütchen erinnert nicht nur vom Aussehen her an überfahrenen Fisch – er schmeckt auch so! Bestimmt ein Relikt aus Tagen des Sozialismus, als in der Fischerbrigade noch genug Leute arbeiteten, um einen abzustellen, der mit dem Lada am Ufer wartete, um die Fischlein so lange fachgerecht zu überfahren, bis sie schön zäh waren. Aber die Brotsnacks sind gar nicht mal übel.

»Vera sagt, wir sollen noch Fleisch mitbringen. Geh das doch schon mal holen.« Annuschka schickt mich ausgerechnet zur Frischtheke. Zwar habe ich absolut keinen Schimmer, wie ich mich da verständlich machen soll, aber da Fleisch offenbar Männersache ist, muss ich da durch. Mein Auge wandert über die Auslagen. Es gibt Fleisch oder Fleisch oder Fleisch, nichts, was man eindeutig als Braten, Steak oder Schnitzel identifizieren könnte. Selbst wenn es mir gelänge, mich hier verständlich zu machen, hätte ich keine Ahnung, was ich kaufen sollte.

Bloß nicht von der Matrone hinterm Tresen angesprochen werden! Ich bin wahrscheinlich der erste Kunde weltweit, der mit einem »Sprich-mich-bloß-nicht-an-Blick« und gesenktem Haupt vor einer Frischtheke herumlungert. Die Matrone blickt bereits unsicher zu mir herüber, während sie andere Kunden bedient. Sie hält mich vermutlich für einen Lebensmittelkontrolleur oder so was. Als Anna endlich auftaucht, habe ich immerhin herausgefunden, dass es billiges, weniger billiges und teures Fleisch gibt.

»Hast du was gefunden?«

»Tja, was für Fleisch brauchen wir denn?«

Annuschka sieht mich ratlos an. »Fleisch halt.«

»Schwein oder Rind?«

Sie runzelt die Stirn. »Schaschlikfleisch.«

Ich bekomme langsam Oberwasser: »Woher soll ich denn wissen, was man da nimmt?!«

»Man nimmt das, was man sich leisten kann – oder will.«

»Gerade als du kamst, wollte ich das da kaufen.« Ich deute entschlossen auf den teuren Bottich.

Annuschka winkt ab. »Das etwas billigere ist genauso gut.«

»Warum ist das andere dann teurer?«

»Keine Ahnung, wir nehmen das mittlere.«

Russische Verkäuferinnen mit Extravaganzen wie Schnitzel, Kotelett oder gar Filet zu nerven, ist keine gute Idee; an der russischen Fleischtheke gibt's FLEISCH.

Ob ich gerade mit Pauken und Trompeten durch einen Test gerasselt bin? Falls ja, lässt sich das womöglich mit dem männlichsten aller Lebensmittel wettmachen: »Sollen wir nicht auch Wodka mitbringen zu deinen Eltern?«

Annuschka zuckt wenig beeindruckt die Achseln. »Wenn du meinst.«

Ja, das meine ich und stiefele entschlossen zurück zu dem Regal, das sich rechter Hand des Ganges über die gesamte Länge erstreckt. Gar nicht so einfach, hier den richtigen Wodka auszuwählen, zumal, wenn man des Kyrillischen nicht mächtig ist. Nach längerem Grübeln entscheide ich mich für zwei Flaschen, die optisch ordentlich was hermachen. Zwei Flaschen und nicht bloß eine natürlich deshalb, weil etwas mehr hier in Russland sowieso besser ist. Lieber zu viel als zu wenig!

»Eine hätt's auch getan«, sagt Anna trocken, als wir unsere Beute zur Kasse schieben. Ich bin richtig froh, bezahlen zu dürfen. Wenigstens das kann ich.

Da wir das ganze Zeug unmöglich zu Fuß nach Hause bekommen, nehmen Anna und ich ein Taxi.

»Wann sollen wir denn bei deinen Eltern sein?«, frage ich, als wir endlich im Fond sitzen. Annuschka schielt nach vorn zum Taxifahrer, der uns seinerseits durch den Innenspiegel in Augenschein nimmt.

»Gegen fünf. Wir müssen früher da sein als meine Onkel und Tanten wegen dem Fleisch.«

»Onkel und Tanten?«

»Ja, keine Sorge, heute kommen nur die engsten. Alle sind ziemlich neugierig.«

»Auf mich?«

»Auf wen denn sonst.«

Ich fühle mich ein bisschen unbehaglich.

»Weißt du, dass sich der Preis für diese Taxifahrt gerade verdoppelt hat?«

»Nein, wieso?«

»Weil wir Englisch gesprochen haben. Damit bist du als Ausländer enttarnt.«

»Aha.« Schon wieder durch die Prüfung gerasselt. Ich fühle mich gleich noch ein bisschen unbehaglicher. »Aber *du* bist doch Russin.«

Anna mustert mich brüsk. »Soll ich etwa mit dem Fahrer feilschen? Das macht man in Russland nicht.«

»Wenn ich das richtig verstanden hab, darf der Taxifahrer also

Preise festlegen, wie es ihm grad gefällt, und wir müssen sie hinnehmen?«

»Ja, nein … Na ja, nur bei Touristen, das ist so üblich. Ich bring dir fürs nächste Mal einfach bei, wie man möglichst russisch ›Da‹ und ›Njet‹ sagt.«

Wenigstens was gelernt: Tourist sein ist hier keine Option, ich sollte möglichst schnell Russe werden. »Aber werden die Taxifahrer nicht schon dadurch misstrauisch, dass die Frau sagt, wo es hingeht?«

»Kann sein. Dann musst du eben den Besoffenen spielen.«

Wir grinsen beide. »Kann ich mich dann auch wirklich besaufen?«

Annuschkas Grinsen gefriert augenblicklich. »Bitte versprich mir, dass ich dich nicht ins Taxi tragen muss!«

Ich versuche die Situation zu retten: »Das war doch bloß ein doofer Scherz.«

»In Russland ist das kein Scherz. Für die meisten Frauen ist das Alltag«, antwortet Annuschka ein bisschen zu bitter für meinen Geschmack.

»Keine Sorge.« Ich gebe ihr schnell einen Kuss, doch Anna will sich nicht beruhigen: »Das eine sag ich dir: Bevor ich dich rauf in unsere Wohnung schleppe, lass ich dich unten im Schnee liegen!«

Wer glaubt, die Toleranzgrenze russischer Frauen gegenüber saufenden Männern müsse hoch sein, der irrt. Der Satz »Ich geh mit meinen Kumpels einen trinken« bedeutet hier nämlich in der Regel »Ich saufe heute mal wieder bis zur Besinnungslosigkeit«. Und das können weder russische noch deutsche Frauen ertragen. Erstere vielleicht sogar noch weniger, weil sie das Elend einfach zu oft mit ansehen müssen.

Ich fühle mich jetzt doch bemüßigt, etwaige Zweifel nachhaltig auszuräumen: »Das wirst du bei mir nicht erleben. Niemals!«

Das ist nicht gelogen, zumindest nicht allzu sehr. Ich mag es gar nicht, die Kontrolle über meinen Körper zu verlieren. Was natürlich nicht heißt, dass ich noch nie eine Kloschüssel umarmt hätte. Im Stillen nehme ich mir vor, die hiesigen Wodkagläser stets auf deutsche Größe umzurechnen, um bloß nicht den Überblick zu verlieren.

Wir sind wieder zu Hause – in unserem Zuhause. Den Einstand bei der Familie habe ich ganz gut gemeistert, denke ich. Als wir den Heimweg antraten, konnte ich wie versprochen sämtliche Treppenstufen im Alleingang bewältigen und war im Taxi sogar noch in der Lage, ohne zu lallen ein authentisches »Da« vom Stapel zu lassen, so dass der Fahrpreis sich im normalen Rahmen hielt. Wir sitzen in der Küche, trinken Kompott und lassen den Abend Revue passieren.

Annuschkas »engster Verwandtenkreis« besteht aus vierzehn Personen, Mischas neue Freundin Katharina mit eingerechnet. Sie war wohl auch neugierig. Neben den Mischinas und Mischinas in spe waren Annas Lieblingsonkel Artjom mit Frau Ljudmila und ihrem zwölfjährigen Sprössling Alexander anwesend sowie Onkel Michail und Tante Irina, Großonkel Stanislaw, Großonkel Iwan und seine Freundin Tante Natalia. Dies war tatsächlich nur ein kleiner Teil der mütterlichen Verwandtschaft. Babuschka Maria hat so viele Geschwister, dass es selbst Annuschka Mühe macht, sämtliche ihrer Großonkel und -tanten aufzuzählen – ganz abgesehen von deren Kindern. Von Semjons Sippe, den Mari, im Übrigen keine Spur. Annas lapidare Erklärung dafür lautete: »Die wohnen zu weit weg. Außerdem würde ich die eh nicht einladen.«

»Warum nicht?«

»Die sind alle …«, sie schüttelte ärgerlich den Kopf, »die willst du gar nicht kennenlernen, glaub mir …!«

Da ich ausreichend damit beschäftigt war, vor den Anwesenden einen guten Eindruck zu machen, beließ ich es dabei. Ich aß gerade so viel Mayonnaisesalat, dass mir nicht schlecht wurde, jedoch meine Magenwände hinreichend geschmiert waren für diverse Wodkas, und beantwortete brav alle Fragen nach Deutschland und meinem Eindruck von den Russen – jedenfalls alle, die Annuschka mir übersetzte –, bis man sich zufrieden anderen Themen zuwandte. In einem Pulk von Menschen zu sitzen, von deren Gesprächen man kein Wort versteht, hat auch seine Vorteile: Man kann geistig einfach mal abschalten. Ich verzog mich mit Mischa zwecks Raucherpause auf den Hausflur. Da er sich nicht traut, Englisch zu sprechen, herrschte zwischen uns relativ entspanntes Schweigen.

Annuschka jedenfalls ist hochzufrieden mit meiner Performance.

»Sag mal, kann es sein, dass die Russen eine gewisse Obsession für Mayonnaise haben?«, frage ich vorsichtig.

Annuschka lacht lauthals auf. »Kann sein. Bei uns hat mal eine Zeitlang ein Cousin aus Semjons Familie gewohnt. Das ist übrigens Babuschka Marias Lieblingsgeschichte. Also Igor, dieser Cousin, hat in Perwouralsk eine Ausbildung gemacht. Er mochte es hier aber nicht besonders, weil er erstens ziemlich faul war und zweitens schweres Heimweh hatte. Als er sein erstes eigenes Geld bekam, wollte Maria ihn deshalb ein bisschen anspornen. Sie hat ihn also ermuntert, sich von dem Geld etwas zu kaufen, das er sich schon immer gewünscht hat. Igor ist mit einem Weißbrot und einem XXL-Glas Mayonnaise zurückgekommen! Das ganze Glas hat er noch am selben Tag leer gemacht.«

Wir lachen.

»Gibt's was Ähnliches bei euch?«, fragt Annuschka.

»Keine Ahnung, Wurst vielleicht.«

»Wurst?«

Ich nicke. »Die Deutschen sind unheimlich stolz auf ihre regionalen Wurstspezialitäten. Es gibt sogar Kölner Leberwurst.«

Anna schaut etwas ungläubig. »Aha. Na ja, Jekaterinburger Mayonnaise gibt's jedenfalls nicht, da bin ich ziemlich sicher.«

»Und uralische Wurstspezialitäten gibt's auch nicht?«

»Früher war ich oft bei einer Mari-Tante, da haben die manchmal ein Schwein geschlachtet. Aber kaufen kann man das nicht, was die daraus machen.« Annuschka grinst. »Russische Wurst kommt normalerweise aus der Fabrik und besteht zur Hälfte aus Klopapier, sagt Semjon.«

»Und heute besuchst du sie nicht mehr?«

»Nein ...« Anna schweigt nachdenklich. »Als Kind war ich da echt gerne, das war toll auf dem Bauernhof. Aber irgendwann hat mich gestört, dass Vera nie mitgekommen ist.« Anna rümpft verächtlich die Nase.

»Warum?«

»Warum. Weil ... die haben halt was gegen Vera, besonders die Babuschka dort. Die spinnen mit ihrer komischen Tradition und allem, ehrlich!«

Annuschka wirkt geradezu überheblich. Eigentlich dachte ich, dass sie ein wenig stolz ist auf ihre Abstammung. Es können schließlich nur wenige von sich behaupten, dass sie seit Jahrhunderten auf derselben Scholle leben. Dann noch die exotische Mari-Sprache, die gleich als Ursprung einer ganzen Sprachfamilie gilt. Bei uns ist ja schon der »echte Kölner« stolz wie Oskar, dass ihn kein Schwein versteht, und bezeichnet jeden als »Immi«, als Immigranten, der bloß aus dem Umland kommt.

Ich bin neugierig auf Semjons Leute. »Wir könnten doch mal diese Tante besuchen?«

Annuschka schüttelt heftig den Kopf. »Auf keinen Fall! Dazu hab ich echt keine Lust!«

Annas Laune hat sichtlich gelitten, besser, ich vertage das Thema: »Okay, was können wir sonst so machen?«

Annuschka strahlt: »Ski fahren.«

Jetzt ist *meine* Laune im Keller. Ich lächle süßsauer: »Du meinst Langlauf?«

Sie nickt eifrig. »Semjon hat mich schon gefragt, wann wir zusammen loswollen.«

»Okay.« Ich nicke nicht ganz so eifrig.

10.

Die Leiden des jungen M.

Traumhafte Winterlandschaft. Die Loipe, zu der Semjon uns mitgenommen hat, liegt in einem tief verschneiten Waldstück. Ein Traum sind auch unsere Skier – zumindest für den Direktor des schwedischen Museums für »Prähistorischen Wintersport«. Sie sehen aus, als hätte sie der Wikinger Lars Smørrebrød, der Erfinder des Langlaufs, noch höchstpersönlich getragen.

Während Semjon und Annuschka die stilvoll in Eiche natur gehaltenen Bretter sofort an den Füßen haben, kämpfe ich noch mit den Lederschuhen. Leicht irritiert stelle ich fest, dass die Sohlen ziemlich durchlöchert sind. Hat sich der gemeine Schuhsohlen-Bohrwurm bereits in meinen Tretern breitgemacht? Anna erklärt mir, dass ich die Löcher in der Sohle in die dafür vorgesehenen Stifte auf den Skiern fädeln muss. Beim Versuch, die ausgeleierten Stahlfederbindungen zu schließen, kippe ich nur dreimal zur Seite – dann hilft mir Semjon. Annuschka betrachtet das Schauspiel mit einer Mischung aus Amüsiertheit und Ungeduld.

Inzwischen schwitze ich bereits unter meiner eigens für den Zweck angeschafften Uschanka, meiner Russenmütze, und löse das Bändsel unter dem Kinn, während Semjon und Anna auch schon losspurten. Ich rutsche hinterher. Annuschkas Rücken fest im Blick, nehme ich mir vor, mich von ihr zumindest nicht abhängen zu lassen. Auf dem ersten sanft ansteigenden Stück gelingt es mir sogar, Boden gutzumachen. Mit Genugtuung registriere ich, dass Annuschkas Rücken immer größer wird; hinter der kleinen Kuppe da vorne müsste ich sie eingeholt haben. Als es endlich leicht abwärts geht, konzentriere ich mich voll darauf, die Skispitzen nicht zu verkeilen, und gebe richtig Stoff. Womit ich nicht gerechnet habe, ist, dass Anna und Semjon an einer Gabelung am Fuße des Hügelchens auf mich warten. Als ich aufschaue, merke ich, dass Annuschkas Rücken viel größer geworden ist, als mir lieb sein kann. Bremsen hat mir keiner gezeigt.

»Aaachtuuuung!«

Ich werfe mich heldenhaft vor ihr in den Schnee, schaffe es gerade noch, ihr nicht die Skispitzen in die Hacken zu rammen, lande dafür aber mit der Hüfte auf den Enden ihrer Skier.

Annuschka schaut besorgt zu mir herunter. »Alles in Ordnung?« Schmerz durchzuckt meine linke Seite und setzt sich in der Arschbacke fest. Aber kleinere Knochenabsplitterungen im Beckenbereich werden mich hier und heute nicht davon abhalten, Anna und ihrem Vater zu beweisen, dass ich ein echter Sportsmann bin.

Ich lächle. »Alles klar, nichts passiert.«

Semjon sammelt lässig im Gleiten meine Uschanka auf, die in die Pampa geflogen ist.

Das eigentliche Problem mit Brettern an den Füßen ist ja nicht das Hinfallen, das kann jeder, sondern das Aufstehen. Semjon reicht mir helfend die Hand, doch diesmal lehne ich mannhaft ab. Nach zwei Fehlversuchen krabbele ich immer noch um Annuschkas Beine herum wie ein auf den Rücken gefallener Käfer und greife schließlich doch auf Semjons Angebot zurück, um der

Kasperei möglichst schnell ein Ende zu machen. Annuschka grinst.

Von Natur aus bin ich ja Optimist. Deshalb habe ich bislang keinen Gedanken daran verschwendet, dass wir am Fuße eines Berghangs gestartet sind. Es kommt, wie es kommen muss. Semjon deutet auf den linken Weg an der Gabelung: direkt in den Wald hinein und steil bergauf. Ich seufze stimmlos.

Annuschka mustert mich schmunzelnd – ein wenig zu herausfordernd, wie ich finde. »Jetzt geht's erst richtig los.«

Für einen Moment erwäge ich, doch ein gebrochenes Becken ins Feld zu führen. Spätestens das Röntgen im Krankenhaus würde mich allerdings als Weichei entlarven. Ganz abgesehen davon, dass man nach der Gammabestrahlung russischer Röntgenkanonen vermutlich eine Woche lang im Dunkeln leuchtet. Das hätte zwar den Vorteil, dass ich mir beim nächtlichen Klogang nicht mehr die Zehen stoßen würde, wäre aber womöglich meiner Manneskraft abträglich. Dann lieber leiden in idyllischer Winterlandschaft.

Anna und Semjon sind äußerst rücksichtsvoll mit mir. Sie nehmen mich in die Mitte – wahrscheinlich, damit sie mich hinterher nicht stundenlang im Wald suchen müssen, wenn ich still kollabiere – und zeigen mir, wie man richtig gleitet, statt auf bebretterten Füßen herumzulatschen.

Anna hat Tempo drauf. Nach fünfzehn Minuten bergauf kocht mir trotz der Minusgrade wieder die Schädelplatte unter der Uschanka, und ich brauche eine Pause. Semjon zieht vorbei, während Annuschka gnädig auf mich wartet.

»Na, wie klappt's mit dem Gleiten?«

»Geht so.«

»Wieso?«

»Bergauf kann man doch gar nicht gleiten?!«

»Aber wir haben's dir doch gezeigt.«

Ich bin nicht amüsiert und wische ihre Antwort etwas unwirsch beiseite: »Gut. Weiter.«

Nach weiteren quälenden zwanzig Minuten (gefühlt zwanzig Stunden) bergauf habe ich endlich herausgefunden, wie man sich allein wieder aufrappelt. Denn inzwischen habe ich, sehr zu Annuschkas Erheiterung, weitere fünfmal die Loipe geküsst, und zwar vorzugsweise dann, wenn es mal ein paar Meter bergab ging. Meine Geduld mit den blöden Dingern an meinen Füßen schwindet rapide. Annuschkas Laune ist dagegen glänzend: »Macht doch Spaß, oder?!« Sie breitet die Arme aus, als wolle sie den ganzen Wald umarmen.

»Joa, och, schon. Aber ich finde Wandern irgendwie interessanter.«

»Echt?«

»Echt.«

Sie schaut mich mitleidig an. »Gleich wird's besser, dann geht's bergab.«

Annas Mitleid hat mir gerade noch gefehlt. Obenrum bin ich nämlich total durchgeschwitzt, während mir unten langsam die Beine abfrieren. Natürlich habe ich nicht im Traum daran gedacht, eine lange Unterhose ins Gepäck zu nehmen. Ich bin fertig mit diesem »Skivergnügen«.

Nichts zu sehen von Semjon, als wir endlich oben angekommen sind. Annuschka will sich schwungvoll an die Abfahrt machen, da ist es plötzlich sie, die mit dem Hintern im Schnee liegt. Endlich kann ich mal lachen und ihr, ganz Gentleman, aufhelfen.

»Okay«, sagt sie, »wer als Nächstes hinfällt, hat verloren.« Anna grinst siegessicher, als sie sich den Schnee von der Skijacke klopft.

»Alles klar.« Ich stürze mich in die Loipe, fest entschlossen, diesen Wettkampf für mich zu entscheiden, schon allein des Grinsens wegen. Es geht steiler hinunter, als ich dachte, obwohl mich das nach dem mühseligen Aufstieg eigentlich nicht überraschen dürfte. Meine Hoffnung, hier je unfallfrei hinunterzukommen, schwindet schon auf den ersten Metern. Zeitweilig sehe ich mich bereits in inniger Umarmung mit einer Tanne, schaffe es dann aber doch noch irgendwie, halbwegs in der Loipe und auf den Beinen zu bleiben. Auf halbem Wege rausche ich an Semjon vorbei, der neben der Piste auf uns gewartet hat. Er staunt nicht schlecht – ich fahre gerade auf einem Bein. Falls ihm aufgrund meiner höllischen Geschwindigkeit die Panik in meinem Blick entgangen sein sollte, könnte er es glatt für akrobatische Absicht halten.

Dann geht es wieder ein Stück bergan, und Annuschka holt auf. Es geht uns längst nicht mehr nur ums Nicht-Hinfallen, es geht ums Erster-Sein, so viel ist klar.

Als sich der Wald lichtet und die Piste flacher wird, bin ich tatsächlich immer noch auf den Beinen – und vorne! Siegerlächeln. Todesmutig wage ich einen Blick zurück.

»Dawai, Markus!!«

Annuschka schießt von oben heran, während sich meine Fahrt auf dem flachen Stück bereits erheblich verlangsamt hat. Ich stakse um mein Leben. – Zu spät …!

Zum Glück bin ich vor Schreck schon halb aus der Loipe gekippt, als mich der Anna-D-Zug überrollt. Sie versucht, scharf zu bremsen, hebt ab und macht eine Seitwärtsrolle über mich hinweg, wobei sie mich an »Eddie the Eagle«[10] zu seinen besten Zeiten erinnert. Schließlich landet sie bäuchlings im Tiefschnee. Ich streife hastig die Skier ab und robbe zu ihr hin.

10 Eddie the Eagle: schlechtester Skispringer aller Zeiten, Engländer …

»Anna?!«

Als ich sie panisch umdrehe, spuckt mir Annuschka lachend und prustend Schnee ins Gesicht. »Du bist zuerst hingefallen!«

»Na ja, sagen wir unentschieden.«

Semjon kommt angerauscht. Als er uns so liegen sieht, schiebt er die Mütze aus der Stirn und kratzt sich konsterniert. Gemeinsam ziehen wir Annuschka aus dem Schnee. Er sagt etwas. Ich schaue fragend zu Anna.

»Runter klappt ja schon ganz gut, und rauf bringen wir dir auch noch bei.«

Semjon nickt.

»Du hast Talent«, übersetzt Anna, »nur an deiner Kondition solltest du arbeiten.«

Entweder ist er extrem höflich oder ironisch. Ich bedanke mich sicherheitshalber artig, fühle mich nach diesem Lauf allerdings eher darin bestätigt, dieses »Talent« brachliegen zu lassen.

»Spassiba. – Und zu deinem Unfall sagt er nichts?«

Annuschka klaubt bereits ihre Skier auf und stapft zurück zur Spur. »Erstens hätte ich keinen Unfall gehabt, wenn du nicht so lahm gewesen wärst. Zweitens …«

»Was?«

Annuschka lacht schelmisch: »Ach, mir passiert nie wirklich was, Semjon weiß das.«

Ich muss an meinen Vater denken. Bei meiner Gehirnerschütterung im letzten Jahr – insgesamt die vierte oder fünfte in meinem Leben (o Gott, ich kann mich nicht mehr erinnern …!) – kommentierte er nur trocken: »Du solltest mit deinen Gehirnzellen besser haushalten, Müller. Du bist jetzt in dem Alter, wo die nicht mehr nachwachsen.«

Ich stapfe grinsend Anna hinterher. »Das heißt also, dein Vater ist deine Unfälle gewohnt?«

Annuschka zuckt verlegen die Achseln. »Na ja …«

»Aber dieser geht nicht auf dein Konto?«

»Nein, *du* warst zu langsam. – Und ich hab gewonnen!«

»Wie du meinst.« Ich grinse trotzdem, weil ich weiß, dass wir zwei etwas gemeinsam haben.

Beim Wagen zieht Annuschka mich zu sich heran. »Aber ich hätte wirklich nicht gedacht, dass du da lebend runterkommst. Nicht schlecht!«

»Tja, bin wohl ein Naturtalent.«

Anna schwingt sich in den Lada. »Von Talent würde ich jetzt nicht gerade sprechen, aber Hauptsache, Semjon ist beeindruckt.«

Damit kann ich gut leben.

Zu Hause bei den Mischinas gibt es heißen Tee – und einen ganzen Satz warmer langer Unterhosen für mich. Semjon dealt neben seiner Stelle als Lehrer mit Kleidung, die er von einem Chinesen kauft und in Kollegium und Nachbarschaft weitervertickt.

»Als Lehrer an der staatlichen Schule verdienst du wirklich mies«, erklärt mir Anna. »Vera hat sogar eine doppelte Stelle, und trotzdem …«

»Deshalb bist du bei Lexxis?«

Annuschka nickt. »Die privaten Spracheninstitute zahlen wesentlich besser. Außerdem werde ich da schwarz-weiß bezahlt.«

»Schwarz-weiß?«

»Die eine Hälfte von meinem Gehalt bekomme ich weiß und die andere eben schwarz.«

»Dann verstehst du dich wohl gut mit deiner Chefin?«

»Nein. Die hat mich gar nicht gefragt, ob ich das möchte oder nicht. Alle Privatfirmen in Russland machen das so.«

»Ah ja.«

In Russland gehört das Bildungsbürgertum (noch) nicht zur

gehobenen Mittelschicht. Universitätsprofessoren bessern ihr karges Gehalt gerne auf, indem sie private Nachhilfestunden für Abiturienten anbieten, die sich zur Aufnahmeprüfung an der Uni melden. Einige wenige bestehen darauf, dass der werdende Student daran wirklich teilnimmt, den meisten aber reicht eine ausgehandelte Summe, um das Bestehen der Prüfungen zu garantieren.

Ich frage Vera, ob es für sie nicht lukrativer wäre, ebenfalls »Nachhilfe« zu geben, anstatt der doppelten Stelle. Sie schüttelt den Kopf. »Für Lehrer ist es anders, Markus …« Lehrern ist es vonseiten der Direktion verboten, schlechte Noten zu geben. Denn hat die Klasse einen schlechten Notendurchschnitt, wird dafür routinemäßig der Lehrer verantwortlich gemacht. Da kein Direktor und keine Direktorin beim Schulamt aber in den Ruf kommen will, inkompetentes Personal zu beschäftigen beziehungsweise eine schlechte Schule zu sein, herrscht also die Doktrin: Einser und Zweier sind tabu. Ich bin kurz verwirrt, bis wir herausfinden, dass das russische Notensystem umgekehrt zu unserem funktioniert: Note Fünf ist die beste, Eins die schlechteste.

Sichtlich frustriert bringt Vera ihren Unmut darüber zum Ausdruck, dass sie selbst dem desinteressiertesten Dummbeutel noch eine Drei geben muss. Semjon hat dagegen keinerlei solche Probleme – außer mit Vera, die offenbar erhebliche Zweifel an Sinn und Nutzen seines Survival-Unterrichts hegt. Womöglich wurmt es sie aber bloß, dass die meisten Schüler Semjons Stunden lieben, während sich kein Schwein mehr für russische Literatur begeistert. Während die beiden sich ein bisschen kabbeln, erklärt mir Anna, dass Semjons Unterricht vor gar nicht langer Zeit erst vom Neben- zum Hauptfach befördert worden ist. Was Semjon, seit Jahren von Vera gepiesackt, zu der kühnen Behauptung veranlasste, es sei eben heutzutage doch wichtiger zu wissen, wie man sich Auge in Auge mit einem tollwütigen Wolf verhalte, als jedes noch so langweilige Stück von Alexander Sergejewitsch Puschkin zu kennen.

Auf Veras giftige Frage, wann er in Perwouralsk zuletzt einen tollwütigen Wolf gesehen habe, antwortet er: »Wölfe vielleicht nicht, aber tollwütige Hunde gibt es hier jede Menge«, und fügt stolz hinzu: »Ich bringe den Schülern bei, wie man durchs Leben kommt.«

Ich bin noch nicht lange genug in Russland, um zu entscheiden, was hier überlebenswichtiger ist: Schießen oder Lesen. Mir scheint aber, als könnte es nicht schaden, beides gleichermaßen zu beherrschen.

Nach dem Essen wälzen wir Fotoalben. Es sind sehr viele Fotos – vor allem sehr viele von Menschen, die ich gar nicht kenne und größtenteils auch niemals kennenlernen werde. Ich werte es allerdings als Ehre, dass man mich jetzt schon in die Familiengeschichte der Mischinas einweiht. Ja, ich hege sogar den leisen Verdacht, dass es zum Aufnahmeritual gehört: erst die Qualen des Langlaufs, dann Fotos. Wer beides übersteht, hat sich seinen Platz im Schoße der Familie verdient.

Jede Familie zelebriert unbewusst diese Art von Initiationsriten. Mein Vater nötigt meine Freundinnen zum Beispiel gerne, mit ihm eine Runde auf seinem seit Jugendtagen heißgeliebten Motorroller zu drehen. Mutter Müller weigert sich nämlich strikt, auch nur einen Meter als Sozia zurückzulegen. »Du spinnst wohl! Wir sind doch keine neunzehn mehr.« Wo sie recht hat … Und da Vatter inzwischen etwas schlecht hört und sieht, ist das sogar weitaus gefährlicher als Skilanglauf.

Bei Muttern kann die Schwiegertochter in spe das Eis als gebrochen betrachten, wenn sie anfängt, peinliche Geschichten über mich zum Besten zu geben –, und natürlich (!) noch peinlichere Fotos hervorkramt: »Ja, ach, hahaha, die Gummihose, die musste er tragen, weil er sich nachts immer noch eingepinkelt hat. Mit fast fünf!«

Annuschka trägt mit vier keine Gummihose mehr, aber das Bild ist trotzdem ein Highlight: Anna, die jetzt nur knapp 50 Kilo auf die Waage bringt, war damals ein echtes Pummelchen; dem nicht genug, hat man ihr den topfigsten aller Pottschnitte verpasst. Sie ist für den Fototermin extra mit dem letzten Schrei sozialistischer Kindermode der 80er Jahre herausgeputzt worden und lächelt ein steinerweichendes Kinderlächeln. Dazu noch in Schwarz-Weiß wirkt das Bild auf mich wie direkt den guten alten 50ern entsprungen. Ich liebe es!

Von Semjons Sippe, den Mari, findet sich wieder keine Spur in den Tonnen von Fotos. Trotzdem erfahre ich, dass Semjon und Vera sich kennengelernt haben, als sie in den Semesterferien abgestellt wurde, bei den Mari Russisch zu unterrichten. Für die Russin war die Versetzung in die Diaspora nicht gerade ein Traumjob. Genau genommen war es nur eine knappe Stufe besser als direkt zu Feldarbeit oder Straßenbau verdonnert zu werden.

Später dann wollte Semjon Vera nach Krasnojarsk folgen.

»Das ging aber nur, weil sein Friseur ihm dort seine erste Lehrerstelle besorgt hat«, erklärt Vera.

Alles klar. Die Pfade russischer Vetternwirtschaft sind dunkel und verschlungen. Das ist mir als Rheinländer sehr fremd, denn hier protegiert und mauschelt man gänzlich ungeniert. Erstes Kölner Gesetz: »Ma' kennt sisch, ma' hilft sisch.«

Es scheint zudem so, als seien die wahrhaft Mächtigen in Russland kaum die, von denen man es erwarten würde. Vera erzählt, dass der Direktor ihrer Schule kürzlich verhaftet worden sei, wegen langjähriger Unterschlagung staatlicher Lehrerboni. Aber: »Das war natürlich nur möglich mit Unterstützung des Hausmeisters«, erläutert sie. Natürlich! Alle nicken verständnisvoll. Ob Russland möglicherweise gar nicht von Putin regiert wird, sondern vom Pförtner des Kreml? Das würde manches erklären …

Ich starte noch einen Versuch in Richtung Semjon: »Gibt es auch Fotos von deiner Familie?«, frage ich unverfänglich aufgeräumt. Verlegene Seitenblicke unter den Mischinas.

»Da, da.« Semjon kramt eine ganze Weile in der Fotokiste und findet ein vergilbtes Bild seiner Eltern, gerahmt von einem ovalen schwarzen Passepartout.

»Sieht aus wie aus dem 19. Jahrhundert«, kommentiere ich. Erst dann fällt mir auf, dass er das als arroganten Hinweis auf die Rückständigkeit seiner Leute interpretieren könnte. Semjon ist aber zum Glück nicht beleidigt, sondern nickt lächelnd. Annuschka rollt mal wieder mit den Augen, als sie seine Antwort übersetzen soll: »Ob du eigentlich weißt, dass ich ein gefährliches Mädchen bin?«

Ich nicke schmunzelnd. »Er meint deine Schussel…, äh, deine Unfallfreudigkeit?«

»Unfallfreudigkeit? Was ist das überhaupt für ein Wort, das gibt's doch gar nicht! Und darum geht's auch nicht.«

Annuschka schmollt. Vera springt augenzwinkernd ein: »Markus, Anna stammt von den Amazonen ab.«

DIE Amazonen? Die mordlustigen, schwertschwingenden Reiterinnen der antiken Sagen? Die, von denen nicht mal der alte Grieche Homer wusste, ob er sie bewundern oder vor Angst lieber gleich die Gummihose überziehen sollte?

»Ich dachte, das sei ein Mythos?«

»Myth« versteht auch Semjon, da es auf Russisch wie Englisch nahezu gleich ausgesprochen wird. Er schüttelt schmunzelnd den Kopf. Annuschka tut so, als sei ihr das alles schrecklich peinlich, doch es schwingt auch ein gutes Stück Stolz und Genugtuung in ihrer Stimme mit, als sie übersetzt: »Weil man nie wirklich Beweise für antike Kriegerinnen gefunden hat, wurde angenommen, es handele sich nur um eine Sage. Jetzt hat man aber Gräber aufgetan, hier im Ural – und nicht nur an einer Stelle! Dort sind Frauen in Rüstungen bestattet, die genauso aussehen wie die der Amazonen auf den antiken Bildern und Vasen. Na ja, und weil die Mari nun mal die einzigen echten Uralier sind, ist es sehr wahrscheinlich, dass diese Amazonen meine Vorfahren waren.«

Ich bin beeindruckt. Und nicht nur, weil ich mir vorstellen kann, welchen Schaden Anna mit einem messerscharfen Schwert anrichten könnte. Okay, bei ihrem – oder sagen wir besser unserem – Glück träfe es wahrscheinlich das eigene Pferd statt den wackeren Spartaner, der gerade im vollen Galopp niedergemacht werden sollte. Das spreche ich aber nicht laut aus. Ich frage auch nicht, ob man in den Gräbern zufällig auch dreibeinige Pferde als Grabbeigabe gefunden hat.

»Kann man diese Ausgrabungen besichtigen?«

Die Familie ist zuerst sichtlich überrascht – offenbar hat das noch niemand ernsthaft in Erwägung gezogen. Dann ist die Sache schnell abgemacht, wir fahren zu den Amazonen.

11.

Odyssee nach Amazonien

»Zu den Kurganen der Amazonen ist es nur ein Tagesausflug«, erklärt Semjon, erwähnt dabei aber nicht, dass ein russischer Tagesausflug ruhig mal eine Übernachtung beinhalten kann. Wir fahren von Jekaterinburg aus Richtung Süden, kasachische Grenze. Für russische Verhältnisse ist das nur ein Katzensprung von etwa 700 Kilometern. Auf einer Karte von Russland macht sich diese Entfernung in etwa aus wie auf einer Deutschlandkarte die von Köln nach Düsseldorf. Okay, das ist natürlich total abwegig, weil Düsseldorf auf der Karte eines Kölners gar nicht existiert. Ein echter Kölner würde nie, nie, nie freiwillig nach Düsseldorf fahren, außer vielleicht mal zum Flughafen oder zum Einkaufen oder weil er da eine Freundin hat oder … Aber sonst wirklich niemals! Bei einer Reise durch Russland versteht man auf jeden Fall schnell, warum in diesem Land immer etwas größer gedacht wird.

Südöstlich von E-Burg liegt sogar eine Stadt, die Kurgan, also *Grabhügel*, heißt. Ich wundere mich kurz, dass die Archäologen erst jetzt auf die Idee gekommen sind, hier ein bisschen ausgiebiger zu buddeln.

»Gegraben wurde schon«, erklärt Vera, »aber niemand ist auf die Idee gekommen, die gefundenen Knochen dahingehend zu untersuchen, ob sie männlich oder weiblich sind.«

»Vielleicht passten Kriegerinnen auch einfach nicht ins stalinistische Weltbild – und erst recht nicht ins zaristische«, sagt Anna. Das ist das erste Mal, dass sie sich zum Thema Frauenbild in Russland äußert: »Und jetzt passt es?«

»Na ja, eine Angela Merkel wird's hier nicht so bald geben. Und ich bin mir auch nicht sicher, ob ich das gut finden würde.«

»Wie meinst du das?« Ich finde Angela Merkel auch nicht so gut, dass ich mir ein Poster von ihr an die Wand hängen würde. Das hat aber weniger damit zu tun, dass sie eine Frau ist.

»Politik ist ein schmutziges Männergeschäft. Eine Frau, die da mitmischt, hat längst ihre Prinzipien aufgegeben.«

Politiker sind in Russland offenbar noch schlechter angesehen als in Deutschland. »Du denkst also, die Politik einer russischen Präsidentin würde sich von der eines Mannes sowieso nicht unterscheiden?«

Annuschka kratzt sich nachdenklich am Kopf. »Wahrscheinlich nicht. Viel Weibliches hat Angela Merkel ja insgesamt nicht mehr an sich, oder?«

»Eigentlich bin ich ganz froh, dass sie auf Miniröcke verzichtet.«

Annuschka lacht. »Tja, aber wenn sie sich schon rein äußerlich nicht mehr von den Männern unterscheidet ...! In Russland hätte sie wahrscheinlich schon wegen ihres Aussehens keine Chance, gewählt zu werden.«

»Eine weibliche Politikerin sollte in Russland also möglichst feminin aussehen, um glaubwürdig weiblichen Führungsstil rüberzubringen. Umgekehrt gilt das ja auch für Putin, der sich gern in männlichen Posen fotografieren lässt.«

»Was meinst du mit männlichen Posen?« Als Anna meine Bemerkung übersetzt hat, schauen auch ihre Eltern etwas verblüfft. Ich bin nicht weniger verblüfft, dass ich das offenbar näher erklären muss.

»Na ja, im Westen kursieren ständig Bilder, auf denen man Putin bei wahnsinnig männlichen Sportarten sieht wie Eishockey oder mit nacktem Oberkörper beim Reiten, so was eben.«

»Ach so, das.« Annuschka nickt.

»Bei uns wird das ein bisschen belächelt.«

»Wirklich?«

Anna übersetzt. Die Tatsache, dass man ihren Präsidenten belächelt, kommt nicht gut an bei den Mischinas.

»Warum?«, fragt Vera sichtlich irritiert.

»Es wird als ein etwas plumper Hinweis darauf verstanden, was für eine starke, männliche Führungspersönlichkeit Putin doch sei.«

Stirnrunzeln. Semjon schüttelt entschieden den Kopf. Das zeige doch nur, dass der Präsident ein gesundes Leben führe und nicht so ein Alkoholiker sei.

»Und davon haben wir mehr als genug«, ergänzt Vera.

Bei allem Vorbehalt gegen Politik im Allgemeinen und ihre ausführenden Organe im Besonderen möchte man auf den Präsidenten nicht viel kommen lassen. Das hat allerdings weniger mit der Person Putins zu tun als mit der Würde des Amtes an sich. Egal, was man von Putin halten mag, Präsident ist nun mal Präsident. Ich grüble schon, wie ich das Gespräch wieder in unverfänglichere Bahnen leiten kann, da springt mir Annuschka überraschend zur Seite: »Das Image vom starken Mann kommt gut an in Russland, da hast du wohl recht. Ich finde Putin trotzdem ziemlich unattraktiv.«

»Und ich bin froh, dass unsere Kanzlerin bisher davon abgesehen hat, sich oben ohne beim Reiten ablichten zu lassen.« Die Bemerkung sorgt für große Erheiterung im Wagen. Vera wischt sich die Lachtränen aus den Augen, als sie sich zu mir umdreht: »Ich verstehe jetzt, Markus.«

Froh, dass die »Putin-Kuh« vom Eis ist, deute ich auf die Hutablage, wo Annas Winterstiefel mit den 14-Zentimeter-Hacken liegen. »Oder stell dir Merkel doch mal in denen da vor!« Sie trägt im Auto Walenki, dicke graue Filzbotten wie ihre Mutter. Ich habe dankend verzichtet, da auch Semjon keine Walenki trägt.

Annuschka grinst: »Die braucht sie in Deutschland ja auch nicht.«

Obwohl ich gegen den Anblick von Anna in diesen Schuhen ganz und gar nichts einzuwenden habe, machte ich mir anfangs doch Sorgen um ihre Knöchel auf den rutschigen Bürgersteigen. Daraufhin wurde ich aufgeklärt, dass die Mörderabsätze genau deswegen unerlässlich seien. Mit den spitzen Hacken könne man sich nämlich hervorragend ins Eis bohren. »Um unser Couchbett herum kommt's mir auch gefährlich rutschig vor …!« Von diesem plumpen Trick ließ sich Annuschka allerdings nicht reinlegen. Straßenschuhe in der Wohnung sind in Russland ja ohnehin ein Sakrileg.

»Da musst du schon in Bettstiefel investieren.«

»Ist notiert.«

»Aber bitte nicht zu Weihnachten!«

Geistesgegenwärtig setze ich eine entrüstete Miene auf. »Selbstverständlich nicht.« – Hmpf! Also wieder runter von der Liste. Zurzeit richten sich meine Sehnsüchte sowieso auf anderes Schuhwerk. Ich denke an meine zu Hause gelassenen Walenki.

»Die halten wirklich warm«, hatte Annuschka mir versichert, während ich mit einer Mischung aus Skepsis und Spott dabei zusah, wie sie in ihre grauen Babuschka-Treter schlüpfte.

Meine Deichmann Billig-Botten haben den Temperaturen im hinteren Fußraum des Lada allerdings rein gar nichts entgegenzusetzen. So wäre ich in einem Anfall akuter Weltoffenheit und Toleranz plötzlich doch bereit, diese Walenki einem Praxistest zu unterziehen. Natürlich nur im Auto.

Bei Kilometer zweihundert dämmert mir, dass es eine fatale Entscheidung war, die Filzwärmer abzulehnen. Ich versuche, die Eisklumpen, die mal meine Füße waren, in eine höhere Position zu bekommen. Die Lada-Heizung ignoriert schlichtweg, dass es einen Fußraum gibt – ja, eigentlich ignoriert sie den Fond komplett. Wahrscheinlich träumten die Ingenieure einst von einem schnittigen Zweisitzer und waren nicht bereit, diesen Traum ad acta zu legen, bloß weil es plötzlich doch eine Rückbank geben sollte. Onkel Michail – der keinen Lada fährt, sondern einen Wolga – hat dazu eine eigene Theorie: Die Lada-Rückbank diente im Sozialismus der Abhärtung des russischen Nachwuchses. Der sollte gleich mal lernen, dass nicht nur der russische Winter, sondern das Leben an sich hart ist.

Bei Kilometer dreihundert verdamme ich nicht mehr die Ignoranz der Ingenieure, sondern meine eigene, die mich dazu verleitet hat, das Angebot erfahrener Lada-Passagiere abzulehnen. Anna und Vera geht es jedenfalls glänzend – und Semjon trägt im Übrigen Moonboots.

Bei Kilometer vierhundert legen wir endlich eine kleine Pause ein, um uns die Füße zu vertreten. – Füße? Welche Füße? Bis zu den Knien sind meine Beine nur noch taube Stümpfe. Da ich beim Austeigen noch glaube, diese Tatsache ignorieren zu können, schlage ich erst mal lang hin.

Überlebenstrainer Semjon ist sofort in seinem Element. Er setzt mich bei geöffneter Tür auf den Fahrersitz, reißt mir meine »WinterPlus« von den Füßen, taxiert mit einem knappen

Kopfschütteln das Innenfutter und massiert mir die Unterschenkel.

Annuschka und Vera wohnen dem Erste-Hilfe-Einsatz mit mitleidsvollem Blick bei, nachdem sie die Walenki gegen ihre High-Heel-Eisbrecherstiefel getauscht haben.

Semjon murmelt etwas mit vorwurfsvollem Unterton, geht zum Kofferraum und kramt offenbar zwischen Werkzeugen herum. Ob er jetzt mit Beil und Säge zurückkommt, um nach guter alter Mari-Sitte zur Präventiv-Amputation zu schreiten? Vera übersetzt: »Warum hast du nichts gesagt? Semjon hat Ersatz-Walenki dabei.«

Ich bringe es nicht, zuzugeben, dass ich zu eitel war – dabei wissen sie es längst.

»Na ja, zu spät«, laviere ich mich heraus, »jetzt müssen wir doch durch den Schnee. Da bekommt man in Filzstiefeln nasse Füße.«

Anna hält mir besorgt die Walenki unter die Nase. »Blödsinn, das passiert nur, wenn der Schnee feucht ist. Heute ist es viel zu kalt, da bekommst du garantiert keine nassen Füße. Bitte zieh die an, Markus!«

Sie sagt es mit dermaßen mütterlichem Unterton, dass ich mich unwillkürlich frage, ob das noch gesund ist für eine sich gerade entwickelnde Mann-Frau-Beziehung. Trotzdem gehorche ich und schlucke die Frage hinunter, warum Annuschka ihre Walenki gerade ausgezogen hat. Momentan würde ich rosafarbene Schlappohrhasen-Pantoletten tragen, wenn sie mir garantiert warme Zehen bescheren.

Wir stapfen eine Weile durch den Schnee, als eine Ansammlung hölzerner Rundhütten in Sicht kommt. Ich bin positiv überrascht: Ein Freilichtmuseum? Ein nachgebauter Amazonen-Kral?

»Sind wir denn schon da?«

Vera lächelt.

Als wir vor den Hütten stehen, verstehe ich, warum. Über dem Eingang hängt das Schild »Biergarten«. Auf Deutsch! Mitten im russischen Nirgendwo weht sogar eine deutsche Flagge.

Annuschka klärt mich auf: »Normalerweise hätten wir jetzt nicht angehalten, sind ja bloß noch dreihundert Kilometer. Aber Vera sagte, das könnte dich interessieren.«

Der Deutsche, den es – wegen einer Frau – in die Tiefen Russlands verschlagen hat, trägt einen Cowboyhut. Er vermietet auch Pferde, erfahren wir, als er uns in einer der Hütten eine Art Mettwürstchen als original deutsche Bratwurst serviert. Dazu – »gaaanz schwer zu beschaffen« – ehrlich echtes deutsches Pils vom Fass zu exorbitanten Preisen. Ein Deutscher, der ausgerechnet hier Wilder Westen spielt, wirkt etwas deplatziert. Andererseits muss man ihm zugestehen, dass dieser Osten noch wesentlich wilder ist als der alte Westen.

Er klagt über Mafiosi, die ihm sein Geschäft neiden und lokale Beamte bestechen, damit die ihm wiederum Ärger mit der Lizenz machen. Im Großen und Ganzen ist er ziemlich unzufrieden mit Russland im Allgemeinen und den russischen Behörden im Besonderen – und die russische Ehefrau ist auch schon abgehauen.

»Nur diese wunderbare unberührte Natur hält mich hier, das ist wirklich einmalig«, erklärt er plötzlich strahlend. Das Leuchten in seinen Augen erlischt allerdings genauso schnell, wie es gekommen ist. »Na ja, wohl nur noch eine Frage der Zeit, bis die mich hier vertrieben haben.«

Ich frage mich indessen, ob Vera ihn mir als vorbildlichen Landsmann oder als mahnendes Beispiel vorführen wollte: So kann's enden, wenn man sich mit russischen Frauen einlässt!

Ich sitze jetzt vorne neben Semjon. Im Verlauf der restlichen Fahrt gelange ich zu der Ansicht, dass Onkel Michails Theorie zur Abhärtung russischer Kinder erweitert werden muss. In der Tat verhält es sich mit der Wärmeverteilung im Lada, diesem Wunderwerk russischer Ingenieurskunst, so, dass man über der Heizung ein Hähnchen grillen könnte, das hinten sofort wieder gefriert. So erspart einem die wegweisende Lada-Technologie auf langen Fahrten durch die sibirische Tiefebene das Einlegen lästiger Imbisspausen. Zudem ist sichergestellt, dass die Kinder die Rücksitze nicht mit fettigen Hähnchenhänden beschmieren. Das Hühnerbeinchen, das Papa vorne grillt, kann der Nachwuchs hinten nach zwei Minuten höchstens noch lutschen. Eis am Stiel auf Russisch sozusagen.

»Normalerweise macht ihr auf so einer Fahrt wirklich keine Pause?«, frage ich Annuschka.

»Nee, wenn überhaupt, wird im Auto gegessen.«

Ich nicke, während ich mir die Schweißperlen von der Stirn wische. »Kaltes Hühnchen.«

Sie ist erstaunt. »Ja, genau. Woher weißt du das?«

In Orenburg machen wir Station, um am nächsten Tag frisch ausgeruht zur Nekropole von Pokrowka aufzubrechen. Vorher muss Semjon allerdings jemanden auftreiben, der uns zu den Hügelgräbern führt und am besten auch etwas dazu sagen kann. Ich habe ernsthafte Zweifel, ob ihm das so weit von Perwouralsk entfernt gelingen wird. Wen soll er hier schon kennen? Semjon telefoniert, Semjon quatscht mit dem Rezeptionisten unseres kleinen Hotels, Semjon telefoniert wieder. Dann holt der Portier plötzlich eine weibliche Küchenhilfe herbei. Strahlendes Händeschütteln. Es scheint wie immer in Russland: Die wirklich wichtigen Leute erkennt man nicht auf den ersten Blick.

»Unser Guide?«

Annuschka mustert mich stirnrunzelnd. »Nein, natürlich nicht. Ihr Vater ist der Bruder von einem, der früher in Semjons Biathlon-Mannschaft war.«

»Aha, und der kann uns führen?«

»Nee, aber der kennt eine, die sich auskennt: Darja.«

»Und diese Darja kommt so einfach mit, wenn Semjon sie anruft?«

Anna zuckt die Achseln. »Die macht das natürlich nicht aus reiner Nächstenliebe, aber Semjon kriegt das schon hin.«

Das glaube ich unbesehen bei Semjons Hartnäckigkeit. Annuschka zieht mich zum Ausgang. »Komm, wir kaufen schon mal eine Flasche Brandy und Pralinen.«

»Für Darja?«

Sie grinst. »Langsam lernst du's.«

Unser »Tagesausflug« hat uns tatsächlich bis zur kasachischen Grenze geführt. Und irgendwie habe ich ein ziemlich schlechtes Gewissen, wahrscheinlich würden sich Semjon und Vera eher die Zunge abbeißen, als einem Gast einen Wunsch zu verweigern.

Das Gräberfeld ist riesig, es müssen Hunderte von Grabhügeln sein. Inzwischen kommt mir mein Wunsch nicht nur ziemlich aufwendig vor, sondern auch reichlich abstrus. Am Ende ist nämlich nicht mehr zu sehen als diese Hügelchen. Und dort, wo gegraben wurde, nun ja, da ist statt des Hügels eben ein Loch zu sehen. Dafür haben wir rund 800 Kilometer zurückgelegt. Mir wird das Ganze mit jeder Minute peinlicher, und Annas skeptische Blicke geben mir auch nicht gerade Anlass zur Beruhigung.

Dank Darja, die sich tatsächlich als kundige Führerin entpuppt, erfahren wir dann doch noch etwas über Skythen und

Sarmaten, deren Gräber Chefarchäologe Professor Jablonski mit Unterstützung einer Amerikanerin hier ausgebuddelt hat. Die griechischen Sagen berichten, dass die Amazonen beim Kampf um Troja mitmischten. Demzufolge musste also mal wieder der gute alte Achilles[11] ran, um die Damen zu bezwingen. Bei Heinrich von Kleist vernascht dagegen die Amazonen-Königin Penthesilea Achilles, und zwar wortwörtlich. Penthesilea zerfleischt ihn versehentlich, obwohl sie ihn eigentlich liebt. Kleinere Missgeschicke scheinen bei Amazonen also an der Tagesordnung. Was mich wiederum zu Annuschka bringt. Kurz denke ich darüber nach, ob wir beim Liebesspiel womöglich ein »Safeword«[12] einführen sollten?

Und dann stehen wir vor einer Grube, in der man vor 2500 Jahren tatsächlich eine sarmatische Kriegerin bestattet hat – und zwar mit Pferd! Ich verkneife mir die Frage an Darja, ob das Pferd womöglich nur noch drei Beine hatte.

Wie zur Bestätigung ist Anna plötzlich verschwunden. Als wir zum Rand der Grube eilen, finden wir sie auf einem Absatz, sie ist höchstens einen Meter tief gefallen.

»Na, weißt du jetzt genug über die Amazonen?«, fragt sie, als ich ihr heraushelfe.

Ich überhöre den leicht spöttischen Unterton. »Das ist doch superinteressant: echte Kriegerinnen, und dabei nahm man jahrhundertelang an, das sei nur ein Mythos! Und du bist vielleicht eine Nachfahrin von ihnen!«

»Okay, und was hat das mit mir zu tun?«

»Ihr seid zum Beispiel eine Frauenfamilie.«

11 Ja genau, der, der aussah wie Brad Pitt auf Steroiden.

12 Bei SM-Fans üblich, die vermeiden wollen, mehr vernascht zu werden, als ihnen lieb ist.

»Frauenfamilie?«

»Die Frauen bestimmen bei euch, wo's langgeht. Ganz eindeutig.«

Das ist zwar nicht völlig aus der Luft gegriffen, aber dennoch eine recht gewagte These, so viel Einblick in das Leben der Mischinas habe ich noch gar nicht bekommen.

Es funktioniert halbwegs. Anna zeigt sich beeindruckt und auch ein wenig geschmeichelt. »Tja, aber nur mein Vater ist ein Mari, meine Mutter, Babuschka und ich sind ganz normale Russen.«

»Du ja wohl nicht komplett.«

»Doch!«, beharrt Anna trotzig. Dieses Mal bin ich entschlossen, der Sache mit Annas Mari-Mischpoke auf den Grund zu gehen. »Wäre doch trotzdem interessant zu erfahren, ob die Mari mal ein Matriarchat waren.«

Annuschka lacht spöttisch. »Du willst wissen, ob die Frauen da generell das Sagen haben? Na ja, Babuschka Olga schon ...!«

Ich bin regelrecht angefixt und überhöre glatt ihren sarkastischen Unterton. »Siehst du! Und wenn ich das richtig verstanden habe, führt deine Tante doch diesen Bauernhof. Ich würde wirklich gerne mal wissen, ob ...«

Annuschka fährt plötzlich wütend herum und blitzt mich an. »Lass es, Markus, wir fahren da nicht hin! Babuschka Olga versucht immer noch, Semjon einzureden, dass er besser eine Mari geheiratet hätte. Nach 25 Jahren! Und solange das so ist, sieht sie mich nicht wieder, basta!«

Semjon und Vera schauen überrascht zu uns herüber. Zum Glück haben sie nichts von unserer Diskussion verstanden. Anna pflegt also keineswegs einfach nur Vorurteile gegenüber einer ethnischen Minderheit. Die Kluft zwischen Mari und Russen ist offenbar größer, als ich gedacht habe, und das Verhältnis von ge-

genseitigem Misstrauen geprägt. Es scheint, als seien die wahren Romeo und Julia hier nicht wir, sondern Annuschkas Eltern. Irgendwie haben sie es geschafft, ihre Liebe gegen beide Familien durchzusetzen. Und Semjons Clan ist keineswegs kleiner als der hiesige, immerhin hat er sieben Geschwister.

Ich begreife auf einmal: Anna vermeidet es, zur Familie ihres Vaters zurückzukehren, weil der Kontrast zwischen den glücklichen Kindheitstagen dort und der Realität, die sie heute erkennt, zu bitter ist. Und wir haben noch lange nicht die Vertrauensbasis, dass sie mich dorthin mitnehmen würde. Plötzlich muss ich wieder an Ella denken und diesen blöden One-Night-Stand.

»Liebes Tagebuch, die Demütigungen nehmen kein Ende ... Auf dem Rückweg haben wir noch einmal bei dem deutschen Cowboy haltgemacht. Zum Reiten, wie es hieß. Annuschka, Vera und Semjon können nicht reiten – ich auch nicht. Ich hege den leisen Verdacht, es war eine Racheaktion von Annuschka, weil ich ihr mit meiner Inquisition über ihre Mari-Verwandten zu sehr auf die Nerven gegangen bin. Jedenfalls ist Anna nicht geritten, Vera ist nicht geritten, und Semjon hat ebenfalls dankend verzichtet. Mich aber haben sie auf einen fetten alten Gaul gesetzt, der von einem etwa 13-jährigen Mädchen gehalten wurde. Sie hat mich dann zweimal an der Trense um die Wiese geführt. Es war wie Ponyreiten auf der Kirmes! Ich habe mich gefühlt wie der letzte Depp. – Und genauso hat es auch ausgesehen, wie Annuschkas Erinnerungsfotos (oder sind es Druckmittel für schlechte Zeiten?) beweisen. Anschließend wurde ich ausgiebig befragt, wie es mir denn gefallen habe. Was blieb mir anderes übrig, als gute Miene zum bösen Spiel zu machen?! Da es mir so gut gefallen hatte, wurde ich gleich noch genötigt, mit einem Kinder-Flitzebogen auf eine etwa drei Meter entfernte Zielscheibe zu schießen. Leider habe ich weder die Scheibe noch Annas Fotoapparat getroffen.

Umso mehr hat dafür mein Stolz gelitten. Ich würde sagen, Blattschuss. – Annuschka schien übrigens verdächtig gut gelaunt für den Rest der Rückreise …«

12.
Zar und Zug

Wer nach Jekaterinburg reist, kommt an einer Sehenswürdigkeit nicht vorbei: tote Blaublüter.

Hier wurde der letzte russische Zar Nikolaus II. samt Familie von den Bolschewiki hingerichtet, nachdem man sie aus Moskau verbannt und in der »Ipatjew-Villa« interniert hatte. Über dem Keller der Villa, in dem die Romanows schließlich ermordet wurden, hat man nach dem Fall des Kommunismus eilends eine pompöse Kathedrale errichtet. Dazu muss man wissen, dass die Verehrung der orthodoxen Kirche für ihr unsanft ins Jenseits befördertes Oberhaupt Nikolaus II. ungebrochen ist. Wer glaubt, die Tibeter würden den Personenkult um ihren lebenden Dalai Lama ein wenig übertreiben, der hat noch nicht erlebt, was die Russisch-Orthodoxen mit ihrem toten Zaren veranstalten.

Die Kirche trägt tatsächlich den Namen »Kathedrale auf dem Blut« – und der ist Programm. Makabrer Höhepunkt der Gedenkstätte unter dem Gebäude ist die Kellernische, in der die Ermordung der Zarenfamilie stattgefunden hat. Der ganze Rest der Kathedrale ist quasi um diese Nische herum gebaut worden, und die Orthodoxen schwören Stein und Bein, der Ort des Grauens befände sich noch »im Originalzustand«. Das Kellerchen wirkt allerdings recht akkurat dafür, dass sich hier seit fast hundert Jahren nichts getan haben soll. Wer dafür gesorgt hat, dass der Raum seit der Nacht des 17. Juli 1918 während der ganzen Zeit des Kommunismus unverändert geblieben ist, wird auch nicht verraten. Die »Kathedrale auf dem Blut« ist so auf jeden Fall der einzige Ort auf der Welt, an dem man eine original Kellerecke hinter Glas bewundern kann. Klingt ein bisschen nach Joseph Beuys.

Ich bin nicht allein mit meinem Skeptizismus. Wir sind mit Dmitri und Ewa unterwegs. Annuschkas beste Freunde seit der Schulzeit sind inzwischen verheiratet und bereits Eltern zweier Söhne von fünf und sechs Jahren.

»Die sind bei der Babuschka auf der Datscha«, sagt Ewa, als ich nachfrage.

»Da sind Pjotr und Wassili eigentlich genauso oft wie in E-Burg bei ihren Eltern«, ergänzt Annuschka. Mir wird mal wieder klar, um wie vieles wichtiger hier in Russland noch die Familie ist, und dass Annuschka für hiesige Verhältnisse schon recht spät dran ist mit der Gründung einer selbigen. Außerdem schwant mir, dass eine Diskussion »Kinder: ja oder nein?« bestenfalls milde belächelt und als deutsche Verkopftheit abgetan würde. Was sich denn auch sofort bestätigt, als Dmitri sich auf Russisch an mich wendet. »Und du hast noch keins?«, übersetzt Ewa seine Frage. Die beiden schauen mich neugierig an.

»Nicht, dass ich wüsste«, antworte ich grinsend.

Dmitri versteht den Wink, der gleich auch mal zaunpfahlmäßig meinen enormen Erfahrungsschatz mit der holden Weiblichkeit unterstreicht, und grinst zurück.

Auch wenn es schwer nach Klischee klingt, Dmitris Aussehen kann man nur als typisch russisch beschreiben: blond, mittelgroß, muskulös bis stämmig, schmale Augen, hohe Wangenknochen und ein äußerst männlich hervorspringendes Kinn. Sein Händedruck funktioniert nach dem Motto: Wer fester drückt, hat gewonnen. Beim ersten Mal trifft mich das noch ziemlich unvorbereitet, so dass ich kurz um meinen Mittelhandknochen fürchte, als seine Pranke meine verzärtelte Schreiberhand packt.

»Ich wundere mich jedes Mal, wenn wir uns sehen, dass sie bei der Geburt von Pjotr oder Wassili nicht geplatzt ist«, sagt Anna über Ewa. Ewa ist ein Vögelchen. Hübsch, sehr klein, sehr zierlich, spitzes Gesicht; tatsächlich zwitschert sie eher als dass sie redet. Man kann sich kaum vorstellen, dass aus diesem Mund je ein Schreien oder Fluchen kommen könnte. Vermutlich kommt es ihr beruflich zupass, dass jeder sie erst malunterschätzt. Ewa ist in Wahrheit eine toughe Geschäftsfrau, die erfolgreich ein privates Spracheninstitut betreibt. Und das, obwohl ihr Englisch weit hinter Annuschkas Fähigkeiten zurückbleibt. Wenn wir uns unterhalten, benutzt sie Anna gern als lebendes Wörterbuch.

»Na ja«, bemerkt Annuschka, »erstens unterrichtet sie selbst auch nur die kleineren Kinder, und zweitens ist sie dafür beim Business umso besser.«

In der »Kathedrale auf dem Blut« findet gerade eine Kindersegnung statt. Eine lange Schlange von Gläubigen wartet geduldig, bis der Pope dem Nachwuchs ein Kreuz auf die Stirn gemalt und üppig mit Weihwasser nachgesprenkelt hat. Das Ganze geht zwar unblutig, aber nicht gerade sanft vonstatten. Zwei Segnungs-Adjutanten zu seiner Linken und Rechten sorgen für reibungslose Abfertigung. Der vordere weist ein, der hintere nimmt eine Spende entgegen und verscheucht die gesegnete Brut, damit vor dem Ober-Popen kein Stau entsteht.

Die Popen sind mir unheimlich, hinter ihren Bärten sehen sie aus wie Rasputin, besonders der grimmig dreinschauende Ober-Pope hier. Hätte ich je einen Popen-Alptraum, würden darin höchstwahrscheinlich eher Kinder verspeist statt gesegnet. Daher bin ich einigermaßen erleichtert, Anna sagen zu hören: »Mein Kind bekäme der nie und nimmer in die Finger. Diese Popen nehmen selbst den Ärmsten noch ihre letzte Kopeke ab.«

Ewa nickt. »Dafür versprechen sie dann das Himmelreich und vergolden sich ihre Kloschüsseln. Ich kann das auch nicht mit ansehen.«

Den dreien hat der Besuch der Kirche regelrecht die Laune verhagelt, was mich dann doch wieder wundert. Vielleicht bin ich als rheinischer Katholik, anders als die drei Heiden aus dem kommunistischen Herz der Finsternis, einfach besser abgehärtet gegenüber dubiosen religiösen Ritualen.

Das hindert uns allerdings nicht daran, auch noch Teil zwei der Tote-Zaren-Tour anzulaufen. Bei der Fundstätte der Leichen mitten im Wald ist gleich ein ganzes Klosterdorf errichtet worden, Souvenirshop inklusive.

»Die Mönche leben hier in großer Abgeschiedenheit«, erklärt der Mönch den zahlreichen Touristen. »Viele haben sogar ein Schweigegelübde abgelegt, das erst gebrochen werden darf, wenn wieder ein Zar an der Spitze der orthodoxen Kirche thront.«

Das Schweigegelübde dient sicher vielmehr dazu, den Massen von Touristen, die täglich ihre Abgeschiedenheit heimsuchen, nicht immer den gleichen Sermon erzählen zu müssen.

Da unser noch recht redseliger Jung-Mönch aber nicht müde wird zu betonen, dass diese Führung hochexklusiv und eine Riesen-Ausnahme sei, sehe ich mich veranlasst, aus lauter Dankbarkeit im Souvenirshop wenigstens eine CD mit Mönchsgesängen zu erstehen. Es stellt sich heraus, dass die CD völlig unhörbar ist, da sie in erster Linie aus Rauschen besteht. Tontechnisch sind orthodoxe Mönche nicht allzu versiert, das hätte man sich denken können.

Annuschka macht auf schlau. »Hab ich dir doch gleich gesagt, dass du denen nicht das Geld in den Rachen werfen sollst.«

Ja, mag sein. Dafür habe ich mit meinem Obolus sichergestellt, dass mich der Zorn des Heiligen Geistes nicht dereinst auf meiner güldenen Kloschüssel erwischt.

Abends gehen wir bowlen. Ich ahne, dass dieser Tag wichtig für meine Beziehung mit Annuschka ist. Genauer gesagt, dass ihr Dmitris und Ewas Meinung über mich wichtig ist. Dass ich kein Wort von dem verstehe, was sie untereinander reden, macht es allerdings nicht eben leichter.

Dmitri und ich sind redlich bemüht, einander kennenzulernen. Da er aber kein Englisch spricht, läuft das Ganze ein wenig verkrampft ab. Sobald die Mädels in ihr eigenes Gespräch vertieft sind, bricht uns jede Möglichkeit der verbalen Verständigung weg. Dmitri versucht es mit dem simpelsten Russisch, das ihm einfällt. Das muss der Deutsche doch verstehen. – Tut er aber nicht. Ich versuche es mit englischen Wortfetzen, ebenfalls nur mit begrenztem Erfolg. Worauf wir uns hingegen schnell verständigen können, ist das Trinken eines russischen »Zuges«. Man fängt mit Bier an und arbeitet sich beim Alkoholgehalt langsam nach oben. Ein Seitenblick zu Anna verrät mir, dass sie in diesem Fall bereit ist, unser Verbrüderungsritual zu akzeptieren. Als Dmitri und ich dazu übergehen, Slammer mit Tequila und Sprite auf den Tisch zu knallen, trinkt sie – »wegen des Spaßfaktors« – sogar einen mit. Ewa trinkt dagegen niemals Alkohol, ist es aber offenbar gewohnt, unter fröhlich Befeuchteten zu weilen.

Ich lerne die russische Sitte schätzen, beim Trinken immer auch einen kleinen *Sakuska*, einen Bei-Happen, zu nehmen. Wir vertilgen gemeinsam zwei große Fruchtteller. Würde man derlei auf einer deutschen Bowlingbahn ordern, erntete man wohl nur verständnislose Blicke, hier scheint es Usus. Am Ende habe ich es nur den gezielten Vitaminstößen zu verdanken, dass ich beim Bowlen nicht über meine eigenen Füße stolpere. Meine Trefferquote sinkt zwar reziprok zum Promillegehalt, dem Spaß tut das aber keinen Abbruch.

Als wir wieder zu Hause sind, erzählt Annuschka mir aufgedreht, womit ich Dmitri überzeugt habe. »Die selbstgedrehten Zigaretten haben ihn schon beeindruckt. Aber als du die Bierflaschen mit dem Feuerzeug geöffnet hast, war ihm endgültig klar, dass man mit dir was anfangen kann.«

Ich habe Schluckauf und merke, dass ich ganz schön angeschlagen bin. »Hätte ich gewusst, dass das schon ausreicht, hätte ich auf den einen oder anderen Schnaps verzichtet.«

Beduselt mache ich mich auf dem Bettsofa lang. Annuschka grinst zu mir herunter, und ich denke mit leisem Grauen an den Kater, den ich morgen haben werde. Für die Silvesterfeier auf der Datscha sind wir mit Semjon und Vera nämlich zum Großeinkauf verabredet!

»Warum feiert ihr eigentlich Silvester, aber kein Weihnachten?«

»Na ja, erstens ist Weihnachten ein christliches Fest und Silvester nicht, und zweitens feiert man Weihnachten hier nicht am 24. Dezember, sondern am 6. Januar wegen des Orthodoxen Kalenders.«

»Mhm, dann feiert ihr also noch Weihnachten?«

»Nö, sag ich doch: Wir sind nicht religiös. Du kapierst aber grad gar nichts.«

»'tschuldigung«, ich schließe die Augen. »Aber müsstet ihr Silvester dann nicht auch später feiern?«

»Ja, nein, das ist kompliziert.«

Kompliziert ist momentan eindeutig zu kompliziert für mich. »Dann erklär's mir lieber ein andermal.«

13.

Der Idiot

Überfüllte Mega-Supermärkte und ein verkaterter Kopf sind per se schon keine gute Kombination, und das hier ist der größte und überfüllteste Supermarkt, den ich je gesehen habe. Jedenfalls soweit ich das durch die Sehschlitze, die mal meine Augen waren, beurteilen kann. Es ist laut, es ist wühlig, mit bräsigem Kopf trotte ich hinter den dreien her. Mein einziges Ziel: Anna, Semjon und Vera in dem Gewimmel nicht zu verlieren und dabei mit niemandem zusammenzustoßen.

In diesem Supermarkt beginnt das Sortiment mit Fernsehern. Familie Mischina begutachtet ausgiebig das Angebot.

»Braucht jemand einen Fernseher?«

Schon Annuschkas Miene macht deutlich, dass sie den Sinn meiner Frage in Zweifel zieht. »Nein, du kennst doch unseren Fernseher, der ist ganz neu.«

»Ach, dachte ich's mir doch.«

»Wir gucken nur mal. So oft kommt man ja nicht nach Jekaterinburg zum Einkaufen.«

Da wird mir klar, dass ich noch ein weiteres Ziel habe: hier möglichst schnell wieder rauszukommen. Ich stütze mich mit beiden Ellbogen auf den Einkaufswagen und warte mit dem

Stoizismus eines Esels darauf, dass sich die Karawane weiterbewegt. Nachdem die Mischinas intensiv das Für und Wider eines Fernsehers diskutiert haben, den sie nicht kaufen wollen, wechseln sie zur gegenüberliegenden Regalseite, wo es Radiowecker und allerlei nützliche Küchengeräte zu kaufen gibt.

»Ihr kommt wohl wirklich nicht sehr oft her?«

Annuschka überhört den sarkastischen Unterton meiner Frage. »So selten auch wieder nicht.«

Als endgültig klar ist, dass man weder TV noch Radio und auch keine Küchengeräte benötigt, setzen wir uns in Bewegung. Hoffnung keimt auf, bis wir nach wenigen Metern an das Ende des Ganges gelangen, wo ein Kopfregal Plastikwaren in allen Farben und Formen bereithält. Während Vera Anna ausgiebig nach ihrer Meinung zu einem rosa Nudelsieb befragt, stößt Semjon in den nächsten Gang vor, Abteilung Weiße Ware. Annuschka versucht nonchalant, mich und meine gelangweilte Flappe loszuwerden: »Schau doch mit Semjon mal nach den Waschmaschinen. Die guten kommen doch aus Deutschland.«

»Braucht ihr denn eine?«

Eigentlich kenne ich die Antwort schon.

»Nein, nicht unbedingt jetzt gleich, aber …«

Das Lob deutscher Technikkompetenz sollte offenbar zur Aufmunterung dienen. Die habe ich auch bitter nötig, weil ich die Einkaufstaktik der Mischinas durchschaut habe: Sie durchforsten im Zickzack jeden Gang, um sicherzustellen, dass alles, was sie irgendwann mal brauchen könnten oder auch nicht, noch zu haben ist.

»Ich bin bei den DVDs«, flötet Annuschka, »die haben hier ein super Sortiment.«

»Wo finde ich die?«

»Gleich im nächsten Gang.«

Die Frage, ob Familie Mischina überhaupt einen DVD-Player besitzt, spare ich mir. Ich kann sowieso kaum noch sprechen vor lauter Nachdurst. Mund und Kehle fühlen sich so trocken an, dass ich mir präventiv ständig mit Daumen und Zeigefinger über die Mundwinkel reibe, um Sprechkäse zu vermeiden. Nichts ist peinlicher als Sprechkäse. Selbst wenn der gestrige Alkoholexzess quasi von Anna abgesegnet war. So weit, dass ich sie unverblümt Zeugin physischer Nachwirkungen werden lasse, sind wir mit unserer Beziehung noch nicht.

»Ich besorge mir mal was zu trinken.«

Annuschka nickt bloß, sie ist bereits in das DVD-Sortiment vertieft.

Bei den Getränken versuche ich zunächst verzweifelt auf diversen Dosen »Elektrolyte« auf Kyrillisch zu entziffern. Dann gebe ich auf und greife zu einer kleinen Flasche Wasser. An den Kassen, es gibt grob geschätzt mindestens zwanzig, halte ich nach einer »Maximal 10 Teile«-Kasse Ausschau. Denn die Schlangen sind endlos, und ich erblicke keinen einzigen Einkaufswagen, der nur halbvoll wäre. Über einer der Kassen hängt tatsächlich ein Schild. Doch selbst wenn es das bedeuten sollte, was ich denke, dass es bedeutet, hält sich in Russland kein Schwein daran. Die Wagen vor dieser Kasse sind genauso voll wie alle anderen.

Ich wische mir über die Mundwinkel und schaue gierig auf mein Wasser. Verstohlen sehe ich mich um. Am Ende der Kassenreihe bewacht ein blau Uniformierter den Ausgang. Was man in den Kellern russischer Supermärkte wohl mit ertappten Deutschen macht? Oder werde ich dem russischen Inlandsgeheimdienst FSB übergeben und verschwinde für die nächsten Jahre in einem geheimen Gulag irgendwo in Kamtschatka?

Erst bezahlen, dann konsumieren, ist meine sehr deutsche Entscheidung. Ich reihe mich also mit meinem Wässerchen in eine der Schlangen ein und ernte befremdliche Blicke. Die aufgebrezelte Blondine vor mir denkt sicher, ich halte das mickrige Fläschchen nur als Vorwand in der Hand, um mich an sie ranzumachen. Ich lächle und halte die Flasche demonstrativ etwas höher.

»Was machst du hier?« Plötzlich steht Annuschka neben mir.

»Na, ich kaufe mir ein Wasser.«

»Mein Gott, trink doch einfach. Wir bezahlen es nachher.«

»Ach, na ja, wenn du meinst. Ich hab wirklich tierischen Durst.«

Sicherheitshalber entferne ich mich aber doch noch aus dem Blickfeld des Blauuniformierten.

Als wir zu Vera, Semjon und unserem Monster-Einkaufswagen stoßen, keimt neue Hoffnung in mir. Erstens ist er schon halbvoll, zweitens werde ich hier wenigstens nicht verdursten.

Die Abteilung Lebensmittel verströmt internationales Flair: französischer Käse, italienische Salami, hier scheint es alles zu geben, was das Europäer-Herz in Russland vermisst. Ich bin begeistert, die Mischinas auch. Sicherheitshalber fahren wir aber zweigleisig: Zur italienischen Edelsalami im Kräuterrand gesellt sich die russische. Die russische Salami ist eigentlich eine Cervelatwurst, genauso lang wie ein herkömmlicher Baseballschläger, aber doppelt so dick. Einen handlichen Griff in eines der Enden geschnitzt und man beeindruckt jeden Einbrecher. Natürlich darf ein Eimer Mayonnaise nicht fehlen; im Grunde bewegen sich alle Portionsgrößen, die wir auf unseren Wagen häufen, auf dem Niveau einer Großküche. »Lieber zu viel als zu wenig« gilt natürlich besonders dann, wenn Festivitäten anstehen.

Vera kommt plötzlich mit Wachteleiern um die Ecke. »Markus, schmecken die?«

Bei Wurst und Käse konnte ich mich noch als Kenner gerieren, aber hier muss ich passen. Wachteleier habe ich noch nie gegessen und lege eigentlich auch keinen gesteigerten Wert auf diese Erfahrung. Vera ist überrascht. Sie war fest davon ausgegangen, dass wir verwöhnten Westeuropäer derlei dekadenten Schnickschnack täglich in uns hineinschaufeln und Wachteleier praktisch wie Schokodrops einwerfen. Unentschlossen dreht sie die Packung mit den sechs Mini-Eierchen in den Händen.

Annuschka weiß auch nicht so recht, zumal der Preis wirklich unverschämt ist. »Vielleicht eine Packung zum Probieren?«

»Aber mit sechs Mini-Eiern kommen wir nicht weit bei zwanzig Leuten«, werfe ich ein, in der Hoffnung, dass die Dinger wieder im Regal landen.

Annuschka nickt zustimmend. Sie nimmt ihrer Mutter die Eier aus der Hand, verschwindet um die Ecke – und kommt mit drei weiteren Packungen zurück. »Vierundzwanzig sollten reichen, da haben wir noch vier in Reserve.«

Zum Glück werden Wachteleier nicht im 300er-Pack angeboten.

Anschließend tummeln wir uns noch eine Weile in der Weinabteilung.

»Trinkt denn überhaupt jemand Wein?«, frage ich sicherheitshalber.

Diesmal fällt Annuschkas Antwort überraschend positiv aus. »Die Frauen schon, aber nur den lieblichen.«

Da kommt mir eine großartige Idee. »Was hältst du denn von Glühwein?«

»Glintven? Ich weiß zwar, was das ist, aber das kann man hier nicht kaufen. Hab ich zumindest noch nie gesehen.«

»Kein Problem, den mach ich selbst. Wir brauchen nur die Zutaten.«

»Klasse! Das würde ich schon gerne mal probieren.«

Annuschka berichtet sichtlich begeistert Semjon und Vera von meinem Vorschlag. Die beiden sind ebenfalls angetan. Endlich mal etwas, womit ich reüssieren kann.

Die Endlosschlangen an den Kassen sind noch endloser geworden. Ich drücke Anna mein Portemonnaie in die Hand und verabschiede mich auf eine Zigarette.

»Wir zahlen die Hälfte.«

Dieser Schachzug ist wohlbedacht: Erstens gebe ich mein grenzenloses Vertrauen zum Ausdruck, indem ich Anna mein Allerheiligstes aushändige. Zweitens signalisiert das Wir, dass ich uns bereits als untrennbare Einheit verstehe. Drittens wechsele ich mit dieser Geste die Seiten und werde vom Gast zum Gastgeber. Und das alles, während ich in Ruhe eine paffe. »Das musst du aber nicht.«

»Ich finde schon, dass *wir* das machen sollten.«

Sie nickt achselzuckend. »Okay.«

Ich stehe am Ausgang und rauche eine. Dann noch eine – und noch eine. Dann kommt einer vorbei und schnorrt eine. So wie ich hier vor der Tür herumlungere, hält man mich wahrscheinlich für den örtlichen Dealer. Da ich aber außer Zigaretten keinerlei Drogen anzubieten habe, verzieht er sich wieder. Inzwischen bin ich mir sicher, dass die Mischinas trotz Schlange längst die Kasse passiert haben müssten. Die Kleinfamilie da, stand die nicht hinter uns? Jetzt werde ich nervös und rauche sicherheitshalber noch eine. Dann bekomme ich wieder Durst vom vielen Rauchen. Ob mein Vertrauensbeweis womöglich arg verfrüht war?

Was, wenn die Mischinas entschieden haben, dass die Gelegenheit günstig ist, den lästigen Gast mit seinen unverschämten Ausflugswünschen elegant loszuwerden? Ausgesetzt in E-Burg! Ohne Kohle, ohne Papiere! Ich denke an die Wehrmachtssoldaten, die den Weg aus russischer Gefangenschaft zu Fuß antreten mussten. Wenn die das mit ihrer schlechten Konstitution geschafft haben, müsste es auch mir möglich sein. Ich mache mir Mut: Gut, dass ich inzwischen wenigstens das ein oder andere Straßenschild entziffern kann, wenn ich nur lange genug davorstehe. Und Zeit hätte ich ja ohne Ende. Im Vergleich zu einem Gulag in Ostsibirien wär's auch nur noch die halbe Strecke. Prima!

Ich beginne, nervös auf und ab zu laufen. Schon mal warm machen für meinen Gewaltmarsch zurück nach Köln. – Dann tauchen sie endlich auf.

»Wo wart ihr denn?«

»Ach, wir hatten noch ein paar Kleinigkeiten vergessen«, flötet Annuschka. Es hat sich ein zweiter Monster-Einkaufswagen dazugesellt.

»Verstehe schon: Lieber zu viel als zu wenig.«

»Genau. Wir müssen übrigens noch kurz zu unserer Garage.«

»Was gibt es da?«

»Alles, was wir selbst anbauen: Kartoffeln, Zucchini, Tomaten.«

»In der Garage?«

»Also, genau genommen *unter* der Garage.«

»Aha.«

»Du wirst schon sehen.«

Russische Garagen sind unterkellert. Hier lagern die Russen alles, was sie zur Selbstversorgung oder zum Nebenerwerb benötigen. Der Nebenerwerb besteht normalerweise im Verkaufen von Überschüssen auf dem Markt. Auch Babuschka Maria macht das manchmal. Allerdings nur, wenn sie Lust dazu hat und die Überschüsse der Mischinas das Lager zu sprengen drohen. Da sie neben ihrer Datscha eine zweite Parzelle nur für Kartoffelanbau betreiben und ihre Gewächshäuser professionelle Ausmaße haben, kommt das schon mal vor.

Diejenigen, denen dieser Nebenerwerb per se zu anstrengend ist, lagern hier höchstwahrscheinlich ausländische Touristen als Geiseln. Für einen Westeuropäer mutet dieses Loch unter der Garage jedenfalls derart seltsam an, dass man schon mal auf komische Gedanken kommen kann. Es ist so klein und eng, dass nur eine einzelne Person hinabsteigen kann. Licht gibt es nicht … – Was hat man manchmal bekloppte Paranoia-Anfälle so allein in der Fremde!? – Diesen hier kann ich allerdings eindeutig der Klaustrophobie zuschreiben, die mich hier unten erfasst. Semjon merkt wohl, dass mir bei aller Neugier etwas mulmig ist in dem, mit der Jahresernte der Mischinas vollgestopften Loch, und reicht mir die Hand, um mir wieder hinauszuhelfen.

Bevor wir die Mischina-eigenen Vorräte einladen können, muss erst umgeräumt werden – der Kofferraum des Lada ist definitiv zu klein. Als es dann schließlich heimwärts geht, sitzen Annuschka und ich eingekeilt von Einkaufstüten auf dem Rücksitz des Lada, dessen Heck sich inzwischen bedenklich auf die Hinterachse gesenkt hat.

»Wie bekommen wir das denn alles nach oben ohne Aufzug?!« Ich fürchte um meinen Rücken.

»Müssen wir doch gar nicht, das Meiste kommt eh mit zur Datscha und bleibt im Wagen. Nur die Getränke müssen raus, die platzen sonst.«

Das ist der Vorteil am russischen Winter: Das Auto lässt sich prima als rollende Tiefkühltruhe nutzen.

Da in Russland ein bisschen mehr sowieso immer besser ist, leisten sich die Russen tatsächlich auch zwei Neujahrsfeste.

»Wir feiern neues neues Jahr und altes neues Jahr«, sagt Annuschka.

»Ach ja, wegen des Orthodoxen Kalenders, oder? Und wann feiert man das alte neue Jahr?«

»Das alte neue Jahr richtet sich nach dem ›Neuen Kalender‹ und wird am 14. Januar gefeiert.«

»Ach so. Äh, was?«

»Na ja, weil der Orthodoxe Kalender nur so ähnlich wie der alte Julianische Kalender, aber anders als der neue Gregorianische ist, wird er Neuer Kalender genannt. Eigentlich haben wir sogar drei Neujahrstermine.«

Ich nicke verständig. »Klar, wegen dieser drei Kalender.«

»Nein.«

»Nicht?«

Anna schüttelt den Kopf. »Es gibt das kirchliche orthodoxe Neujahr und das zivile orthodoxe Neujahr. Das kirchliche ist schon am 14. September.«

»Ah ja.« Es steht mir wohl ins Gesicht geschrieben, dass ich den Faden verloren habe.

»Ach, schau doch einfach mal bei Wikipedia nach, die erklären das bestimmt besser als ich.«

Wikipedia sagt:

Der Orthodoxe Kalender, in der Orthodoxie Milankovićev Kalender, Neu-Julianischer Kalender oder kurz Neuer Kalender genannt, ist ein Kalender, der sich vom Gregorianischen Kalender nur geringfügig unterscheidet. In ihm werden anstatt drei Schalttagen in 400 Jahren sieben Schalttage in 900 Jahren weggelassen.

Die Regeln für die Schaltjahre des Orthodoxen Kalenders sind von dem serbischen Gelehrten Milutin Milanković entwickelt worden und lauten:

- *Wenn die Jahreszahl ohne Rest durch 4 teilbar ist, ist das Jahr ein Schaltjahr (wie im Julianischen Kalender).*
- *Wenn die Jahreszahl ohne Rest durch 100 teilbar ist, ist das Jahr abweichend von Satz 1 kein Schaltjahr (wie im Gregorianischen Kalender).*
- *Wenn die Jahreszahl geteilt durch 900 einen Rest von 200 oder 600 ergibt, ist das Jahr abweichend von Satz 2 doch ein Schaltjahr (anders als im Gregorianischen Kalender, wo Teilbarkeit ohne Rest durch 400 das Kriterium ist).«*[13]

Nee, ist klar.

»Feiern wir denn nun morgen oder nicht?«

Annuschka klimpert unschuldig mit den langen Wimpern über den großen grünen Augen. »Doch, natürlich.«

»Da bin ich ja beruhigt. Ich hatte schon befürchtet, wir müssen die ganzen Vorräte jetzt allein essen. Wegen dem Kalender und so.«

Annas Babuschka Maria feiert im Übrigen auch zweimal im Jahr Geburtstag. Das hat aber zum Glück nichts mit dem Orthodoxen Kalender zu tun, sondern damit, dass das Rathaus ihres sibirischen Geburtsortes abgebrannt ist, samt sämtlicher Urkunden. Daraufhin stellte die Behörde nach Gutdünken neue Geburtsurkunden aus, ohne irgendjemanden nach seinem tatsächlichen Geburtstag zu fragen. Da es aber sinnlos ist, eine russische Be-

13 Sollte jemand diesen Absatz ganz oder teilweise übersprungen haben, willkommen im Club. Ich habe ebenfalls bereits bei »serbischer Gelehrter« abgeschaltet. Die Serben mögen es mir verzeihen.

hörde davon überzeugen zu wollen, einen Fehler gemacht zu haben, feiert die Familie Babuschkas Geburtstag seitdem einfach zweimal.

Das leistet sich außer Babuschka Maria übrigens sonst nur die Queen, die ihren Geburtstag gern im muckelig warmen Sommer feiert statt im englisch feuchten April. (Na ja, und womöglich noch der ein oder andere aus Babuschka Marias Geburtsort.)

14.

Diese »Bowle« fassen wir auch nicht mehr mit der Feuerzange an

Als wir zur Datscha aufbrechen, zeigt das Thermometer minus 25 Grad an. Das ist hier nichts Besonderes. Russland-Frischlinge wie ich müssen allerdings auf das Temperaturgefälle zwischen drinnen und draußen gefasst sein. Die russische Plattenbau-Heizung bullert von Oktober bis irgendwann im Mai durch – und dagegen kann man auch gar nichts machen, selbst wenn man wollte, denn sie hat keinen Thermostat, genau genommen hat sie überhaupt keinen Drehknauf. Wem es in Russland drinnen zu warm ist, der macht das Fenster auf.

»Gas haben wir genug«, sagt Anna.

Ich hebe zu einem wahnsinnig lehrreichen Vortrag über Kohlendioxidemissionen, globale Klimaerwärmung und das Ende der Menschheit an und öffne dabei die Haustür, da trifft mich unerwartet eine gusseiserne Bratpfanne … Ach nein, doch bloß die Kälte. Einen Temperaturunterschied von 50 Grad zwischen Wohnung und draußen steckt man als Laie nicht so leicht weg.

»U-und w-was macht ihr, w-wenn es schon im S-September k-kalt ist?«, stammele ich, bibbernd vor Kälte.

Annuschka grinst vielsagend. »Als ich noch in E-Burg zur Uni ging, musste ich saufrüh aufstehen. Babuschka Maria ist dann immer extra vor mir aufgestanden und hat dafür gesorgt, dass es wenigstens in der Küche schön warm ist. Herd an, Ofenklappe auf, fertig. Das macht übrigens jeder so.«

Russische Stadtwerker würden den Teufel tun, die Heizung früher im Jahr einzuschalten, bloß weil es schon ein paar Minusgrade hat. September ist September, basta! Das gilt selbstverständlich auch für den Mai, in dem es im Ural schon ganz schön warm werden kann. Sich schöne deutsche Doppelglasfenster einzubauen oder gar die Wände zu dämmen könnte einen da glatt das Leben kosten, vermute ich: in der eigenen Wohnung weichgekocht – und das bei minus 25 Grad Außentemperatur!

Ich sehe ein, dass meine idealistischen Vorträge hier nur auf permafrostigen Boden fallen können und munter davontitschen wie ein Kohlendioxid-Molekül durch den Schlot des Perwouralsker Heizkraftwerks. Übrigens: Hier wie auch in allen anderen Industriebetrieben von Perwouralsk bläst man die Abgase gern des Nächtens »klammheimlich« in die Stadt. Der Heimlichkeitsfaktor ist aber nicht nur dadurch gering, dass es sowieso jeder weiß. Aufgrund der Tatsache, dass der Rauch sich bei nächtlich kühler Witterung über den Perwouralsker Talkessel legt, hat die Nacht-und-Nebel-Aktion regelrecht Schauwert: Blickt man vom Hügel der Mischinas aus aufs Zentrum, sieht man ganze Hochhäuser im Dunst verschwinden und meint, es wüte ein Großbrand, zumal das Ganze von den Lichtern der Stadt dramatisch ausgeleuchtet wird. Recht pittoresk, wenn man sich dran gewöhnt hat.

Die russische Datscha unterscheidet sich vom deutschen Schrebergarten im Wesentlichen durch ihre Größe. Was auch sonst?

Das Gartenhaus ist ein richtiges Haus mit zwei Etagen, nicht so eine popelige Baracke wie bei uns. Von der Diele aus geht's bei den Mischinas links ab ins unerlässliche Banja. Semjon hat die Sauna selbst angebaut. Rechter Hand gelangt man in die Küche, wo sich Babuschka Maria sofort zu schaffen macht, während wir die Tonnen von Lebensmitteln hereinschleppen. Hinter der Küche geht es in einen weiteren Raum, der komplett von einem Esstisch ausgefüllt wird, sowie in ein kleines Schlafzimmer. Die obere Etage besteht aus einem einzigen großen Raum, der wahlweise zum Schlafen oder für größere Festivitäten genutzt wird, wie ich erfahre.

Als wir mit dem Ausladen fertig sind, hat Babuschka Maria bereits den schönen alten Emaille-Ofen mit Brennholz angeheizt, und ein gemütliches Herdfeuer prasselt in der Küche, das über das lange Ofenrohr sämtliche Räume wärmt.

Nach und nach trudeln die Verwandten ein, zuerst Tante Irina und Onkel Michail, die praktisch zur Familie gehören. Sie haben Großonkel Stanislaw im Schlepptau, dessen Datscha ebenfalls auf dem Areal liegt. Was den Vorteil hat, dass ausreichend Schlafplätze für alle da sind, so dass niemand abends noch nach Hause fahren muss.

»Zeigst du mir mal den Garten?«

Annuschka sieht mich etwas ratlos an. »Was soll ich dir denn da zeigen? Da gibt's jetzt nichts zu sehen, außer meterhohem Schnee.«

»Du kannst mir doch mal erklären, wo ihr was anpflanzt.« Ich möchte ein bisschen aus dem Trubel raus.

Annuschka steht auf. »Kurz? Na gut.«

Direkt gegenüber dem Eingang steht unter einem Baum ein Brunnen mit einem verschneiten kleinen Dach. Das Bild kommt mir unerklärlicherweise bekannt vor. Dann weiß ich plötzlich auch, woher: »Frau Holle«! Dieser Brunnen in Zuckerbäcker-Winterlandschaft ist wirklich ein Anblick wie im Märchen.

»Ist der noch in Betrieb?«, frage ich.

Anna schaut mich mitleidig an. »Was heißt hier noch? Wasserleitungen gibt's hier nicht und wird's auch nie geben. Die würden doch im Winter sofort platzen.«

Hätte man auch selbst drauf kommen können. Schalt dein Hirn ein, Markus! Du bist hier nicht im Märchen, auch wenn's so aussieht.

»Gut«, Annuschka klatscht aufgeräumt in die Hände, »fangen wir mit den beiden Gewächshäusern dahinten an. Da gibt's Paprika, Tomaten, Auberginen und Gurken. Daneben Himbeeren, Johannisbeeren, Zucchini, russische Zucchini, Kürbisse, Erdbeeren, Apfelbaum, Pflaumenbaum, Birnbaum, Felsenbirnbaum. Vorne vorm Haus haben wir Weißkohl, Blumenkohl, Dill, Möhren, Rettich, Rote Beete, Zwiebeln, Bohnen, Erbsen …«

Sie rattert eigentlich alles an Gemüse, Früchten und Beeren runter, was man sich nur vorstellen kann.

»Das dritte Gewächshaus ist nur für Tomaten, und dann haben wir noch das andere Grundstück, da gibt's …«

»Okay, okay, gibt's irgendwo ein Stück Rasen, wo man mal einen Liegestuhl aufstellen kann?«

Annuschka lacht. »Rasen? O Gott, nein. Gut, dass die Babuschka dich nicht gehört hat, da wärst du sofort unten durch. Auf einer russischen Datscha gibt's keinen Rasen und erst recht keine Liegestühle. Hier gibt's nur Arbeit, das ganze Jahr über. Für alle!«

Ich nicke. »Was du da alles aufgezählt hast, klingt eher nach waschechter Landwirtschaft als nach einem vergnüglichen Garten.«

Annuschka seufzt. »Das Einzige, was die Babuschka Vera und mir gestattet hat, sind ein paar Blumen direkt am Haus – und auch das erst nach langen Diskussionen.«

»Braucht ihr das denn alles?«

»Brauchen …«, Anna zuckt die Achseln, »das macht man in Russland halt so. Na ja, und du weißt ja auch, was Semjon und Vera als Lehrer verdienen. Das alles im Supermarkt einzukaufen, wäre einfach zu teuer.«

Das ist der entscheidende Unterschied zwischen einem deutschen und einem russischen Lehrer: Der eine möchte sich hin und wieder gern mal wie ein Bauer fühlen – so als Ausgleich zur Kopfarbeit –, der andere *muss* es sein zum Ausgleich des Gehalts. Man könnte auch sagen, der deutsche Lehrer erholt sich vom Schulstress im Garten, beim russischen ist es umgekehrt. Außer Vera: Die hat mit ihrer doppelten Stelle Stress an beiden Fronten.

Wir sitzen auf einem schmalen Bänkchen neben der Tür, als es wieder zu schneien beginnt. Die Dämmerung hat sich über die Gärten gelegt. Von drinnen hören wir Lachen und gedämpfte Stimmen. Ich lasse meinen Blick über die in Winterwatte gepackten Datschen schweifen, aus deren Fenstern hie und da warmes Licht das tiefe Dunkelblau der Landschaft durchbricht. Da spüre ich, dass Annuschka mich von der Seite anschaut.

»Gefällt es dir eigentlich hier?«

»Das hier? Ja, natürlich.«

Sie wirkt etwas verlegen. »Das auch, klar …«

Ich lege lächelnd meinen Arm um sie. »Das mit uns gefällt mir auch, wenn du das meinst.«

Annuschka lächelt ebenfalls und nickt. »Ich bin ehrlich gesagt ganz schön erleichtert.«

»Und ich erst! Was hätte ich bloß gemacht, wenn sich das Ganze mit uns als Irrtum herausgestellt hätte?«

Sie zuckt die Achseln. »Du wärst wieder nach Hause geflogen.«

»Hm, bis dahin haben wir ja zum Glück noch etwas Zeit.«

»Wir haben noch den ganzen Januar.«

»Und den halben Februar.«

»Mhm«, sie schmunzelt, »vielleicht stellt sich ja doch noch heraus, dass wir uns nicht riechen können.«

Statt zu antworten, schiebe ich meine Nase zwischen Annuschkas Mantelkragen und Haaransatz. Anna quietscht auf und versucht, mich wegzudrücken. »Hey, die ist eiskalt!«

»Tja, Pech.« Ich halte sie fest und sauge den Duft ihrer Haut tief ein. »Kann ich mir nicht vorstellen, was mich betrifft.«

Als wir uns küssen und uns mit dem Atem gegenseitig die Nasen wärmen, geht vermutlich nicht nur mir durch den Kopf, dass wir die entscheidende Frage ausgeklammert haben: Was passiert eigentlich nach dem hier?

Wir haben die stillschweigende Übereinkunft getroffen, die Frage nach unserer gemeinsamen Zukunft einstweilen auszuklammern. Und das ist auch gut so, denn jetzt wird erst einmal mit der ganzen Bagage Silvester gefeiert. Da ist kein Platz für vorgezogene Abschieds-Schwermut.

Zur Feier des Tages haben wir im Mega-Supermarkt eine Flasche Hennessy erstanden, von der wir uns jetzt feierlich ein Gläschen genehmigen. Babuschka Maria hat sie vorsorglich schön kaltgestellt. Was für Wodka gut ist, kann schließlich auch Cognac nicht schaden. Ich lasse dummerweise den Kenner raushängen und erkläre süffisant, dass man Cognac normalerweise in vorgewärmten Schwenkern genösse, damit sich das Aroma entfalte. Das rächt sich.

Beim Tee kämpfe ich verzweifelt mit dem Verschluss des Honigglases, was wiederum bei Babuschka Maria und Anna für Heiterkeit sorgt. Sie belustigen sich eine ganze Weile ob meiner erfolglosen Bemühungen, ohne mich darüber aufzuklären, dass es sich gar nicht um einen Schraubverschluss handelt, sondern um eine Art überdimensionalen Kronkorken. Babuschka Maria kann sich einen augenzwinkernden Kommentar nicht verkneifen, als sie dem verdutzten Gast einen Dosenöffner reicht: »Man kann schließlich nicht alles wissen, Markus.«

Nach dem großen Silvestermahl ist es so weit: *Glintven.* Ich schreite zur Glühweinfabrikation.

Ich stehe am Herdfeuer unten in der Küche und fühle mich wie Miraculix. Das muss der beste Glühwein werden, den ich je angerührt habe! Babuschka Maria beäugt skeptisch, wie ich Nelken in den Fünf-Liter-Topf gebe. Sie würde nie so weit gehen, sich einzumischen, aber ihr Blick macht deutlich, dass ich in ihr Reich eingedrungen bin.

Ich rechne: »Pro Liter zwei bis drei Nelken mal fünf? Bloß nicht zu viele!«

Auch Annuschka schaut mir über die Schulter: »Wird das was?«

»Ja gut, ich weiß natürlich nicht, ob der Wein vom Schwarzen Meer so gut geeignet ist«, sage ich, um mich schon mal gegen etwaigen Misserfolg abzusichern.

Als ich die Zimtstangen dazugebe, blubbert der Wein schon heftig. »Kann man das irgendwie regulieren?«

Annuschka schaut mich schon wieder mitleidig an. »Natürlich kann man das regulieren.«

»Gut, ich brauche es weniger heiß.«

»Weniger geht grad nicht. Da musst du schon ein paar brennende Holzscheite rausfischen.«

Ich sehe den ganzen schönen Alkohol zum Fenster hinaus verduften und greife zum Rum, um das Gebräu stattdessen »abzulöschen«. Ein bisschen mehr Schnaps kann hier in Russland sowieso nicht schaden. Anna gibt die Orangenscheiben zu und nimmt den Topf mit Fischsuppe vom Herd. »Stell's hier rüber, da ist es nicht so heiß.«

Babuschka Maria stellt Anna eine Frage und deutet auf meinen Topf.

»Babuschka möchte wissen, ob es fertig ist?«

Ich lächle entschuldigend und mache eine Handbewegung, die als »köcheln« durchgehen soll. »Es schmeckt besser, wenn die Gewürze ihren Geschmack richtig im Wein entfalten können«, ergänze ich fachmännisch.

Annuschka wendet sich an Babuschka Maria. »Njet.«

»Danke für die ausführliche Übersetzung. So hätt ich's auch sagen können.«

Annuschka grinst. »Warum hast du's dann nicht? Wird sowieso Zeit, dass du mal ein bisschen Russisch sprichst.«

An die kurz angebundene russische Art muss ich mich wirklich noch gewöhnen. Wir Rheinländer neigen ja eher zu blumigen Erklärungen.

»Du findest die russische Art unfreundlich?«

»Äh ... ja, nein, nur sehr direkt.«

Mischa schielt um die Ecke und deutet auf den Topf. »Ready?«

Vera taucht hinter ihm auf und lächelt mich an. »Fertig, Markus?«

Um die Anwesenden von der Diffizilität meiner Aufgabe zu überzeugen, beschließe ich, die Miraculix-Nummer noch etwas auszubauen. Ich tauche die Kelle in den Wein. Unter den gespannten Blicken der versammelten Mischinas nehme ich vorsichtig einen Schluck, lege den Kopf schief und schmecke mit kritischem Blick nach. Nicht etwa wegen des Geschmacks, sondern nur, um noch etwas Eindruck zu schinden, gebe ich drei weitere Nelken hinzu, schaue in die Runde und verkünde: »Gut, her mit den Tassen.«

Großes Hallo, als Anna und ich mit den Tabletts mit heißem, dampfendem Glühwein an den Tisch kommen.

Wir stoßen an. »Nu dawaitije!«

Zeit, mit dem Vorurteil aufzuräumen, Russen würden beim Zuprosten ständig »Nastrowje« rufen. Ich habe das bei den Mischinas noch kein einziges Mal gehört. Wenn man unter sich ist, sagt man »Nu dawaitije«, was so viel heißt wie »Hau weg!« und ein bisschen wie Holländisch klingt. Im familiären Kreis sagen wir Deutschen ja auch »Prost« und nicht »Zum Wohl«, es sei denn, wir sind ein bisschen etepetete.

Also runter damit – soweit das mit Glühwein möglich ist.

Natürlich hagelt es höfliches Lob und anerkennendes Nicken. Ich tunke hochzufrieden einen russischen Keks in meinen Glühwein und schlürfe ihn aus. Das ist zwar nur eine persönliche Angewohnheit von mir, findet aber rasch Nachahmer. Falls also jemand einem Glühwein trinkenden Russen begegnet, der einen Keks tunkt: Schuld bin ich, nicht die Russen.

Großtante Natalia ist die Erste, die sich auf die Toilette verabschiedet. Bald darauf verzieht auch Mischa das Gesicht und hält sich den Bauch. Ich führe das nicht auf den Genuss meines Glühweins zurück – noch nicht. Mischa hat sowieso einen empfindlichen Magen. Erst als Tante Ljudmila, die allgemein als die Trinkfesteste gilt, leichtes Unwohlsein ereilt, mache ich mir Gedanken.

»Was ist los?«, frage ich Annuschka.

»Natalia und Ljudmila ist ein bisschen schlecht.«

Inzwischen schaut auch Semjon etwas blümerant drein. Mischa übergibt sich draußen bereits in die winterlichen Rabatten. Es scheint fast so, als ginge es nur noch Anna, Babuschka Maria und mir gut.

»Am Glühwein kann's aber nicht liegen«, meine ich und

nehme demonstrativ noch einen Schluck. Annuschka zuckt die Achseln. Insgeheim mache ich mir bereits Vorwürfe wegen des erhöhten Rumanteils. Ich hätte in Betracht ziehen sollen, dass während des Essens schon der ein oder andere Wodka konsumiert wurde. »Vielleicht liegt's an der Fischsuppe?«, versuche ich, mich aus der Affäre zu ziehen. Den Zahn zieht mir Anna aber sofort: »Dann würden wir doch alle was merken.« – Stimmt. An meiner persönlichen Skepsis gegenüber Fischsuppen im Allgemeinen ändert das aber nichts.

Natalia und Großonkel Iwan diskutieren inzwischen heftig in der Küche nebenan. Annuschka klärt mich auf: »Tante Natalia will jetzt lieber nach Hause fahren. Onkel Iwan hat aber zu viel getrunken.«

Der ursprüngliche Plan, dass ein Großteil der Familie hier in der Datscha und nebenan bei Großonkel Stanislaw übernachtet, scheint gestrichen. Die Feierrunde packt ziemlich rasch zusammen.

Als ich mit schlechtem Gewissen herauskomme, um die Ersten zu verabschieden, übergibt sich Mischa gerade erneut, und Vera kommt vom Donnerbalken zurück. Sie ist etwas grün im Gesicht. Ich lächle verlegen. Auch Vera ist die Sache sichtlich peinlich. Von niemandem ernte ich vorwurfsvolle Blicke, beschließe aber sicherheitshalber, das dümmliche Lächeln einzustellen, und mache eine besorgte Miene, um klarzustellen, dass ich Anteil nehme. Was für ein Fiasko!

Merke: Wenn du einen Russen unbedingt unter den Tisch saufen willst, flöße ihm exotischen Alkohol ein. Das legendäre russische Stehvermögen bezieht sich in der Regel nämlich auf Wodka und Bier.

Ich denke an ein altes Sprichwort, das ich von Annuschka gelernt habe: *Was für den Russen gut ist, ist des Deutschen Tod.* – Gilt offenbar auch umgekehrt.

Auch Babuschka Maria kommt nun heraus, fragt Anna etwas und deutet dabei auf mich.

»Will sie wissen, ob mir auch schlecht ist?«

Annuschka schmunzelt. »Nein, sie fragt, ob du Fischsuppe möchtest. Du hast eben gar nicht probiert.« Das Adlerauge hat mich ertappt.

Meine Enthaltsamkeit hatte aber einen guten Grund: Ich brauche nur an Fischsuppe zu denken und bekomme ein flaues Gefühl im Magen. Gerade kommt Tante Natalia vorbei. Ihrer Gesichtsfarbe nach zu urteilen, hat sich an ihrem Zustand wenig geändert. Zeit für solidarische Magenkrämpfe, beschließe ich. Schicksalsergeben nicke ich Babuschka Maria zu: »Da.«

15.

Die Abenteuer nach der Silvesternacht

Neujahrsmorgen. Wir sitzen in der Küche der Mischinas, und um uns herum stapeln sich die Überreste des Giga-Einkaufs im Mega-Supermarkt. Dass etwas übrig bleibt, war geplant. Nichts ist schlimmer für einen russischen Gastgeber, als dass ein Gast Nachschub von etwas verlangt, das aus ist.

Dank meines Glühwein-Fiaskos ist allerdings ein Dreimonats-Vorrat übrig geblieben. *Das* war nicht so vorgesehen. Nicht ein einziges Wachtelei wurde gegessen. Neben der italienischen Edelsalami ist auch die russische Baseballschläger-Wurst noch unberührt, mit der Vera jetzt bedrohlich herumfuchtelt, während sie mich ansieht und etwas auf Russisch sagt. Kurz fürchte ich, doch noch abgestraft zu werden. Meine Sorge stellt sich allerdings als unbegründet heraus. Vera erklärt lediglich, dass man so wenigstens für den Nachmittag gut gerüstet sei. Ein paar Verwandte wollen nämlich zum Biathlongucken vorbeikommen.

Wir schneiden die italienische Salami an und stellen fest, dass es sich um eine Mogelpackung handelt. Der edle Kräuterrand ist lediglich auf einen Kunststoffdarm gepappt, und die Wurst kann nicht unbedingt als Delikatesse bezeichnet werden.

»Typisch bauernschlaue Italiener«, mokiere ich mich, »wenn

sie wissen, dass du keine Ahnung hast, verkaufen sie dir nur Schrott.«

»Die Wurst hast aber du ausgesucht«, gibt Anna zu bedenken.

Zunächst gestaltet sich Neujahr wie überall auf der Welt: Wir futtern uns durch den Tag und starren bräsig in die Glotze.

Tatsächlich fühle ich mich mit Annuschka an meiner Seite bereits wie ein altes Ehepaar. Einerseits ein gutes Zeichen, da ich mich nicht mehr gedrängt fühle, ständig irgendetwas zu beweisen. Andererseits vielleicht ein bisschen früh für Routine. Hin und wieder geht mir durch den Kopf, dass wir hier in Russland eigentlich ziemlich wenig von dem tun, was wir früher ausschließlich getan haben: reden.

Wahrscheinlich haben wir vorher genug gequatscht, jetzt leben wir einfach. Mir dämmert allerdings auch, dass ich längst noch nicht alles weiß von Anna, genauso wenig wie sie von mir …

Am Nachmittag ist es abrupt vorbei mit der neujährlichen Bräsigkeit: Biathlon-Weltcup. Die ganze Familie Mischina ist wirklich verrückt nach Biathlon. Außer vielleicht Mischa, der sich momentan ausschließlich für Partys und Mädels interessiert, wenn er nicht gerade auf der Bratsche übt.

Neben Annuschka, Vera und Semjon haben sich auch Onkel Michail und Tante Irina sowie Onkel Artjom mit Tante Ljudmila und Sohn vor dem Fernseher versammelt. Filius Alexander schwenkt ein russisches Fähnchen.

Vor der Übertragung des 10-Kilometer-Endlaufs haben wir noch einen kleinen Reste-Imbiss zur Stärkung eingenommen. Nur das Übliche, also Frikadellen, Hühnchen, Bratkartoffeln, Fischpastete, Wurst- und Käseplatte sowie den obligatorischen Hering im Pelzmantel und drei weitere Majo-Salatbomben.

Nach diesem »Imbiss« wäre mir eigentlich nach einem Nickerchen zumute, und eigentlich ist mir auch wurstegal, wer im Biathlon gewinnt. Als aber Alexander auch noch Anna ein Fähnchen in die Hand drückt, sehe ich mich genötigt, ein wenig die deutsche Fahne hochzuhalten.

»Wo ist das Bayern-Trikot, das ich deinem Bruder geschenkt habe?«

Annuschka schaut zögerlich »Wieso?«

»Ich brauch's zurück. Nur geliehen.«

»Germania!«, rufe ich, mit Mischas Fußballtrikot gewappnet zurück im Wohnzimmer. Alle lachen. Semjon mustert mich nur mit einem kurzen Seitenblick. Der russische Favorit der Runde heißt Maxim Tschudow, doch auch seinen deutschen Konkurrenten Michael Rösch und Andreas Birnbacher spricht man Siegchancen zu. Wahrscheinlich aus reiner Nettigkeit mir gegenüber. Eindeutiger Angstgegner ist ein Norweger, dessen Name respektvoll geraunt wird und der ausnahmsweise auch mir etwas sagt: Ole Einar Björndalen.

Startschuss. Da laufen sie. »Dawai, dawai …!«

Die Frauen schreien, am lautesten Annuschka. Ich habe sie noch nie so aufgeregt erlebt. Wenn ich so überlege, habe ich sie noch nie laut werden hören – aber sie kann es, daran besteht nun kein Zweifel mehr. Eben lässt sich ein Russe von Michael Rösch überholen, und Anna schimpft wie ein Rohrspatz.

»Dawai, dawai!«, brülle ich grinsend dazwischen.

Die russischen Männer tun dagegen, was sie immer tun, wenn sie nicht einen gewissen Mindestlevel an Wodka intus haben: Sie zeigen keinerlei Emotion.

Semjon stubst mich an: »Taktika.«

Der russische Läufer hat offenbar eine ganz besondere Taktik, denn Rösch vergrößert den Abstand zügig. Ich nicke. Insgeheim hoffe ich, dass Familienliebling Tschudow sich nicht auch noch von dem Deutschen überholen lässt. Offen zum Russen zu halten, wäre mir zu anbiedernd, doch der Stimmung in der Runde wäre sein Sieg sicherlich zuträglich.

Der Russe wird gerade auch noch von einem Franzosen überholt.

»Njet!«, brüllt Annuschka und schlägt sich vor die Stirn. Da sie offensichtlich keine Zeit für Übersetzungen hat, ziehe ich ein rudimentäres Fachgespräch mit Semjon auf: »Rösch harascho.«

Semjon nickt: »Da, harascho.«

»Aber nicht so gut wie Tschudow!«, schreit Annuschka mir von links ins Ohr. Babuschka Maria ist um mein Wohlergehen besorgt und gießt mir einen Wodka ein. Da Semjon ablehnt und Lieblingsonkel Artjom sowieso nichts mehr trinkt, wegen seines alten Alkoholproblems, sitze ich mit dem Glas alleine da.

Als ich gerade trinken will, rammt mir Annuschka liebevoll den Ellbogen in die Rippen und schüttelt sacht den Kopf: »In Russland trinkt man nie alleine. Das machen nur Alkoholiker.«

Da sitze ich nun mit meinem Wodka, den ich nur angenommen habe, um Babuschka Maria nicht zu düpieren, und schaue mich ratlos um. Nicht mal Artjoms Frau Ljudmila, die sonst selten eine Runde auslässt, hat ein Glas in der Hand.

Rösch erreicht kurz nach Tschudow den Schießstand. Während Tschudow perfekt trifft, hat Rösch einen Fehlschuss und muss eine Strafrunde laufen.

Annuschka ist hochzufrieden: »Harascho. Dawai!«

Semjon kommentiert ebenfalls. Anna ist aber offenbar anderer Ansicht: »Njet …!«

»Worum geht's?«

»Semjon glaubt, dass die Russen die besseren Waffen haben. Ich glaube, Tschudow schießt einfach besser als Rösch.«

Semjon fühlt sich aufgefordert, nun ausführlich über Schlagbolzen, Metalllegierungen und gedrehte Läufe zu referieren, was Annuschka genervt und nur bruchstückhaft übersetzt, während ich eifrig nicke. Der nächste Russe am Schießstand hat allerdings drei Fehlschüsse. Worauf Semjon nur abwinkt und erklärt, der habe sowieso noch nie richtig schießen können: »Schon die Haltung«, er macht es vor, »total falsch.«

Birnbacher, der nächste Deutsche, verschießt ebenfalls. Zwar nur einmal. Dennoch sieht Semjon sich in seiner Theorie bestätigt, dass die deutschen Waffen unzulänglich seien. Semjon ist wirklich ein Phänomen. Er scheint so ziemlich der letzte Russe zu sein, der auf heimische Wertarbeit schwört. Alle anderen finden geradezu manisch alles besser, was aus dem Ausland kommt. Ich fühle mich jetzt doch ein bisschen in meiner »Made-in-Germany-Ehre« gekränkt. Wenn wir etwas können, dann doch wohl technische Qualitätsware liefern. Das gilt für tödliche Mordinstrumente mindestens genauso wie für Autos. Fast bin ich so weit, vor Semjon die großartigen Produkte von »Heckler & Koch« zu verteidigen, obwohl ich von Waffen nicht die geringste Ahnung habe und eigentlich auch gar nicht haben will. Der Kriegsdienstverweigerer in mir kämpft gegen den Nationalstolz. Da aber langsam mein Wodka warm wird, entscheide ich mich, mit Semjon auf die russische Wertarbeit anzustoßen. Das kann er nicht ablehnen:

»Nu dawaitije!«

Meine Liebste entwickelt indes ebenfalls einen verblüffenden Patriotismus: Irgendein russischer Läufer küsst in einer Kurve den Schnee, und die Frauenriege im Wohnzimmer tobt, allen voran Annuschka. Selbst die Männer zeigen *echte* Emotionen: verächtliches Schnauben und sachtes Kopfschütteln.

»Hast du das gesehen? Der Italiener hat ihn voll abgedrängt!«

Anna ist total aus dem Häuschen. Ich allerdings habe nur gesehen, dass der Russe hingefallen ist.

»Bist du sicher?«, wende ich vorsichtig ein.

»Jetzt sag bloß, das hast du nicht gesehen?! – Dawai! Steh auf, verdammt noch mal!«

»Vielleicht ist der Russe auch einfach nur gestolpert?«

»Gestolpert?!« Anna übersetzt entrüstet meine Vermutung, und plötzlich habe ich das gesamte Wohnzimmer gegen mich, außer Vera, die offenbar Mitleid mit mir hat – oder meinen Mut bewundert.

Allgemeine Anerkennung findet dagegen Semjons gewagte These, die Annuschka mir übersetzt: »Italiener können nicht Skifahren, weil es in Italien ja gar keinen Schnee gibt. Das ganze Jahr nur Sonne.«

»Stimmt doch«, meint Anna.

Ich wende ein, einige der weltbesten Skiläufer kämen aus Südtirol, wo es reichlich Schnee gebe, da es in den Alpen liege. Annuschka wischt diesen Einwand vom Tisch: »Ja, höchstens vielleicht Alpin-Ski.«

»Und?«

»Na, das ist doch kein richtiges Skifahren.«

»Ach so.«

Anna ist genervt. »Bei uns heißt Skifahren Langlauf. Das hab ich dir doch schon erklärt.«

Da ich tatsächlich noch nie etwas von einem russischen Alpin-Skifahrer gehört habe, leuchtet mir diese Erklärung ein. Obwohl ich immer noch den starken Verdacht hege, dass dies eher eine familieninterne Ansicht der Mischinas ist. Aber wenn man ehrlich ist, sind die Südtiroler ja auch eher Österreicher, irgendwie. Ich schaue zu Semjon hinüber und senke kopfschüttelnd den Daumen: »Italiantzi ...«

Während die Athleten im Fernsehen ihre Runden drehen, fließen auch im Wohnzimmer der Mischinas noch einige. Als Tschudow sich auf den letzten Metern nicht nur Ole Einar Björndalens erwehren muss, sondern auch noch eines weiteren Norwegers, reißt es selbst die Männer von den Sitzen, und mich packt es ebenfalls. In einem wahren Dawai-Crescendo brüllen wir Tschudow ins Ziel. Das Wohnzimmer Mischina ist außer Rand und Band.

Annuschka brüllt: »Russia!« Vera brüllt: »Russia!« Ich brülle: »Russia!« Und muss stillschweigend eingestehen, Biathlon ist gar nicht so unspannend.

Brüllen – so weit geht Semjon dann doch nicht. Da fehlen vermutlich noch diverse Runden Wodka, zu denen er es aber nie kommen lässt. Das beliebte Komasaufen hat er bereits in jungen Jahren nach einigem Ärger mit Vera hinter sich gelassen.

Während ich von allen ausgiebig umarmt werde, lässt Semjon mir erklären, was den kleinen Unterschied ausgemacht hat: Die russischen Skier sind einfach besser als die norwegischen. Darauf einen letzten Wodka.

Home, sweet home! Annuschka und ich sind endlich mal wieder allein an diesem Abend und lesen. An die spukende Veteranin haben wir uns inzwischen gewöhnt. Die Alte macht sich einen Spaß daraus, ihre Schlafzimmertür immer ausgerechnet dann knarzend zu öffnen, wenn wir gerade denken, jetzt sei sie aber wirklich und tatsächlich zu. Von weiteren Attacken auf den deutschen Eindringling sieht sie aber gnädig ab. Anna sieht das als positives Zeichen dafür, dass ich mich akklimatisiert habe und bereits wie ein waschechter Russe benehme.

Wir haben beim Lesen gerade eine Knutsch-Pause eingelegt, da klingelt es. Wir sehen uns überrascht an.

»Wer ist das denn?«

Annuschka steht auf. »Keine Ahnung.«

Ich höre sie mit einem Mann reden. Offenbar bittet sie ihn aber nicht herein, deshalb gehe ich nachsehen. Im Hausflur steht ein pummeliger Typ mit einem etwas kärglichen Blumenstrauß Marke Tankstelle in der Hand. Anna behandelt ihn recht schroff, und er ist sichtlich nervös. Ich warte, dass Annuschka uns vorstellt, aber nichts passiert.

Ich nicke dem Unbekannten zu. »Dobrij Den.«

Er nickt äußerst knapp zurück.

»Wer ist das?«, frage ich Anna.

»Ach, der will mir nur zum Neuen Jahr gratulieren.«

Das beantwortet zwar nicht meine Frage, aber ich ahne, was hier los ist. Sie macht weder Anstalten, ihm den Blumenstrauß aus der Hand zu nehmen, noch, ihn hereinzubitten.

»Ein Verehrer?«

»Nein, das ist Igor.«

Typische Anna-Erklärung: Sie tut so, als sei damit alles gesagt und mein Wissensdurst hinreichend gestillt. Dabei hat sie Igor nie zuvor erwähnt.

Wir drei schauen uns abwechselnd an. Kurzes, sehr ungemütliches Schweigen. Igor ist offenbar nicht bereit, das Feld unverrichteter Dinge zu räumen. Er sagt etwas.

Anna wird noch schroffer: »Njet!«

»Okay, willst du ihn reinbitten oder nicht? Falls nicht, mach einfach die Tür zu.«

Igor sagt wieder etwas mit Blick auf mich. Ohne ihm den Strauß abzunehmen, lotst Annuschka ihn daraufhin in die Küche.

»Ist das ein Ex-Freund?«

»Ja. Er will kurz reden, ich hab aber keine Lust.«

Ich hatte eigentlich auch etwas anderes vor, als einer Diskussion meiner Freundin mit ihrem Ex beizuwohnen. Ich tröste mich damit, dass mein Nebenbuhler ein Pummelchen ist, und verziehe mich ins Wohnzimmer.

Auf dem Bettsofa liegend versuche ich, mich wieder auf mein Buch zu konzentrieren. Keine Chance. Ich lausche. Eventuell kann ich wenigstens am Tonfall etwas über den Verlauf des Gesprächs heraushören. Igor scheint ziemlich in der Defensive. Eigentlich redet er so gut wie gar nicht, bloß Anna. Und was sie sagt, klingt nicht nett. Dass ein russischer Mann in einem Beziehungsgespräch nichts sagt, muss allerdings nichts heißen. Russische Männer, die offen über Gefühle reden, müssen höchstwahrscheinlich damit rechnen, umgehend entmündigt und in die Psychiatrie eingewiesen zu werden.

Vielleicht ist das in Russland sogar strafbar? Unter Stalin gab's dafür mit Sicherheit zehn Jahre Umerziehungslager.

Das einzige Gefühl, das russische Männer offen zeigen dürfen, ist eine Art Trauer oder Weltschmerz – und das auch nur, wenn sie sich dabei künstlerisch betätigen, singen oder dichten.

Ob Igor gleich singt? Eher würde ich Pummelchen in die Kategorie Vorträger selbstverfasster Gedichte einordnen. Aber nichts dergleichen passiert.

Dann kommt mir in den Sinn, dass es ja auch in Russland hin und wieder Versöhnungen zwischen Mann und Frau geben muss. Die laufen dann vermutlich so ab, dass die Frau einen schroffen Vortrag hält, der Mann eifrig nickt und sich knapp entschuldigt. Und dann wird geküsst …!

Vor meinem geistigen Auge öffne ich die Küchentür, und Annuschka liegt bereits unter Pummelchen auf dem Küchentisch – Versöhnungssex!

Dann geht die Wohnungstür. Ich warte einen Moment gespannt, versuche aber schon mal, möglichst *entspannt* auszusehen, falls Anna doch nicht mit Igor abgehauen ist und gleich hereinkommt. Da ist sie auch schon. Ich lasse mir die Erleichterung nicht anmerken.

»Ist er weg?«, frage ich möglichst gleichgültig.

Annuschka nickt.

Schweigen.

»Wart ihr lange zusammen?«

»Hm … ja, schon.«

Sieht nach einer zähen Veranstaltung aus. Ich wäge vorsichtig meine nächste Frage ab: »Du hast ihn früher nie erwähnt …?«

Sie zuckt möglichst arglos die Achseln. »Warum auch? Du hast auch nie von anderen Frauen gesprochen. Außerdem war das schon vorbei, als wir uns kennengelernt haben.«

»Aber so ganz lange kann das alles nicht her sein, sonst würde er doch jetzt nicht hier auftauchen.«

»Glaub mir, Markus, ich war genauso überrascht wie du.«

»Annuschka, mir ist eigentlich egal, was passiert ist, als wir nur übers Internet Kontakt hatten.«

Sie wird schnippisch. »Wenn es dir egal ist, musst du ja nicht fragen.«

»Ich will damit sagen, dass ich hier bestimmt kein Eifersuchtsdrama veranstalten werde. Und ich frage ja auch nur, weil dieser Igor plötzlich vor unserer Tür stand.«

»Kannst du mir denn garantieren, dass dasselbe nicht in Deutschland passiert, wenn ich mitkomme?«

Mir schießen auf einmal die verschiedensten Dinge durch den Kopf: Erstens, dass es das erste Mal ist, dass wir überhaupt darüber reden, was eigentlich hiernach passieren wird! Zweitens, will ich, dass Anna mit mir nach Deutschland kommt? Und drittens, kann ich da unerwarteten Besuch ausschließen? Ganz ausschließen kann man so etwas nie, aber momentan fällt mir keine ein. Ella ist zwar der Typ Frau, der immer für eine Überraschung gut ist. Aber derlei? Nein, ganz bestimmt nicht. Ich beschließe daher, diesen Teil der Frage geflissentlich auszuklammern, und konzentriere mich auf das Wesentliche: »Willst du … ich meine, würdest du denn mitkommen?«

Annuschka schiebt diesen rosaroten Peter nonchalant zurück: »Willst du denn, dass ich mitkomme?«

Wir schauen uns an und müssen beide schmunzeln.

»Doch, klar. Ich will nicht, dass das hier zu Ende ist, wenn ich wieder zurück nach Köln fliege. Auf keinen Fall!«

Annuschka strahlt. Unser Gespräch endet da, wo Igors Geklingel es abrupt unterbrochen hatte. Doch plötzlich ist es ein Kuss unter ganz anderen Voraussetzungen.

Wir überlassen uns dem unerwarteten Hormonrausch.

Als wir verschwitzt und glücklich beieinanderliegen, sagt Anna plötzlich leise, ohne mich anzusehen: »Wir waren verlobt.«

Ich befinde mich mental noch unter der Hormondusche. »Wer, was?«

Sie schaut mich direkt an. »Igor und ich, wir waren verlobt. Na ja, Verlobung gibt's in Russland eigentlich nicht so richtig, aber wir haben schon zusammengewohnt.«

»Ach, lange?«

»Nein, das war ganz schnell vorbei. Mir ist erst da richtig klargeworden, was für ein Idiot er ist. Obwohl mich alle gewarnt hatten: Ewa, Dmitri, Vera, nicht mal Semjon kann ihn leiden.«

Plötzlich erinnere ich mich an einen Wechsel des Tapetenhintergrunds ganz zu Anfang unserer Webcam-Dates. Damals dachte ich noch, sie sei mit ihrem Computer in ein anderes Zimmer umgezogen. Jetzt ist mir klar: Diese erste Tapete war die in ihrer gemeinsamen Wohnung mit Igor.

Von einem Internet-Date kennt man buchstäblich nur den kleinen Ausschnitt, den die Webcam zeigt. Die ganze unbekannte

Welt außerhalb dieses Bildes ist ein Raum voller schöner Projektionen, großes Webcam-Kino, bestens geeignet für ganz große Fiktionen. Den Alltag und die Sorgen, das wahre Leben des Gegenübers, kann man einfach ausblenden. Und das Gegenüber muss einem davon auch nur so viel zeigen, wie es möchte. Eine rosarote Win-win-Situation sozusagen. Bis man sich dann trifft …

Ich verzichte darauf, Anna unter die Nase zu reiben, dass sie mich angeflunkert hat. Mit Igor war es keineswegs schon zu Ende, als wir uns kennengelernt haben. Männer und Frauen unterscheiden sich da ein bisschen, stelle ich mal wieder fest: Für Männer ist es erst vorbei, wenn es real und materiell aus ist: offizielle Trennung, Vertrag gekündigt, Shakehands, tschüs. Für Frauen ist es aber schon so weit, wenn sie emotional damit durch sind. Deshalb sind wir Männer auch oft die Überraschten, wenn *frau* sich »so plötzlich« trennt. Den Punkt, an dem es für sie schon beendet war, haben wir gar nicht mitbekommen. Wir halten dann gerne mit vorwurfsvollem Hundeblick unseren imaginären Beziehungsvertrag hoch, ziehen einen beleidigten Flunsch und stammeln so etwas wie: »Aber, aber, aber …«

Genauso muss es auch dem guten Igor ergangen sein. Plötzlich saß er da allein in der feschen neuen Wohnung und fragte sich, wie das passieren konnte. Und offenbar fragt er sich das sechs Monate später immer noch.

»Gibt es noch irgendwas, das ich wissen sollte?«, erkundige ich mich mit leicht ironischem Unterton.

»Als ich mit Igor zusammengekommen bin, war ich noch ziemlich grün hinter den Ohren. Ich hab's einfach nicht besser gewusst und, na ja, dann war's halt so. Wir waren wirklich lange zusammen.«

»Heißt das, du warst schon nicht mehr verliebt, als ihr zusammengezogen seid?«

Annuschka nickt. »Das war so was wie sein letzter Rettungsversuch. Er dachte, wenn er mir eine schicke Wohnung einrichtet, wird's schon wieder.« Sie lacht bitter auf.

Ich streichle über ihr Haar, schweigend hängen wir beide eine Weile unseren eigenen Gedanken nach. Annuschka hat die Arme um mich gelegt und drückt mich fester. Uns beiden ist klar, dass unsere Beziehung gerade eine neue Qualität erreicht hat.

»Noch mal zu meiner Frage …?«

»Welche Frage?« Annuschka hebt den Kopf und schaut mich an.

»*Die* Frage, ob du mitkommst nach Köln.«

»Ach die. Na klar.«

Sprach's und bettet ihr Haupt in aller Seelenruhe wieder auf meiner Brust. Diese trockene kurz angebundene Art der Russen haut mich immer wieder um. Ich muss leise lachen. Prinzessin Annuschka quittiert das Auf-und-ab-Hüpfen meines Brustkorbs mit skeptisch hochgezogener Augenbraue.

»Warum lachst du?«

»Weiß nicht. Weil du dir plötzlich so sicher bist.«

»Plötzlich würde ich nicht sagen. Ich wäre auch damals schon gekommen, aber dann hast du ja gesagt, du kommst lieber hierher.«

»Ach so. Okay.«

Dieses Gespräch habe ich zwar etwas anders in Erinnerung, aber was soll's.

»Außerdem hab ich ja noch genug Zeit, mich anders zu entscheiden, falls du dich doch noch als Idiot entpuppst.«

»Stimmt auch wieder.«

Sie mustert mich: »Falls du ein Idiot wärst, hätte ich das längst gemerkt.«

Wir sehen uns schmunzelnd in die Augen, bevor wir uns lange küssen und zu einer zweiten Runde aufmachen.

Anna schläft schon, während ich abwesend in den klobigen Fernseher starre, ein sowjetisches Qualitätsprodukt der frühen 80er Jahre. Vor ein paar Stunden habe ich uns naiverweise schon für ein altes Ehepaar gehalten, jetzt weiß ich, dass wir eben erst ein echtes Paar geworden sind.

Ich betrachte die schlafende Annuschka. Klar, sie hat recht, und was für sie gilt, gilt auch für mich: Wir haben immer noch genug Zeit, uns anders zu entscheiden. Ich kann mir aber beim besten Willen nicht vorstellen, dass das noch passieren wird – im Gegenteil: Wenn sie mitkommt, dann will ich, dass sie bleibt. Aber dafür ist ein Schritt nötig, der mir zugegebenermaßen noch Angst macht …

16.

Markus Müller und die Kammer des Schreckens

Warum verliebt man sich in einen Menschen? Weil man sich in ihm wiedererkennt, einerseits. Aber nicht zuletzt auch, weil man sich von ihm ergänzt fühlt, ihn bewundert, weil er einem eine andere Sicht auf die Welt ermöglicht.

In den folgenden Wochen nehme ich mir Igor als warnendes Beispiel: Routine ist oft nur eine Illusion, der besonders wir Männer uns gerne hingeben. Das soll mir nicht mehr passieren, zumal Anna und ich hier in der Wohnung der alten Veteranin das Zusammenleben noch proben. Es ist allerdings schon so viel passiert, dass ich mir auch keine allzu großen Vorwürfe machen kann. Wer je den Beginn einer neuen Liebe erlebt hat, der weiß, wie schnell die ersten Wochen verfliegen; wie schnell das alte Leben in weite Ferne rückt und man sich gar nichts anderes mehr vorstellen kann.

Da das Schlafzimmer unvorhergesehenerweise doch noch irgendwie bewohnt ist, teilen wir uns ein Zimmer mit kleiner Küche, Diele, Bad plus Mini-Klo, summa summarum nicht mehr als 30 Quadratmeter. Ein echter Härtetest für unsere junge Beziehung!

Davor hatte ich anfangs echten Bammel. Schließlich wohne ich seit über fünf Jahren alleine, meine WG- und Party-Phase habe ich bereits vor und während des Studiums erfolgreich absolviert. Wenn man so lange Zeit allein haust, gewöhnt man sich so einiges an, das das Zusammenleben nicht eben erleichtert. Zum Beispiel sehe ich vom Bett aus gern bis in die Puppen fern.

Derlei mitgeschleppten Marotten ist es jedenfalls nicht zu verdanken, dass es mit uns hier so gut klappt. Eher schon Annuschka, die zum Glück anders sozialisiert ist als ich: wesentlich toleranter, umsichtiger. Die Mischinas leben zu fünft in vier Zimmern und wenig mehr als 80 Quadratmetern. Da ist buchstäblich kein Platz für raumgreifende Egoismen.

Annuschka findet, dass man nicht gleich klaustrophobische Anfälle bekommen oder gar um seine Selbstverwirklichung fürchten muss, bloß weil man ein Zimmer teilt. Das imponiert mir. Also tschüs, ihr liebgewonnenen Schrullen, ich bin jetzt ein 30-Quadratmeter-Mann!

Das In-die-Glotze-Starren vor dem Einschlafen kann ich mir allerdings nicht so schnell abgewöhnen. Unser Kompromiss: Annuschka schlummert friedlich, während ich einfach den Ton abschalte. Den brauche ich auch nicht, denn die vier verrauschten Programme, die man auf dem uralten Kasten reinbekommt, sind ja sowieso auf Russisch. Kontemplativer beziehungsweise einschläfernder kann Fernsehen kaum sein.

Dmitri und Ewa haben uns auf ihre Datscha eingeladen und holen uns mit einem nagelneuen SUV in Perwouralsk ab. Die komfortable Familienkutsche hat sogar ein Panorama-Glasdach und ist Dmitris ganzer Stolz.

»Endlich mal wieder ein vernünftiges Auto!«, entfährt es mir, als ich meinen Lada-geplagten Hintern ins Fauteuil fallenlasse.

Annuschka und Ewa lachen. Als man ihm übersetzt, senkt Dmitri grinsend den Daumen: »Lada? Njet!«

Die Mädels sitzen im Fond und unterhalten sich angeregt, während ich es mir auf dem Beifahrersitz bequem mache. Wir rumpeln über eine rostige Brücke und verlassen den Talkessel von Perwouralsk. Vororte gibt es nicht wirklich, die Industriestadt endet abrupt und geht wieder in eine russische Version der Eifel über: sanft geschwungene Hügel in Winterwatte. Plötzlich schaut mich Dmitri an, nickt anerkennend und hält mir die Hand hin. Ich habe zwar nicht die geringste Ahnung, wozu er mir gratuliert, ergreife sie aber sicherheitshalber mal.

Anna klärt mich auf: »Ich habe grad erzählt, dass ich mit nach Köln komme.«

Dmitri zeigt mir plötzlich mahnend den Zeigefinger und sagt etwas.

»Wenn ich nicht heil wieder zurückkomme, gibt's Ärger.« Annuschka grinst. Dmitris nächste Frage quittiert Annuschka mit einem Schulterzucken und schaut mich fragend an: »Wie lange ich bleibe, möchte Dmitri wissen?«

Gute Frage. »Mhm, hm ...«, mehr bringe ich spontan nicht heraus. Annuschka schweigt ebenfalls verunsichert.

Wir sind uns zwar einig, dass Annuschka mitkommt, was aber dann passieren soll, darüber haben wir noch nicht wirklich geredet. In den vergangenen Wochen hat Annuschka lediglich mal fallenlassen, dass sie sich die Rückkehr zu einer Cyberbeziehung kaum noch vorstellen kann. Ich ebenso wenig.

»Ich glaube, ein Touristenvisum gilt für drei Monate«, sage ich so arglos wie möglich.

»Und wollt ihr heiraten?«, tönt es plötzlich fröhlich aus dem Fond.

Da ist es, das böse H-Wort! Ewas unschuldige Miene signalisiert, dass sie davon ausgeht, wir hätten diese Frage längst geklärt. Unser betretenes Schweigen gibt ihr Gelegenheit, Dmitri zu übersetzen. Er sieht mich mit hochgezogenen Augenbrauen an. Der Pegel der Verunsicherung im Wagen steigt sozusagen sekündlich, als seien wir geradewegs in den eiskalten See geplumpst, den wir eben überquert haben.

Annuschka schüttelt schließlich langsam den Kopf, und mir steht die Verunsicherung etwa Unterkante Oberlippe: Heißt das jetzt, »Nein, wollen wir nicht« oder einfach »Keine Ahnung«? Ich schaue sie an, und wir müssen beide grinsen.

»Mal sehen«, sage ich, ohne sie dabei aus den Augen zu lassen. Annuschka weicht meinem Blick aus und schaut aus dem Fenster, als gäbe es da unverhofft etwas wahnsinnig Interessantes zu sehen. Aber das Lächeln bleibt.

Die Datscha gehört genau genommen Ewas Großeltern und ist noch mal ein ganz anderes Kaliber: kein Holzhaus, sondern ein richtiges Wochenendhaus aus Stein mit einem niegelnagelneuen Banja und allem Drum und Dran. Sie steht auch nicht auf einem Datscha-Areal, sondern am Ufer eines kleinen Sees.

Ich beginne zu ahnen, dass Dmitri und Ewa zur russischen Oberschicht gehören. Das bedeutet nicht, dass Ewa ständig im Pelzmäntelchen durch die Gegend stolziert, während Dmitri seine dicke Gold-Rolex spazieren führt. So stellen wir Deutschen uns das nur gerne vor, aber nicht alle Russen, die Geld haben, sind eitel bis auf die Knochen und dekadent wie Ölscheichs. Okay, das war jetzt auch ein Vorurteil. Ich entschuldige mich bei allen undekadenten Ölscheichs – jedem einzelnen …

Ewas Großeltern Wladimir und Tatjana, bei denen sie aufgewachsen ist, sind ein bodenständiges, weltoffenes Paar, von denen ich geradezu begeistert empfangen werde. Wladimir war als ranghoher Offizier einst in der DDR stationiert, in der Garnisonsstadt Wünsdorf nahe Berlin. Welche Position er dort genau bekleidet hat, können wir nicht mehr eindeutig feststellen, da Wladimir die deutsche Bezeichnung vergessen hat und keiner von uns auch nur die geringste Ahnung von Dienstgraden hat. Schließlich einigen wir uns auf Oberstleutnant. Was schon verdammt hoch ist, nämlich eine Stufe unter General. Jedenfalls hoch genug, um seine Familie mit nach Deutschland nehmen zu können und in der Garnison eine Wohnung zu beziehen.

Wladimir schwärmt immer noch vom deutschen Bier und der deutschen Wurst.[14] Im Gegensatz zu Tatjana spricht er allerdings kein Wort Deutsch mehr. Semjon, Dmitri, Wladimir, es sieht tatsächlich so aus, als seien in Russland die Frauen für Fremdsprachen zuständig. Russische Männer scheinen den Standpunkt zu vertreten: »Wozu soll ich das Zeug lernen, wenn ich eine Übersetzerin an meiner Seite habe?«

Da mir glücklicherweise auch *meine* Übersetzerin zur Seite steht, hindert uns die Sprachbarriere nicht daran, uns ausgiebig auszutauschen. Anna hat also in mehrerlei Hinsicht recht: Ich benehme mich wie ein echter Russe, gerade weil ich noch kein Wort Russisch kann.

Wladimir erzählt von der wilden Perestroika-Zeit, als Ewas Mutter Anastasia als Direktorin eine Fabrik leitete. Irgendwann wollte dann die Mafia mitmischen. Da Anastasia sich darauf aber nicht einlassen wollte, standen plötzlich ein paar Gorillas vor der Haustür. Da holte Deduschka Wladimir sein Gewehr aus der guten alten DDR-Zeit aus dem Schrank, um den Burschen klar-

14 Wusste ich's doch, im Wursten sind wir echt klasse!

zumachen, dass er kein Freund von Haustürgeschäften ist. Schon gar nicht, wenn es um die Fabrik seiner Tochter geht!

Irgendwann hat Anastasia dann doch noch das Handtuch geworfen. Ob wegen der Mafia oder einfach, weil sie keine Puste mehr hatte, bleibt unklar. Jetzt lebt sie jedenfalls irgendwo in den Bergen und arbeitet als eine Art Wildhüterin. Manches Klischee, das man vom Wilden Osten im Kopf hat, scheint wirklich wahr zu sein.

Wir reden über Deutschland.

Das Verhältnis zwischen Roter Armee und DDR-Bürgern war nicht unbelastet. Daher frage ich vorsichtig, ob Wladimir denn auch Ressentiments und Ablehnung erlebt hat. Er zuckt nur kurz mit den Schultern und schüttelt den Kopf. Sein Bier hat er regelmäßig in einer deutschen Kneipe getrunken, wo er eher das Gegenteil erlebte. Er schließt nicht aus, dass einige ihn gemieden haben, aber so etwas wie offenen Hass hat er nie gespürt. Höchstwahrscheinlich hätte Wladimir derlei sowieso nur mit unaufgeregtem Schulterzucken quittiert.

Dmitri heizt derweil das Banja an. Auf dem kleinen Tisch im Vorraum stellt Ewa einen Samowar, Wodka und ein paar Snacks bereit.

»Okay, ziehen wir uns hier aus?«, frage ich, während ich mir schon den Pullover über den Kopf ziehe. Ewa, Dmitri und Anna sehen mich erst entgeistert an, dann fangen sie an zu lachen.

»Da ist noch ein Duschraum, wo ihr beide euch ausziehen könnt«, Ewa deutet schmunzelnd auf Dmitri und mich.

Ich bin verwirrt. »Habt ihr zwei keine Lust?«

Die Belustigung der drei wächst, sie giggeln und scherzen auf Russisch. Ewa wird sogar ein bisschen rot.

»Wir gehen nach euch«, erklärt Annuschka.

»Ach so, Männer und Frauen getrennt?«

»Natürlich. Immer!«

»Aber wir sind doch unter uns! In Deutschland teilt man sich die Sauna sogar mit Wildfremden.«

Annuschka schüttelt den Kopf. »Na ja, als Pärchen macht man das vielleicht schon mal, wenn man allein ist. Aber eine gemischte Sauna? Da würde ein Russe nie und nimmer reingehen.«

Ewa übersetzt gerade für Dmitri. Der grinst breit.

»Dmitri schon«, korrigiert Annuschka.

»Du kannst ihm sagen, dass Glotzen natürlich verpönt ist.« Ich grinse solidarisch. »Es sei denn, niemand merkt es.«

»Aber wo guckt man denn dann hin?« Annuschka ist total ratlos. Dmitri sagt etwas.

»Er fragt dasselbe.«

Alle drei schauen mich erwartungsvoll an.

»Ja, na ja, man guckt natürlich mal. Aber eben so, dass sich niemand belästigt fühlt.«

Ich merke, dass sie mich für eine ziemlich coole Sau halten.

»Gehst du da oft hin?«, will Ewa wissen.

Achtung, Falle! Wenn ich jetzt ja sage, hält sie mich womöglich für einen notorischen Spanner.

»Es gibt in Köln einige richtig gute Luxus-Saunen, die sich wirklich lohnen«, antworte ich ausweichend.

»Also, mich bekommst du da in hundert Jahren nicht rein, egal wie luxuriös die sind«, sagt Annuschka. *Das* werden wir ja mal sehen …

Nach dem Banja grillen wir draußen bei minus 20 Grad. Ich sitze mit Annuschka am Feuer. Wir schlürfen heißen Tee, brutzeln Schaschlik und schauen in die Sterne.

Mir liegen zwei Fragen auf der Zunge, die leider überhaupt

nicht zusammengehen. Beide könnten gleichermaßen diesen romantischen Augenblick zunichtemachen. Die erste betrifft unsere Zukunft in Köln, die zweite das hiesige, äh, Kämmerchen. Also auf Deutsch gesagt, das Scheißhaus.

Wie alle Datschen hat nämlich auch diese kein Bad mit Toilette. Geduscht und so weiter wird im Banja, und für alles andere gibt's das Plumpsklo. Vor diesem Plumpsklo ist eine sehr, sehr, sehr schmale Stufe, auf die man bestenfalls die Absätze stellen könnte, würde man sich setzen wollen. Aber wer will sich schon auf ein Plumpsklo setzen? Mal ganz abgesehen davon, dass einem hier sofort der Arsch festfrieren würde. Die Peinlichkeit, mit Warmwasser vom Klo heruntergespült zu werden, will ich mir weiß Gott ersparen. In der Hocke mit den Fersen auf der schmalen Stufe zu balancieren ist allerdings heikel, und steht man unterhalb der Stufe auf festem Boden, ist die Kehrseite einfach zu weit weg vom Zielort. Wie machen die Russen das bloß?

Die erste Frage, die das Leben in meiner Kölner Kammer betrifft, ist meilenweit entfernt von diesem »örtlichen Problem«, denn es ist jene, die uns spätestens seit der Herfahrt auf den Nägeln brennt: Heirat ist die einzige Lösung, soll meine Kemenate auf Dauer unser beider werden.

Da beide Probleme auf ihre Weise recht dringlich sind, bin ich unsicher, wie und wo ich anfangen soll. Wie zum Teufel kommt man vom Heiratsantrag auf die Toilette?

Anna bemerkt meine Unruhe. Und da ist sie auch schon wieder, die ultimative Frauen-Frage: »Woran denkst du?«

»Och, nichts Bestimmtes.«

»Komm, dich beschäftigt doch was.«

»Ich hab grad an Köln gedacht«, sage ich.

»Und?«

»Und wie wir es anstellen, dass du auch in Köln bleiben

kannst.« Möglicherweise war das eine winzig kleine Spur zu sachlich, um einen Heiratsantrag einzuleiten. Irgendwie geht's ja doch um etwas mehr, und zum Glück ist das auch nicht der einzige Grund.

Annuschka ist offenbar derselben Meinung, sie lässt mich zappeln: »Ja, erst mal hab ich ja ein Visum …«

Sie schaut mich herausfordernd an. Wir müssen beide wieder schmunzeln.

»Ja gut, aber langfristig gibt's nur eine Lösung …«

»Ja …?«

Okay, Baby, ich kann dich auch auf die Folter spannen: »Jaha …« Mein Schmunzeln weicht einem breiten Grinsen. Pathos ist einfach nicht mein Ding. Annas zum Glück auch nicht.

»Ja, was?« Es wirkt, sie wird ungeduldig.

Ich atme tief durch. Gerade fällt mir wieder ein, dass ich eigentlich niemals heiraten wollte. Aus ideologischen Gründen oder wegen meiner Freiheit, wegen irgend so einem Quatsch jedenfalls. Im Moment weiß ich nur, dass ich hier im Bademantel mitten in Russland sitze und dabei bin, einer Frau, die ich erst wenige Wochen kenne, einen Heiratsantrag zu machen.

»Also, was wolltest du sagen?«, unterbricht Anna nervös meine Grübelei.

Ich atme sicherheitshalber noch einmal tief durch. Dann lege ich doch ein bisschen Pathos in die Stimme: »Anna Mischina, willst du meine Frau werden?«

Sie schaut mich lange an und lächelt gerührt, dann nickt sie und will etwas sagen, bringt es aber nicht über die Lippen. Für einen Moment weicht Anna meinem Blick aus. Es rattert in ihr, während ich das dumme Gefühl habe, auf meinem Pathos sitzen zu bleiben. Doch ich ahne, was in ihr vorgeht:

In diesem einen entscheidenden Moment wird ihr erst die

volle Tragweite unserer Beziehung klar. Für sie würde es in der Konsequenz bedeuten, Familie und Heimat hinter sich zu lassen und in ein wildfremdes Land zu ziehen, dessen Sprache sie nicht beherrscht und wo sie niemanden kennt außer mich. Man kann so eine Situation tausendmal im Kopf durchgespielt haben, wenn sie dann da ist, ist es etwas völlig anderes.

»Ich will schon, Markus …«

Ich nicke. »Na ja, vielleicht machen wir in Köln auch erst mal einfach so weiter …«

»Dann fahre ich nach Hause, und wir sitzen wieder am Computer«, Annuschka schüttelt den Kopf, »das will ich auch nicht.«

»*Ich* auch nicht!«

Wir schauen uns an und müssen beide unwillkürlich lächeln. Sich hiernach wieder mit virtuellem Geplänkel zufriedengeben? Undenkbar. Annuschka und ich sind uns längst einig: Wir wollen keine halben Sachen, keine Fernbeziehung mit Urlaubseinsprengseln. Dass sie genau wie ich Zweifel hegt und nicht abrupt in schrille Heiratseuphorie verfällt, beruhigt mich sogar. Zwar hätte ich mir schon etwas mehr Romantik gewünscht, doch weiß ich auch: Das hier ist nicht Deutschland. Das hier ist erst recht kein Hollywood-Film, nicht Amerika, wo man in vermeintlich großen Gefühlen nur allzu gern badet. Das ist Russland!

Emotionen hinauszuposaunen ist hier verpönt. Von Anna ist gewiss nicht zu erwarten, dass sie mir ein allmorgendliches »I love you« entgegenflötet, kaum dass wir die Augen aufgeschlagen haben. Aber wenn Annuschka so etwas sagt, kann ich sicher sein, dass sie es auch wirklich so meint – und darüber bin ich eigentlich sehr froh.

»Ich will mit dir zusammen sein, Markus.«

Da ist es!

»Ich bin mir sicher, dass es dir in Köln gefallen wird. Und ich liebe dich, Annuschka!«

Sie lächelt verlegen. Es scheint ihr tatsächlich ein bisschen peinlich zu sein, so etwas aus dem Mund eines Mannes zu hören. Wir küssen uns. Und dann flüstert sie es noch einmal in mein Ohr: »Lass uns heiraten!«

Puh! Ich fühle eine seltsame Mischung aus Euphorie und Erleichterung.

»Es wird sowieso eine Weile dauern, bis wir den ganzen Formularkram erledigt haben.«

»Denkst du, das klappt in den drei Monaten, die wir haben?«

»Ich hoffe es.«

Fürs Erste gibt Annuschka sich geschlagen und grinst. »Tja, dann musst du jetzt Semjon nur noch den ›Kalym‹ bezahlen.«

»Den was?«

»Na, den Brautpreis. Da kommst du nicht drum herum, Markus, uralte Mari-Tradition!«

Ich lächle gezwungen, weil ich mir nicht sicher bin, ob das ein Scherz war oder ob Semjon im Ernst eine Bezahlung erwartet. »Was sollst du denn kosten?«

Annuschka zuckt die Achseln und zieht verschwörerisch die Augenbrauen hoch.

»Na, sag schon! Fünf Kamele?«

Sie lacht. »Ganz so teuer wird es nicht, aber es geht schon in die richtige Richtung. Semjon hat Vera damals für den Gegenwert eines Fahrrads bekommen.«

Wir müssen beide lachen. Irgendwie scheinen Bräute weltweit ein beliebtes Tauschobjekt für Beförderungsmittel aller Art zu sein.

Dmitri kommt nach draußen, um nach den Schaschlik-Spießen zu sehen, die inzwischen leider verkohlt sind, uns dafür aber schön gewärmt haben. Als er aber hört, was uns von der Grillaufsicht abgehalten hat, sind wir sofort entschuldigt.

Wie feiern mit Dmitri und Ewa bis spät in die Nacht. Dabei sind Annuschka und ich uns einig, dass es dafür keinen besseren Ort gibt als dieses Banja.

Später in der Nacht »drückt« mich dann doch noch meine zweite Frage. Anna lacht sich kaputt. »Also, wir Frauen hocken uns einfach direkt über das Loch.«

Da muss man erst mal drauf kommen, dass die Russen sich quasi auf die nicht vorhandene Klobrille stellen. Ich zittere mich also im Morgengrauen durch den Garten zu der hölzernen Tiefkühltruhe. An den Füßen trage ich nur ein paar alte Garten-Galoschen, von denen eine bei der Turnübung prompt im Loch landet. Ich kann mein dringendes Geschäft gerade noch erledigen, bevor mein Fuß festfriert. Als ich Anna anschließend erkläre, dass sie morgen wiederum Dmitri erklären muss, wo seine zweite Galosche abgeblieben ist, kriegt sie sich vor Lachen überhaupt nicht mehr ein. Ich liebe Annuschka. Aber ich hasse Plumpsklos!

17.

Der junge Mann und das »Mehr«

Wir sitzen in unserer kleinen Küche und trinken wieder mal Kompott. Nur heute könnte ich schwören, dass das Wasser in der Badewanne eben tatsächlich rosa war!

Annuschka löffelt die Beeren aus ihrem Glas und sieht mich über den Tisch hinweg an. Dann strahlt sie plötzlich übers ganze Gesicht: »Weißt du was? Inzwischen freue ich mich richtig auf Köln.«

Und wie sie dasitzt, die nassen Haare in einem Handtuch zum Turban geknotet, im total ostig aussehenden, grell gemusterten Bademantel aus Semjons China-Ware, muss ich kurz an die letzte Frau denken, die mir so gegenübersaß. Ja, mag sein, Ella sah schicker aus in ihrem Seidenhemdchen, als sie mein Nutella auslöffelte. Doch mich überkommt plötzlich – man verzeihe mir den schwülstigen Ausdruck – unendliche Zuneigung. Ich fühle mich angekommen bei Annuschka. Ich muss nicht mehr raus in die freie Wildbahn, keine besoffenen One-Night-Stands mehr, kein Gebagger in der Kneipe, keine frustrierenden Abfuhren. Ich brauche mir das alles nicht mehr anzutun, denn ich will Annuschka und sonst keine. Auch wenn mit einer Deutschen sicherlich alles leichter wäre, technisch gesehen.

Ich nicke lächelnd zurück. »Wir werden das Kind schon schaukeln in Köln.«

Anna ist überrumpelt. »Wie meinst du das? Ich will ja auch Kinder, aber noch ist da nichts in Sicht.«

Das passiert, wenn man deutsche Metaphern schlicht ins Englische übersetzt. Woher soll Anna auch wissen, dass »we'll swing the baby« einfach nur meint, wir werden es schon schaffen.

Annuschka ist erleichtert. »Ich dachte schon, du weißt mehr als ich.«

In dieser Nacht, sehr spät in der Nacht, erfahre ich dann allerdings doch etwas »mehr«. Mehr als mir lieb ist. Und erst mal bin ich heilfroh, dass Anna schon schläft und nicht mitbekommt, dass plötzlich Ella anruft. Ich habe gerade noch müde in die verrauschte Glotze gestarrt, jetzt haste ich hellwach in die Küche.

»Ella?«

»Ja, ich muss dich sprechen.«

Kein »Störe ich?« oder Ähnliches.

»Tja, also, ich bin noch in Russland, und hier ist es schon ziemlich spät …« Um genau zu sein, ist E-Burg der deutschen Zeit vier Stunden voraus.

»Ja, ach so, ich dachte, du wärst schon wieder zurück. Es ist wichtig.«

»Okay, was gibt's denn?«

»Ich bin schwanger.«

Mir klappt die Kinnlade runter. Ich setze mich kurz an den Küchentisch. Dann stehe ich wieder auf und suche nach dem Wodka.

»Markus?«

»Ja, ich bin noch da.«

Ich finde kein Glas. Könnte daran liegen, dass mir auch ohne Wodka schon leicht schwummerig ist.

»Und ich bin mir sicher, dass es von dir ist.«

»Ganz sicher?«

Ella klingt gereizt. »Ja.«

Ich nehme einen Schluck direkt aus der Flasche. Dabei hat mich genau dieses Zeug in meine beschissene Lage gebracht. Ohne Suff hätten wir mit Sicherheit wenigstens ein Kondom benutzt. Ich schiebe die Flasche beiseite und fluche leise: »Scheiße!«

»Hast du was gesagt?«

Ich überhöre die Frage. »Ja, und was bedeutet das jetzt?«

»Ich will's nicht kriegen, keine Sorge.«

Diverse hausgroße Findlinge rollen von meinem Herzen. Aus Rücksicht auf Ella versuche ich, mir die Erleichterung nicht allzu sehr anmerken zu lassen. »Okay, du willst also abtreiben?«

»Ja.« Sie schweigt.

Ich schweige auch.

»Ich habe jetzt einen Freund, Markus ...«

»Ah, okay, äh, gratuliere.«

Verächtliches Schnauben. »Ich möchte nicht, dass Rainer davon erfährt. Und wenn ich meinen Eltern mit 'ner Abtreibung komme, reißen die mir den Kopf ab. Das geht schon mal gar nicht.«

Langsam dämmert es mir. »Und was soll ich jetzt tun?«

»Ich brauche jemanden, der mich zur Klinik fährt und vor allem anschließend wieder abholt. Ich finde, du hast da eine Verantwortung, Markus!«

Die habe ich zweifelsohne. Es gibt nur einen Haken: »Ich bin in Russland, Ella!«

»Ja, gut, wie lange denn noch?«

Einen kurzen Moment bin ich versucht zu erwidern, noch

mindestens zwei Monate. Einfach nur, um mich vor dem Ganzen zu drücken. Wie, bitte schön, soll ich Annuschka erklären, dass ich in Köln erst mal Abtreibungseskorte spielen muss, bevor ich mich um unser »Nest« kümmere? Oder soll ich unser neues Leben gleich mit einer Lüge beginnen: »Du, ich muss mal kurz wohin. Ist nichts Wichtiges …«

Diesmal fluche ich vorsichtshalber innerlich: »Scheiße, Scheiße!«

»Hast du denn schon einen Termin?«

»Heute in einer Woche.«

Ich bin erleichtert. Zugleich habe ich ein schlechtes Gewissen, dass ich erleichtert bin.

»Da bin ich noch nicht zurück. Wir kommen erst Mitte Februar.«

»Mhm, okay.« Ellas Stimme ist tonlos.

»Hast du denn sonst niemanden, der dich fahren kann? Irgendeine Freundin?«

»Ja, ja, schon okay, Markus. Tschüs.«

Sie legt auf, bevor ich antworten kann. Jetzt habe ich nur noch ein schlechtes Gewissen.

Annuschka schläft selig, als ich zurück ins Bett schlüpfe. Ich starre an die Decke: Soll ich ihr davon erzählen? Warum sollte ich? Weil auch ausgesessene Lügen früher oder später auf einen zurückfallen. »Ausgesessene Lügen«, sei mal nicht so pingelig mit dir, Müller! Was soll das überhaupt sein, entweder man lügt oder man schweigt. Gut, nehmen wir an, ich sage einfach die Wahrheit: Wenn ich Annuschka das jetzt beichte, kommt sie womöglich gar nicht mit nach Köln! Und in Köln? Wenn es denn je einen richtigen Zeitpunkt für diese Beichte geben wird, dann bestimmt nicht gleich in den ersten Wochen.

Schließlich schlafe ich doch ein und habe ziemlich seltsame Träume: Ich trage etwas Schweres auf dem Kopf. Es ist ein alter Stahlhelm. Ich sitze in Wehrmachtsuniform in einem Busch und spähe irgendwen oder irgendwas aus, da pikst mich etwas von hinten in die Rippen. Es ist die Veteranin mit einem Holzgewehr.[15] Ich ergebe mich sofort, und sie führt mich ins Russencamp zum Verhör: »Wie viele Soldatinnen hast du geschwängert, Müller?«, fragt mich streng ein Offizier, der Lenin frappierend ähnlich sieht.

Plötzlich renne ich über die Tundra. Da kommt mir von ferne jemand entgegengeritten. Es ist Anna. Meine Rettung! Sie reitet auf einem Schimmel, gehüllt in ein rosa-weißes, durchscheinendes Seiden-Nichts, das ihren Körper umweht. – (Ja genau, wie in »Bilitis«, dieser dusseligen, pädophil angehauchten Softsex-Schmonzette aus den 70ern. Fragt nicht, woher ich die kenne!) – Ich winke ihr zu und rufe: »Annuschka!« Dann bleibe ich verdattert stehen. Je näher sie kommt, desto mehr verwandelt sie sich in eine grimmige Amazonenkriegerin. »Anna?« Annuschka zieht ihr Schwert, es blitzt in der Sonne auf wie die metallenen Schuppen des Brustharnischs, den sie plötzlich trägt. Geblendet reiße ich die Hände vors Gesicht. Unter dem goldenen Helm funkeln ihre grünen Augen schön und gefährlich; ihr langes, schwarzes Haar fällt wie flüssiges Ebenholz über den Umhang, der über und über mit roten Sternen bestickt ist. Plötzlich renne ich in die entgegengesetzte Richtung. Als ich mich panisch umdrehe, sehe ich sie unaufhörlich näher kommen: »Ich wollte es dir doch sagen, Annuschka!« Statt zu antworten, stößt sie einen Kampfschrei aus: »Jeeellaa!«

15 Von Anna wusste ich, dass Stalin seine Soldaten mit Holzgewehren gegen Hitlers Armee losgeschickt hat, wenn nicht genug echte Waffen zur Verfügung standen.

Sieht diesmal nicht so aus, als würde sie das Bein ihres Pferdes treffen. Mist! Im letzten Moment stolpere ich und falle auf die Schnauze. Abblende. Zum Glück träumt man nicht, dass man stirbt. Ich bin mir sicher, sie hätte mich sauber entmannt.

Beim Frühstück fühle ich mich gerädert. Anna merkt natürlich sofort, dass etwas nicht in Ordnung ist. »Schlecht geschlafen?«

»Kann man sagen.«

»Wieder diese Sprungfedern von der Bettcouch?«

Ich nicke. Jetzt weiß ich wenigstens, was der Teil mit dem Holzgewehr sollte.

Annuschka sieht mich prüfend an. »Hast du was Seltsames geträumt oder wie?«

Zumindest diesen Teil des Traums erzähle ich ihr, nur bei Lenins Verhör flunkere ich ein bisschen. Und trotzdem: Es geht schon los mit der Lügerei. Jetzt schon! Kann man denn vor dieser Frau überhaupt nichts verbergen?

Annuschka findet meine Erzählung aber zum Glück so lustig, dass sie nicht weiterbohrt. Wir einigen uns darauf, dass sich meine pauschalen Schuldgefühle als Deutscher hier mit ihren Schilderungen über Stalins Schweinereien und den hinterhältigen Attacken der miesen Matratze vermischt haben. Ich werde in den nächsten Tagen strikt darauf achten, mir nicht anmerken zu lassen, dass meine Schuldgefühle eher sehr konkret sind und alles andere als pauschal.

18.

Jedem Anfang wohnt womöglich eine Rückreise inne …?

Das Nicht-anmerken-Lassen fällt mir nicht schwer, denn wir sind in den nächsten Wochen sowieso mit ganz anderen Dingen beschäftigt. Besonders Anna. Als die offizielle Einladung eintrifft, die meine Eltern in Leverkusen unterschrieben haben, bekommt Annuschka noch einmal mit voller Wucht die Tragweite ihrer Entscheidung zu spüren. Es geht in ein neues Leben!

Was soll man da mitnehmen? Was ist wichtig, was lässt man zurück? Annuschka fehlt die Zeit für ihre legendäre Empathie, sie ist voll und ganz mit sich selbst beschäftigt.

Eines Abends sitzt sie vor ihrem Schrank, in dem sich circa vierzig Kilogramm Unterrichtsmaterialien angesammelt haben, und sortiert kleine, ausgeschnittene Bildchen mit englischen Begriffen darauf.

»Was machst du denn da?« Ich betrachte mit leisen Befürchtungen den Kubikmeter Altpapier.

Annuschka zuckt ratlos die Schultern. »Ich brauche doch Materialien, wenn ich in Köln als Lehrerin arbeiten will.«

Mir ist sofort klar, dass hier Fingerspitzengefühl gefragt ist. »Ich glaube, ich würde nur die wichtigen Bücher mitnehmen.«

»Ja?« Sie schaut mich fragend an, dann wieder unentschlossen auf die Bildchen in ihrer Hand.

Ich nicke aufmunternd. »Nimm dein russisch-englisches Wörterbuch mit und vor allem den ›Longman Contemporary English‹, der ist super!« Und der dickste Schinken, den sie im Schrank hat.

»Ja, aber meine eigenen Materialien …?!«, Annuschka deutet auf den Kubikmeter Chaos, »da steckt Arbeit von vier Jahren drin!«

Jetzt das Wort Mülleimer anzubringen, wäre fatal.

»Deine Eltern können dir doch nachschicken, was du davon brauchst.«

Annuschka schaut mich plötzlich an: »Wir könnten doch auch hier leben …«

Zugegeben, ich hätte mir das schon früher denken können: Doch erst jetzt wird mir bewusst, dass das für uns *beide* in Deutschland kein Spaziergang wird. Ich schüttle den Kopf. »Was soll denn hier aus mir werden, Anna? Ich spreche ja nicht mal die Sprache.«

»Ich spreche auch kein Deutsch.«

»Aber du kannst als Englischlehrerin arbeiten, genau wie hier. Deshalb nimmst du das alles doch überhaupt mit.«

»Glaubst du denn wirklich, mein Englisch ist gut genug? Und was mache ich, wenn die Schüler mich irgendwas auf Deutsch fragen?«

Jetzt ist nicht die Zeit für Zweifel, also verteile ich Optimismus wie sonst Prinz Karneval in Köln Kamelle: »Dein Englisch ist perfekt! Und meine Englischlehrer haben im Unterricht ausschließlich Englisch gesprochen. Nur! Knallhart! Das ist in Deutschland so üblich.«

Annuschka nickt zögerlich, aber immerhin. Ich bin erleichtert.

»Aber ein paar von den anderen Büchern brauche ich schon noch.«

Nach diffizilen Verhandlungen habe ich sie auf etwa zehn Kilo »nur das Allerwichtigste« heruntergehandelt. Dagegen sortiert sie ihre Klamotten ohne viel Federlesen aus. – Da meint man, die Frauen zu kennen, und dann das![16]

Semjon und Vera wirken auf mich während der ganzen Zeit erstaunlich gelassen. Ihnen muss längst klar gewesen sein, dass Annuschkas Rückkehr an den heimischen Herd nach der Igor-Episode nicht für lang sein würde, und dass mein Besuch kein reiner Freundschaftsbesuch ist, sowieso. Ich bereue es mehr denn je, nicht ein Wort Russisch zu können. Andererseits wüsste ich gar nicht so recht, was ich ihnen sagen sollte. Vor Semjon hinzutreten und um die Hand seiner Tochter anzuhalten, wäre zu viel des Guten, wie mir Anna versichert.

»Bist du dir da sicher?«

Sie nickt ungeduldig. »Jaha.«

Ich werde das Gefühl nicht los, dass Annuschka selbst darauf am wenigsten Wert legt. Vielleicht will sie einfach nicht ein zweites Mal mit großem Hochzeits-Tamtam die elterliche Wohnung verlassen, um dann womöglich erneut unverrichteter Dinge heimzukehren. Ich bin ihr überhaupt nicht böse, dass sie sich dieses Hintertürchen offenhalten will.

Eines Abends sitzt Anna sehr lange mit Vera in der Küche. Schließlich kommt sie allein zurück ins Wohnzimmer, wo ich die Zeit mit Semjon und Babuschka Maria schweigend vor dem Fernseher verbracht habe.

»Alles in Ordnung?«

16 Ja gut, ein alter Chauvi-Spruch – aber mal ehrlich …?!

»Meine Mutter macht sich halt Sorgen.«

»Na ja, kann ich verstehen.«

Annuschkas Antwort fällt eine Spur zu unwirsch aus: »Ach ja …?«

Da kommt Vera durch die Tür, tupft sich verstohlen ein paar Tränen aus den Augenwinkeln und ringt sich ein Lächeln in meine Richtung ab. Ich fühle mich ziemlich beschissen, aber es will mir nichts Vernünftiges einfallen, das ich Annas Mutter sagen könnte.

»Komm, Markus. Meine Eltern wollen ins Bett.« Annuschka vermeidet es, mich anzusehen, doch ihre fahrigen Bewegungen verraten mir, dass sie ebenfalls mit den Tränen kämpft. Ich beeile mich, meine Jacke aus der Diele zu klauben.

Wir gehen zu Fuß nach Hause. Anna schweigt nachdenklich die ganze Zeit über. Ich fasse mir schließlich ein Herz: »Kann ich irgendwas tun, um deine Eltern zu beruhigen?«

»Nein, Markus, kannst du nicht. Die verkraften das schon. Sie mögen dich.« Sie lächelt versöhnlich. »Du kommst viel besser an als Igor, glaub mir.«

Ich lege erleichtert den Arm um Anna. Bei ihren Eltern in der Wohnung habe ich es bewusst vermieden zu fragen, ob Semjons Verzicht auf meinen Antrag mit mir zu tun hat oder damit, dass vor nicht allzu langer Zeit erst Igor als Bräutigam in spe vor ihm stand.

Semjon fährt uns zum Deutschen Konsulat nach Jekaterinburg. Der Visumsbeamte mustert uns kritisch. »Die Einladung kommt von Ihren Eltern?«

Ich nicke achselzuckend. »Na ja, ich bin ja hier, darum kann ich schlecht in Deutschland eine Einladung aussprechen.«

Wenn man als Russe keine Hotelbuchung und kein dickes Bankkonto vorweisen kann, ist diese Einladung zwingend notwendig, um ein Visum zu bekommen. Es reicht auch nicht, sie in Deutschland auf einladendem rosa Papier zu schreiben und die i-Tüpfelchen als freundliche Herzchen auszumalen: Der Konsulatsbeamte will den Stempel eines deutschen Ausländeramts darauf sehen. Aber diesen hier interessiert gerade etwas ganz anderes:

»Wollen Sie heiraten?«

Annuschka und ich sehen uns etwas irritiert an. Mal abgesehen davon, dass wir uns trotz allem tatsächlich immer noch im Probezeit-Modus sehen, sagt mir sein Tonfall, dass das hier auch nicht der richtige Ort ist, sich euphorisch um den Hals zu fallen und unisono ein verliebtes »Ja« zu jubilieren.

»Na ja, vielleicht schon …« Die Miene des Beamten verdüstert sich, daher füge ich hastig an: »Irgendwann mal, nicht sofort.«

»Gut«, er knallt den Stempel in Annas Pass, »das geht mit diesem Visum nämlich sowieso nicht.«

Der Sesselpupser genießt sichtlich unsere belämmerten Gesichter.

»Warum das nicht?«

»Weil es ein Touristenvisum ist. Sie werden noch einmal ausreisen müssen.« Er zeigt mit dem Finger auf Anna, schaut aber mich an. »Sie muss einen Antrag auf Erteilung einer Aufenthaltserlaubnis stellen, mit *dem* Visum können Sie dann heiraten. Es gilt aber nur für die Bundesrepublik, nicht für die Schengen-Staaten.« Er grinst breit. »Na ja, mit diesem Visum können Sie zwar nicht heiraten, dafür aber mal nach Holland fahren. Ist doch auch schön.«

Wir tapsen betreten die Treppe hinunter. Annuschka wirkt leicht angeschlagen, daher versuche ich tatkräftig männlich zu klingen, als ich sage: »Ach, der spinnt doch! Wenn wir heiraten wollen, schaffen wir das auch.«

»Bist du dir sicher?« Anna sieht mich zweifelnd an.

Bin ich das? Nein, bin ich nicht. Andererseits sind wir mit Sicherheit nicht die Ersten, die in Deutschland mit einem Touristenvisum heiraten wollen. Dem sarkastischen Sesselpupser war deutlich anzumerken, dass er in dieser Nummer routiniert ist.

»Das geht schon irgendwie.«

»Und wenn nicht, muss ich erst wieder ausreisen? Was das dann kostet! Hast du genug Geld, um gleich noch mal Flugtickets zu bezahlen? Also, ich nicht!«

Ich auch nicht so ohne Weiteres. Schon diese zwei Russland-Monate haben Herrn Girokonto daheim ziemlich rot anlaufen lassen. Aber innerlich lächle ich trotzdem. Annuschka macht sich bereits Sorgen um unser gemeinsames Haushaltsbudget. Sie gibt mir das Gefühl, dass wir beide an einem Strang ziehen, und das macht mir Mut.

»Wir kriegen das hin.«

Jekaterinburg, Flughafen Koltsovo. Ich stehe etwas abseits in der kalten Morgendämmerung und nestele verlegen eine »Peter I.« aus meiner Zigarettenpackung.

»Das ist hier die Alkoholiker-Zigarette«, bemerkte Annuschka trocken, als ich mir zum ersten Mal eine Schachtel kaufte. Es sind so ziemlich die billigsten Zigaretten, die man in Russland bekommen kann. Aber mir schmecken sie.

Ich halte mich zurück und paffe, weil Tränen fließen. Schon der Abschied von Mischa und Babuschka Maria war nicht leicht. Für sie war nicht genug Platz im Wagen. Jetzt muss sich Anna auch von Semjon verabschieden – und von Vera. Ich spüre noch einmal deutlich, wie stark die Verbindung unter den Frauen in der Familie Mischina ist.

Mal abgesehen von meiner halbseidenen Amazonen-Matriarchats-Theorie, habe ich noch niemals eine Frau erlebt, die so viel mit ihrer Mutter bequatscht. Das Klischee, das jede Mutter nur zu gern – oft aber fälschlich – verkündet, trifft bei Vera und Annuschka zu: Die beiden sind wie Freundinnen. Umso schwerer fällt es ihnen jetzt, auseinanderzugehen. Und ich fühle mich wie ein Frauen-Dieb in der Nacht. Nicht zum ersten Mal in den letzten Wochen übrigens, obwohl mir Vera die ganze Zeit über nicht auch nur im Ansatz ein schlechtes Gefühl vermittelt hat.

Semjon lässt sich wie immer nicht viel anmerken. Doch so sehr er sich bemüht, sachliche Ratschläge für die Reise zu geben, man spürt, dass ihm der Abschied von Annuschka schwerfällt. Er hatte uns vor der Abfahrt in Perwouralsk noch 4000 Rubel »Startgeld« in die Hand gedrückt. Das entspricht etwa hundert Euro. Nicht eben wenig für einen Lehrer, der im Monat knapp dreihundert Euro verdient. Leider ist das Geld schon beim Check-in komplett draufgegangen fürs Übergepäck. Womöglich hätte Anna doch noch auf das ein oder andere Buch verzichten sollen. Aber ich habe weiß Gott keinen Grund, mich zu beklagen. Sie startet in ihr neues Leben mit nicht mehr als zwei Koffern und einer Tasche. Keine Ahnung, ob ich das hinbekommen hätte.

Wir müssen los. Semjon und Vera begleiten uns ins Flughafengebäude. Vor dem Sicherheitscheck liegen sich Annuschka und Vera noch einmal heulend in den Armen, während Semjon und ich uns mit festem Händedruck verabschieden. Mag sein, dass das sehr männlich und sehr russisch ist; mag sein, dass Emotionen unter Männern hier offiziell verpönt sind. Aber ich kann Semjon jetzt nicht einfach so stehen lassen. Allen Sprach- und Kulturbarrieren zum Trotz breche ich unser Schweigen: »Ich werde gut auf Anna aufpassen.«

Nach so einem Satz würden sich deutsche Schwiegereltern

in spe womöglich sofort Sorgen machen, dass ihre Tochter weggesperrt wird und nur noch in Begleitung des kleinen Möchtegern-Haustyrannen die Wohnung verlassen darf. Hier aber kommt der Satz genauso an, wie er gemeint ist: Ich werde alles tun, damit es Annuschka in der Fremde gutgeht.

Meine Blicke wandern an dem Metalldetektor empor, bevor wir durch ihn hindurchschreiten. Er steht da tatsächlich wie ein Tor in unser neues Leben. Vielleicht ganz gut, dass dieses Ding uns zwar bis auf die Knochen durchleuchtet, unsere Gedanken, Ängste und Zweifel aber auch ihm verborgen bleiben.

19.

Zwei Blumen im Zug

Wir landen in Frankfurt. Anna und ich hatten Direktflüge bei der Lufthansa gebucht. Annuschka war zwar für Aeroflot, weil die billiger sind.[17] Ich musste aber nicht lange überlegen, da ich auf ein weiteres Moskau-Abenteuer einstweilen keinen gesteigerten Wert legte. Unser Start ins neue Leben sollte gefälligst reibungslos verlaufen.

Die Russen an Bord der Lufthansa-Maschine scheinen bereits weitgehend assimiliert, denn kaum einer telefoniert während der Landung. Die Deutschland-Novizen erkennt man leicht an ihrer konsternierten Reaktion auf die prompte Ermahnung der Stewardess. Auf dem Hinflug war ich noch so überrascht darüber, wie sympathisch mir die deutsche Pedanterie plötzlich war. Gerade mir, der ich mich immer für einen veritablen Anarchisten gehalten hatte. Heute betrachte ich die Ermahnungen des Flugpersonals mit geteilten Emotionen: Einerseits begrüße ich es natürlich, dass ich mich nicht wieder todesängstlich in den Sitz krallen muss. Besonders, da es bei Anna nicht eben cool rüber-

17 Das kann noch heiter werden, wenn sie erst die Hoheit über unsere Haushaltskasse hat …!

käme. Andererseits erfüllen die Maßregelungen gleich mal jedes Klischee vom kadavergehorsamen Deutschen, der sich mit Wonne auch noch der sinnlosesten Anweisung unterwirft. So muss es diesen Russen jedenfalls vorkommen.

Es ist noch etwas Zeit, bis unser ICE nach Köln abfährt. Annuschka ist nicht begeistert, als ich sie unter einem Vorwand allein auf dem Bahnsteig zurücklasse. Aber ich will ihr Blumen kaufen.

Normalerweise gibt es auf Flughäfen doch an jeder Ecke einen Blumenladen, oder nicht? Aber Murphys Gesetz gilt auch jetzt: Wenn man mal einen braucht, ist keiner da. Endlose Gänge kann der Frankfurter Flughafen natürlich noch viel besser als Moskau Scheremetjewo, und langsam beschleicht mich wieder dieses leicht panische Gefühl. Ich schaue auf die Uhr: noch zwanzig Minuten. Wenn wir wegen dieser Aktion den Zug verpassen, kann ich mir die Blumen genauso gut gleich sonst wo hinstecken. Das ist mal sicher.

Da, Blumen! Es sind allerdings Plastikrosen, die einer Parfümerie als Dekoration dienen. Egal. Ich erwäge einen wagemutigen Diebstahl: schnell rein, schnell raus. Was soll schon passieren, schließlich brauche ich bloß ein oder zwei?

Unschlüssig scharwenzele ich eine Weile in der Nähe der Vase herum und begutachte schwer interessiert die Auslage. Als mein Verhalten schon auffällig zu werden droht, greife ich beherzt zu – und es passiert natürlich, was mir immer passiert: In meiner Hektik stoße ich gegen die metergroße Porzellanvase! Sie wankt gefährlich auf ihrem Sockel hin und her. Ich kann sie gerade noch festhalten.

»Hoppla!«, entfährt es mir zu laut. Die rosa getünchte Parfümistin schaut in dem Moment herüber, in dem ich die Vase auffange. Zu meiner Überraschung lehnt die Getünchte meine Entschuldigung wortreich ab: »Ach was, nein, nein, Sie sind nicht der Erste, der gegen das blöde Ding stößt.«

Ich bin wohl nicht der Einzige, der in diesem Terminal einen Blumenladen vermisst, denke ich. Sage aber mit leicht vorwurfsvollem Unterton: »Ja, die steht hier wirklich etwas ungünstig.« Sie nickt eifrig, während ich die Vase sorgsam wieder auf den Sockel stelle. »Entschuldigen Sie, wirklich. Ich muss das noch mal dem Chef sagen.«

Mein Plan B ist, wie ich überrascht von mir selbst feststelle, echt russisch: Früher hätte ich mich das nie getraut, doch jetzt weiß ich: Mit etwas Geld und guten Worten geht alles. Mein Plan besteht darin, die Verkäuferin zu bequatschen und das Ganze mit einem üppigen Trinkgeld sowie dem Kauf eines Parfums zu garnieren. Genau genommen schulde ich Annuschka ja noch eines, und inzwischen weiß ich zumindest, welches ihr nicht gefällt. Ich grabsche eilig nach irgendetwas anderem als »Chanel N°5« und wende mich wieder der rosafarbenen Parfümistin zu: »Ach, wo ich die Blumen da sehe …«

Tatsächlich hat sie offenbar Verständnis für meine romantische Notsituation und schenkt mir generös zwei Rosen aus dem riesigen Strauß. Beim Bezahlen wird mir dann aber klar, warum: Ich habe in der Eile vermutlich das teuerste Zeug gegriffen, das das Angebot hergibt. 130 Euro für ein paar Zentiliter Trallala plus zehn Euro Tip – und das alles für zwei Plastikblumen! Na ja, was soll's. Ich haste einigermaßen zufrieden zurück zum Bahnsteig. Unterwegs nehme ich mir vor, in Zukunft vor Anwendung der russischen Methode genauer das Verhältnis von Einsatz und Gewinn abzuwägen. So würde es Semjon doch auch machen. Bis ich seine Meisterschaft erreicht habe, wird dies aber ganz gewiss nicht mein letztes Lehrgeld gewesen sein.

Siegessicher ziehe ich die beiden Plastikrosen hinter meinem Rücken hervor, als ich wieder vor Annuschka stehe. »Willkommen in Deutschland!«

Ich bin zwar schon etwas enttäuscht, dass sie meine Bemühungen lediglich mit einem süß-sauren Nicken quittiert, schiebe das aber zunächst auf die Tatsache, dass bereits der Zug einfährt.

Als wir unsere Plätze eingenommen haben, fühle ich mich bemüßigt, Anna zu erklären, warum es keine echten Rosen sind. »Ich weiß, du hast es nett gemeint, Markus. Aber Plastikblumen und noch dazu eine gerade Anzahl schenkt man in Russland nur den Toten.«

»Ach was?« Wieder was gelernt. Ich weiß zwar nicht, ob russische Frauen auch Sträuße größeren Umfangs nachzählen. Aber wer protzen will und dabei auf Nummer sicher gehen, sollte in Russland lieber 101 statt 100 rote Rosen schenken.[18]

Trotzdem bin ich geknickt. Dann fällt mir das Parfum in meiner Jackentasche ein. Wenn *das* jetzt nicht zieht, werde ich meine Kavaliersgeschenke künftig auf Dessous in ungerader Anzahl beschränken. Da bin ich aberglaubenstechnisch auf der sicheren Seite und habe im Zweifelsfall wenigstens selbst was davon. Aber sie freut sich. Riesig sogar.

Anna betrachtet neugierig die deutsche Landschaft, die am Fenster vorüberzieht – beziehungsweise das, was man auf der Strecke Frankfurt–Köln noch von Deutschland zu sehen bekommt, wenn der ICE nicht gerade mit 400 Stundenkilometern an Lärmschutzwänden vorbeidonnert.

»Es ist alles so … aufgeräumt«, sagt sie.

18 Achtung! Vorher unbedingt noch vergewissern, dass 101 nicht irgendeine Unglückszahl in Russland ist.

So habe ich das noch nicht gesehen. Taunus und Westerwald gehörten für mich als Großstädter bisher eher schon zur Kategorie Urwald, in dem Räuber und Bären hausen. Was aber vom Zug aus zu sehen ist, ist tatsächlich weitgehend flurbereinigt.

»Na ja«, erwidere ich, um ihre kleine Spitze auf den deutschen Ordnungssinn ein bisschen zurechtzustutzen, »es ist halt eine alte Kulturlandschaft. Deutschland ist eben viel dichter besiedelt.«

Sie nickt. »Ich meine das auch gar nicht negativ. Es ist schön, aber halt anders als in Russland. Darf man hier im Wald Pilze sammeln?«

Ich habe keine Ahnung, denn ich war noch nie Pilze sammeln. Insgeheim halte ich es für durchaus vorstellbar, dass das deutsche Naturschutzgesetz eine etwa achtzigseitige Pilzsammelverordnung enthält: »Nach Verzehr der gemeinen Stinkmorchel hat der Sammler das Ausatmen für eine Stunde zu unterlassen, um Geruchsbelästigung Dritter zu vermeiden. (...) Bei versehentlichem Genuss des tödlichen Knollenblätterpilzes hat der Sammler unverzüglich einen Friedhof aufzusuchen. Das Fortsetzen des Pilzsammelns ist hier nicht gestattet.« Und so weiter.

»Ja, selbstverständlich.«

Annuschka reibt sich voller Vorfreude schon die Hände. »Das müssen wir unbedingt machen.«

Kennt sich Anna mit der hiesigen Pilz-Flora aus?

»Natürlich nur, wenn du dafür eine Lizenz hast.«

Sie mustert mich kritisch. »Echt?«

»Ja klar, du brauchst in Deutschland auch einen Angelschein, wenn du angeln willst. Genauso ist es mit den Pilzen, man muss eine Prüfung ablegen.«

Wenn ich das jetzt so stehen lasse, komme ich elegant drum herum, als Versuchskaninchen herhalten zu müssen. Leider muss ich aber grinsen. Annuschka ist immer noch verunsichert. »Ach komm, jetzt sag schon!«

Pilze zu sammeln stelle ich mir eigentlich ganz lustig vor. Ich muss sie ja nicht essen.

»Nein, das war ein Witz. Klar machen wir das mal.«

»Klasse! Ohne Pilze zu sammeln wäre der Sommer auch kein richtiger Sommer für mich.«

»Kennst du dich denn gut aus mit Pilzen?«

Brüsk wischt sie jeden Zweifel vom Tisch: »Ich sammle, seit ich laufen kann. Semjon hat mir alles beigebracht.«

»Aber vielleicht gibt es in Deutschland andere Pilzsorten als in Russland?«

»Blödsinn.«

Ich mache arglose Miene zum tödlichen Spiel. »Okay, ich vertraue dir.«

Annuschka strahlt. Und ich kann mir immerhin noch bis zum Spätsommer überlegen, wie weit mein Vertrauen in Anna wirklich reicht.

Zu Hause. Als wir beide mit unserem Gepäck vor dem alten Gründerzeitbau stehen und ich die Schlüssel hervorkrame, wird uns glatt etwas feierlich zumute: Es geht also los, das neue Leben. Ich überlege, ob ich Annuschka gleich hier unten oder lieber oben über die Schwelle trage. Dann beschließe ich, mir das doch lieber für nach der Hochzeit aufzuheben. Zu viel Pathos jetzt.

Anna staunt nicht schlecht beim Anblick des Hausflurs: Kronleuchter an der Stuckdecke, ein roter Kokosläufer geleitet die Treppen hinauf, an den Wänden Pläne und Stiche vom historischen Köln und auf den Treppenabsätzen große Topfpflanzen. Zumindest kann ich mit dem Hausflur punkten, denke ich, denn meine Wohnung hat sich seit der Studienzeit wenig verändert.

Früher nannte man das mal Junggesellenbude. Ich denke an die Spülmaschine, die seit Wochen (genau genommen jetzt seit Monaten) unangeschlossen mitten in der Küche herumsteht. Okay, streichen könnte man auch mal wieder.

An der Wohnungstür werfe ich alle Pathos-Bedenken über den Haufen. Es wird niemals einen besseren Moment als diesen geben, Annuschka über die Schwelle zu tragen! Das sollte sich leider noch bewahrheiten …

»Schau mal!« Anna hat sich ans Dekorieren der Wohnung gemacht. Irgendwo in den Tiefen meiner Schränke hat sie ein Stickdeckchen und eine Vase von Muttern gefunden, von deren Existenz ich schon lange nichts mehr wusste. Beides thront jetzt samt einem bunten Blumenstrauß auf der Mikrowelle. »Äh, ja schön. Aber ich würde das doch eher auf den Tisch stellen, wegen der Lüftungsschlitze.«

»Welche Lüftungsschlitze? Nein, da kommt die andere Vase hin.«

Ich habe tatsächlich mehr als eine Vase? Erstaunlich.

»Oben auf der Mikrowelle sind so Schlitze, und die sind nicht da angebracht, damit sie windschnittig aussieht wie ein Sportwagen im Retrolook. Da kommt die Abluft raus.«

»Abluft, mhm.«

»Na ja, eine Mikrowelle produziert Hitze, das ist sozusagen ihre Existenzberechtigung.«

Annuschka schiebt das Deckchen wenig überzeugt ein paar Zentimeter nach rechts. »Sieht aber doch schöner aus so.«

»Ja, schon.« Ich gebe auf.

Ich will auch nicht gleich an allem herummäkeln, was Anna verändert. Außerdem suche ich sowieso gerade die Fernbedienung. Als ich zurück ins Wohnzimmer gehe, entdecke ich sie neben dem Fernseher. Da lag sie noch nie. Was soll sie da auch? Am Fernseher kann ich den Fernseher auch ohne Fernbedienung bedienen. Aber Frauenlogik geht nun mal anders: Sie gehört zum Fernseher, also hat sie beim Fernseher zu liegen.

Erst wenn man mit einer Frau zusammenwohnt, wird einem klar, dass sie nach 200 000 Jahren immer noch nicht so richtig verstanden haben, warum wir Männer den technologischen Fortschritt, ja die Technologie an sich entwickelt haben: Wir sind stinkfaul!

Wir hatten einfach keinen Bock mehr zu latschen, nur deshalb gibt es das Rad. Okay, ich kann nicht beweisen, dass das Rad von einem Mann erfunden wurde, aber bei der Fernbedienung bin ich mir ziemlich sicher. Daher akzeptiere ich das Deckchen auf der Mikrowelle, aber die Fernbedienung bleibt in der Sofaritze, basta![19]

Apropos Männer und Technik: Ich würde wirklich nicht so weit gehen, mich als Heimwerker zu bezeichnen, aber ich dilettiere gern fröhlich drauflos. So wie mit der Spülmaschine.

Kann ja nicht so schwer sein. Irgendwo läuft Wasser rein, und das muss irgendwo auch wieder raus. Und das Ganze möglichst, ohne dass der Küchenboden aufweicht. Das wäre fatal, denn unter uns wohnt mein Vermieter. Herr Uelzen weiß noch nichts von Annuschka. Und wahrscheinlich wäre es nicht der beste Start, wenn sie ihn durch das Loch im Küchenboden begrüßt, nachdem die Spülmaschine durch selbigen gefallen ist. Da muss man bei Altbauten vorsichtig sein. Im Übrigen setzt sich die Akkuratesse unseres Hausflurs nahtlos in seiner Wohnung fort. Also Obacht!

19 Sie liegt natürlich immer noch beim Fernseher. »Seufz …«

Ich habe mich mit einer Rohrzange bewaffnet und meinen alten blauen Pulli mit dem Reißverschlusskragen angezogen. Dunkelblau strahlt unheimlich viel handwerkliche Kompetenz aus, es macht den Handwerker erst zum Handwerker, sozusagen. Mit Genugtuung registriere ich Annas ehrfürchtige Bewunderung: »Und du bist sicher, dass du das allein schaffst?«

»Klar.«

»Semjon macht nie was selbst. Der weiß immer nur ganz genau, wie alles geht, machen müssen es dann die anderen.«

Insgeheim bezweifle ich, dass Semjon ein schlechterer Handwerker ist als ich.

»Na ja, ich versuche eigentlich immer erst mal, alles selbst zu machen.« Das ist nicht mal gelogen, von meiner Erfolgsquote war ja nicht die Rede.

Ich beginne also, den Wasserhahn des Spülbeckens von der Zuleitung abzuschrauben, denn da muss ja das »Wasserverteilungsspülmaschinenzuleitungsdings« dran, wie wir Fachleute es nennen. Es fängt sehr schnell an, sehr heftig zu spritzen. Da hätte ich wohl besser vorher den Haupthahn zugedreht, fällt mir ein. Wo war der noch? Scheiße!

Annuschka ruft mir etwas zu, während ich noch mit dem Kopf im Spülunterschrank stecke und versuche, die Zuleitung so schnell wie möglich wieder festzuschrauben: »Hier läuft Wasser, ist das normal?«

»Ja, ja, äh, nimm einen Putzlappen.«

Der Haupthahn ist im Bad. Ich starte den zweiten Versuch. Diesmal habe ich sogar daran gedacht, vorher einen Eimer drunterzustellen. Läuft doch wie geschmiert. Wenn auch mehr als geplant war.

Nachdem ich die eine Zuleitung abgeschraubt habe, fällt mir auf, dass es noch eine zweite gibt. Wozu ist die denn? Ach ja,

Warm- und Kaltwasser. Braucht eine Spülmaschine Warm- oder Kaltwasser? Ich bin verunsichert. Zum Glück bekommt Anna davon nichts mit, da ich mit dem Kopf wieder im Unterschrank stecke.

»Geht's?«

»Ja.«

»Kann ich was tun?«

»Nein, nein, alles bestens.«

Im schummrigen Halbdunkel des Unterschranks meditiere ich eine Weile über das Wesen der Spülmaschine. – Eigentlich ganz gemütlich hier, wenn's nicht so nass wäre. – Bestimmt macht sie sich das Wasser selbst warm, wenn sie es warm braucht. Wozu hat sie sonst einen Temperaturwahlschalter!

Nachdem ich also die Warmwasserzuleitung wieder fest und die Kaltwasserleitung ab und das Wasserverteilungsspülmaschinenzuleitungsdings dazwischen geschraubt habe, muss ich nur noch den Schlauch fürs Abwasser an den Siphon schrauben, und fertig ist die Laube.

Wasser marsch!

»Drehst du mal auf, Annuschka?«

»Wo denn?«

»Na, den großen Hahn im Bad, der direkt auf der Wand sitzt, über der Wasseruhr.« Ts, Frauen!

Anna dreht auf, und das Spülmaschinenzuleitungsdings schießt durch den Unterschrank und schlackert am Schlauch gegen die Wände. Plock-plock-plock-plock! »Zu, zu, zu!!!«

Womöglich hätte ich diese eine lose Kopfmutter vorher doch noch irgendwo festschrauben sollen. Aber »Learning by doing« ist nun mal die Hymne aller Dilettanten. Am Ende bekomme ich aber tatsächlich noch alles dicht und die Spülmaschine zum Laufen.

»Mein Held!«, ruft Annuschka und schlingt die Arme um mich.

»Ja, bitte schreib mal an Putin, ob sich irgendwo im Kreml noch eine goldene Ehrennadel ›Held der Arbeit‹ findet.«

»Mach ich sofort. Aber erst will ich wissen, ob das Geschirr da drin auch sauber wird.«[20]

20 Wird es. Ich ziehe es allerdings immer noch vor, anwesend zu sein, wenn die Spülmaschine läuft. Wer weiß, ob sie sonst nicht doch noch unten bei Vermieter Uelzen landet.

20.

Ansichten eines Vaters

»Markus, es brennt!« Anna kommt panisch zum Schreibtisch gerannt, sie ist kreidebleich. Ich eile mit ihr in die Küche, wo es deutlich nach Kabelschmorbraten riecht. Nichts für Gourmet-Gaumen. Die Mikrowelle qualmt munter vor sich hin, ich ziehe hastig den Stecker. Zum Glück hört das Qualmen dann auch ziemlich schnell auf.

»Hab ich's nicht gesagt?« Ich schaue Annuschka an, die hüstelnd mit einem Küchenhandtuch wedelt.

»Meinst du wirklich, das lag an dem Deckchen?«

Ich atme tief durch. »Nein, nein, das war jetzt reiner Zufall. Vielleicht ist sie auch einfach allergisch gegen Blumen, die Mikrowelle.«

So viel Sarkasmus muss sein. Anna steckt der Schreck noch in den Gliedern, sie schaut verdattert auf das geschrottete Gerät. »Shit! Sorry.«

»Ach, egal, Gewärmtes aus der Mikrowelle schmeckt sowieso nicht.«

»Aber praktisch ist es schon.«

Ich wittere eine Neukauf-Diskussion. Da ich Mikrowellen eigentlich total überflüssig finde, lege ich den Arm um Annuschka und sage traurig: »Ja, wirklich schade, dass sie kaputt ist, sie war ein Geschenk meiner Mutter.« War sie wirklich. Meine Mutter ist passionierte Schnäppchenjägerin und schleppt dauernd wahnsinnig nützlichen Haushaltskram an. Sie selbst hat natürlich schon alles.

»Ehrlich?« Anna schaut mich betroffen an. Ich nicke mit einem wehmütigen Seufzer und setze ein verzeihendes Lächeln auf.

»Aber eigentlich brauchen wir das Ding doch gar nicht, oder?«

Was soll sie da schon sagen? Annuschka schüttelt den Kopf. »Nein, du hast recht.«

Abgesehen davon, dass unser Leben doppelt gefährlich geworden ist, bestätigt sich, was sich schon in Russland gezeigt hat. Meine Single-Wohnung hat zwar zwei bewohnbare Zimmer und keinen Geist, aber so viel größer als die Wohnung der Veteranin ist sie auch nicht. Noch dazu arbeite ich zu Hause, so dass Anna und ich den ganzen Tag aufeinanderhocken. Und trotzdem gehen wir uns eigentlich nie auf die Nerven. Ich bin immer noch ein bisschen erstaunt über mich selbst, aber ich liebe es tatsächlich!

Das Einzige, was mir insgeheim Sorgen macht, ist die Tatsache, dass ich praktisch eine ganze Familie und Freunde ersetzen muss: Vater, Mutter, Bruder, Oma, Onkel, Tanten. Kann ich das wirklich leisten?

Annuschka muss unabhängiger werden, so viel ist klar. Um unabhängiger zu werden, muss sie mobil sein, und um mobil zu sein, braucht sie ein Fahrrad, denn Anna hat keinen Führerschein. Das ist in Russland nach wie vor nichts Ungewöhnliches, wenn auch die Zahl der autofahrenden Frauen rapide steigt. Was allerdings nicht steigt und bestimmt auch die nächsten zweihundert Jahre nicht steigen wird, ist die Zahl fahrradfahrender Frauen in Russland. Dort fährt praktisch kein Schwein Fahrrad, weder in

Nordsibirien noch am sonnigen Schwarzmeer. Und wenn doch mal ein Russe Fahrrad fährt, dann bis über beide Ohren gedopt die »Tour de France«.[21] Wenn man mal in Russland war, fragt man sich tatsächlich, wann und wo ein russischer Radprofi wie Winokurow das Fahrradfahren gelernt hat und ob er neben den ganzen Pillen nicht auch heimlich Stützräder benutzt hat, wenn gerade keiner hinguckte.

»Wir brauchen ein Fahrrad für dich«, sage ich also arglos zu Annuschka und bin erst mal perplex, wie perplex sie reagiert:

»Ein Fahrrad? Wozu?«

»Weil in Köln eigentlich jeder Fahrrad fährt. Es ist einfach das effektivste und schnellste Verkehrsmittel hier, besonders, wenn du so nah am Zentrum wohnst wie wir.«

»Aha, mhm. Aber wir können doch Bahn fahren.«

»Bis wir zu Fuß zur U-Bahn gelaufen sind, sind wir mit dem Fahrrad schon längst angekommen. Außerdem benutze ich die Bahn nur bei schlechtem Wetter. Ich mag Bahnfahren nicht besonders.«

»Okay, ich auch nicht. Aber wenn schönes Wetter ist, können wir doch zu Fuß gehen.«

»Warum sollten wir denn zu Fuß gehen?«

»Du sagst doch selbst, wir wohnen total nah am Zentrum.«

Ich atme tief durch. Dann dämmert mir plötzlich, was hier los ist: »Kannst du überhaupt Rad fahren?«

Annuschka zieht nachdenklich einen Flunsch. »Als ich das letzte Mal gefahren bin, war ich so sechs oder sieben ...«

»Also kannst du's oder kannst du's nicht?«

»Ich müsste es halt mal ausprobieren. Irgendwo, wo viel Platz ist.«

21 Das ist nicht diskriminierend, das machen da alle.

Viel Platz und wenig, gegen das man fahren kann. Ideal wäre die Sahara, wenn man da Fahrrad fahren könnte. Kurz bin ich unsicher, ob meine Idee wirklich eine gute ist, Leuten wie uns passieren schließlich die unglaublichsten Unfälle. Wenn Anna beispielsweise mit dem Fahrrad von einer Rheinbrücke fällt, könnte ich nicht mal die Familie Mischina von ihrem Ableben in Kenntnis setzen. Sollte ich also sicherheitshalber erst einen Russischkurs absolvieren, bevor Annuschka aufs Fahrrad steigt? Na ja, vielleicht kann man das parallel betreiben.

»Gut«, sage ich, »wir gehen mal runter und testen, wie gut du es noch kannst.«

Blanke Panik flackert in Annas Augen auf. »Jetzt? Hier auf der Straße?«

»Keine Sorge, hier fahren kaum Autos.«

»Och nö, lieber nicht.«

Nachdem ich noch einmal in den höchsten Tönen die Vorzüge des Radfahrens gepriesen, an ihren Ehrgeiz appelliert und ihr in den schillerndsten Farben die wunderbaren Fahrradausflüge ausgemalt habe, die wir den ganzen Sommer lang machen könnten, steht Annuschka schließlich unten auf der Straße vor meinem Rad.

»Wie soll man denn da bitte raufkommen mit dieser blöden Stange in der Mitte?! Das kann ich nicht.«

Ich krame noch irgendein altes Damenrad aus dem Schuppen. Doch auch bei diesem ist der Einstieg viel zu hoch, wie mir Anna versichert, nachdem sie es eher halbherzig probiert hat. Was wir brauchen, ist ein Oma-Rad mit extra tiefem Einstieg.

Ein Fall für Mutti, die größte Schnäppchenjägerin östlich des Rheins: Die findet heraus, dass meine ebenso geschätzte wie beleibte Tante Rita noch genau so ein Rad im Keller hat. Nagelneu und praktisch unbenutzt. Tante Rita hatte sich überlegt, dass es ihren Pölsterchen – oder sagen wir besser Polstern – gut zu Gesicht stünde, ein bisschen Rad zu fahren. Dazu kaufte sie sich das extra stabile Rad mit extra tiefem Einstieg. Nur um festzustellen, dass sie bereits viel zu gut gepolstert war, um überhaupt noch Rad fahren zu können.

So kommen wir auch gleich noch zum Antrittsbesuch bei meinen Eltern. Und in Leverkusen kenne ich sogar einen Ort mit sehr, sehr viel Platz. Quasi wie die Sahara, bloß asphaltiert. Mein Motorradfahrlehrer hatte mich einst hierhergelotst. Nach einem ersten Beweis meines überragenden Fahrtalents war er damals ernsthaft besorgt gewesen, einen guten Kunden zu verlieren.

Meine Eltern standen meinen Freundinnen zum Glück immer sehr unvoreingenommen gegenüber: Wenn Markus sie mag, wird schon etwas Liebenswertes an ihr dran sein.

Trotzdem bin ich auf der Fahrt nach Leverkusen ein bisschen nervös. Das Internet ist auch für meine Eltern ein Buch mit sieben Siegeln; und Annuschka ist nicht bloß das erste Internet-Date, das ich anschleppe, sondern auch noch aus Russland. Und dann mein Vater …

Ich befürchte ja nicht, dass Vatter Müller mich zur Seite nimmt und raunt: »Hätte es denn keine Deutsche sein können?«, aber der alte Müller politisiert unheimlich gerne. Je älter er wird, desto unverblümter tut er jedem seine Meinung kund, egal, ob's interessiert oder nicht. Wenn es nach ihm geht, sind sowieso alle Politiker korrupte Verbrecher – das gilt erst recht für die russischen. Einerseits entspricht das zwar genau dem, was auch die meisten Russen von ihren Politikern denken. Andererseits könnte es durchaus sein, dass Anna seine recht direkte Art als Ablehnung ihrer Person missinterpretiert. Schon familienintern sorgen die Aussagen meines Vaters gelegentlich für Irritationen, zumal meine ältere Schwester selbst in der Politik ist. Im Übrigen steht Clara ihrem Vater in nichts nach, wenn es darum geht, harte Kante zu geben. Schließlich hat sie von klein auf beim Meister persönlich gelernt. Wenn die beiden aufeinanderprallen, entwickelt die Diskussion mitunter eine Lebhaftigkeit, die in anderen Familien als blanker Krieg interpretiert würde. Bei den Müllers ist das ein ganz normales Kaffeekränzchen.

Ich warne Annuschka vor: »Wenn mein Vater sich bei irgendeinem Thema aufregt, nimm's nicht persönlich. Er regt sich ganz gern mal auf.«

Anna ist leicht irritiert. »Was für ein *Thema*?«

»Na ja, das weiß man vorher eben nie so genau. Momentan ist, glaube ich, Haustierschutz sein großes Ding, weil meine Eltern einen Hund und zwei Katzen haben.«

Annuschka zuckt die Achseln. »Okay, ich hab ja auch eine Katze.«

»Schon, aber du kämst nicht auf die Idee, eine Parallele zu Hitler oder Stalin zu ziehen, weil du etwas über die Massentötung von streunenden Katzen in Moskau gehört hast.«

Anna runzelt die Stirn.

»Ich will nur sagen, mein Vater ist wirklich ein netter Kerl, aber man weiß nie, was ihm gerade so durch den Kopf geht. Also nimm's einfach nicht persönlich.«

»Ja, gut.«

Annuschka ist sichtlich verunsichert.

»Und deine Mutter?«

»Mit der wirst du dich prima verstehen, da bin ich sicher.«

Jetzt sinkt sie einigermaßen erleichtert in den Sitz, deshalb spare ich mir den Hinweis, dass man sich auch mit Mutter Müller besser nicht über das Elend der Haustiere dieser Welt streitet.

Mutter und Vater Müller fragen dann gar nicht groß nach, wie und wo genau Annuschka und ich uns im Netz kennengelernt haben. Für sie ist es offenbar vollkommen logisch, dass man sich in etwas, das sich World Wide Web nennt, mit einer Ausländerin befreundet und keiner Deutschen. Ich rechne meinem Vater außerdem hoch an, dass er seine eingerosteten Englischkenntnisse wieder hervorkramt. Er bemüht sich redlich, und seine differenzierte Analyse der russischen Innenpolitik beschränkt sich dann auch auf die Frage: »Wie könnt ihr bloß unter einem Arschloch wie Putin leben?«

Offenbar war es vorausschauend von mir, Annuschka vorzuwarnen. Sie zuckt bloß die Achseln: »Keiner in Russland interessiert sich für Politik. Wir haben einfach Wichtigeres zu tun, als uns mit unseren Politikern zu beschäftigen.«

Das nimmt Vatter irgendwie den Wind aus den Segeln. Zudem punktet Anna mit ihrem Lehrerberuf: Der Vater meiner Mutter war nämlich Schuldirektor, und mein Vater hat ihn sehr geschätzt. Beim Thema Haustiere geht es dann erfreulicherweise nur um Kameltransporte in Marokko – »Schrecklich, schrecklich …«.

47-Kilo-Anna auf einem Rad zu sehen, das speziell für Menschen gemacht ist, die mindestens das Dreifache wiegen, ist dafür ein ganz besonderer Anblick. Ich befürchte zunächst, dass das Gerät sie unter sich begräbt, sollte sie fallen, aber Annuschka findet den Drahtesel genau richtig. Dass dieses Fahrrad ungefähr so viel wiegt wie ein Bus, macht ihr überhaupt nichts aus. Im Gegenteil: Sie fährt es auch genauso. Als wir in der Leverkusener Asphalt-Sahara Achten fahren üben, entspricht ihr Wendekreis ziemlich genau dem eines Ziehharmonikabusses. Umsichtigerweise kündigt sie den vermeintlichen Fahrgästen ihres Busses auch noch die geringste Geschwindigkeitsveränderung an: »Aaachtung, ich breeeemse!«

Nicht, dass womöglich noch jemand, der sich auf ihren Gepäckträger verirrt hat, aus der Kurve fliegt. Weil sie es mit einer sagenhaften Vollbremsung von etwa fünf Stundenkilometern auf null trotzdem schafft, mich und mein eigenes Fahrrad zu rammen, reibe ich mir mein schmerzendes Knie und gehe der Frage auf den Grund, warum sie tatsächlich auch den Bremsweg eines Busses benötigt.

Ich schwinge mich auf Annas Rad und gebe richtig Gas, um die Bremswirkung ordentlich zu testen. Meine Vollbremsung ist denn auch ein voller Erfolg – nur der Zeitpunkt kommt unerwartet: Annuschkas neues Heavy-Metal-Rad hat eine Rücktrittbremse!

Das Rad hebt hinten ab, und ich segle elegant über die Lenkstange. Nach kurzem, relativ ereignislosem Flug setze ich zur Landung auf dem Rollfeld an … Jetzt machen sich meine zahlreichen vorangegangenen Flugstunden bezahlt: Irgendwie gelingt es mir zu verhindern, dass ich mit dem Gesicht abstoppe. Stattdessen schlage ich ein paar Purzelbäume und titsche lediglich mit dem Hinterkopf auf.

Als ich wieder zu mir komme, blicke ich in Annas schreckgeweitete Augen: »Markus!«

Sie schüttelt mich heftig, was meinen Kopfschmerzen nicht zuträglich ist. »Stopp, hör auf, bitte!«

Annuschka lässt erleichtert von mir ab, während ich die Riesen-Beule an meinem Schädel befühle.

»Was ist denn passiert?« Diese Frage stelle nicht etwa ich, sondern Anna. Ich muss mich kurz sammeln, um sie zu beantworten: Wo bin ich? Wie heiße ich? Sind die blutig zerschundenen Dinger am Ende meiner Arme meine Hände, und kann ich noch problemlos die Finger durchzählen? Eins, zwei, drei, vier, fünf …

Alle da. Puh! Ich rapple mich auf und kläre Annuschka, leicht schwankend, aber fachmännisch, über den Unfallhergang auf.

»Ach so, es gibt *noch* eine Bremse. Ja, das musst du mir natürlich vorher sagen«, Annas Ton ist vorwurfsvoll.

Hätte ich, wenn ich geahnt hätte, dass überhaupt noch Räder mit Rücktrittbremse produziert werden. Im Stillen denke ich, dass diese »Kinderfahrrad-Bremse« eigentlich genau das Richtige für Annuschka ist. Zurzeit fühle ich mich bloß nicht in der Position, laut zu spotten.

»Tut mir leid. Mein Fehler.«

Nachdem wir also herausgefunden haben, wie man den Fahrrad-Panzer zum Stehen bringt, wird Anna mutiger. Rad fahren ist glücklicherweise wie Rad fahren: Man verlernt es nicht. Wieder bei meinen Eltern, lasse ich mich von meiner wenig beeindruckten Mutter routiniert notversorgen.

Zum Abendessen kommt dann bei den Müllers doch noch ein heikles Thema auf den Tisch:

»Und wollt ihr nun heiraten oder nicht?«, platzt meine Mutter mit inquisitorischer Neugier heraus. Ich bleibe vage: »Na ja, wir wissen noch nicht, ob das klappt.«

»Was klappt denn nicht?«

Vater Müller grinst. »Also, ich hab den Eindruck, es klappt ganz gut bei euch.«

Da kommt mir unser frustrierendes Erlebnis im Konsulat in Jekaterinburg gerade recht. Ich bin mir nämlich sicher, dass Mutter Müller sich eine Bilderbuch-Hochzeit mit der ganzen Mischpoke und allem Drum und Dran wünscht – und genau das will ich nicht. Ich will unter keinen Umständen wochenlang ein pompöses Fest organisieren, von dem ich dann selbst nichts habe, weil ich der hyperventilierende Gastgeber bin. Und nein, einen schwulen Wedding Planner zu engagieren, ist *keine* Option. Außerdem müssten wir mit derlei Planungen praktisch jetzt schon beginnen, da Annuschkas Visum doch nur für drei Monate gilt.

Was ich allerdings überhaupt nicht weiß: Wie stellt Anna sich unsere Hochzeit vor? Womöglich will sie genau den ganzen Kram, den ich nicht will?

Jetzt, wo Mutter Müller das Thema so offenherzig anspricht, merke ich erst, wie heikel es eigentlich ist. Es besteht unbedingter Redebedarf zwischen Annuschka und mir, und deshalb sind unsere vermeintlichen Visa-Probleme ein willkommener Anlass, das Thema aufs Tapet zu bringen.

»Ja, dann hoffe ich mal, dass ihr das mit dem Visum geklärt bekommt«, gibt Mutter Müller uns noch sorgenvoll mit auf den Weg. Ich nicke zuversichtlich und riskiere einen Seitenblick zu Anna. Vorerst hoffe ich mal, dass das das einzige Problem bleibt.

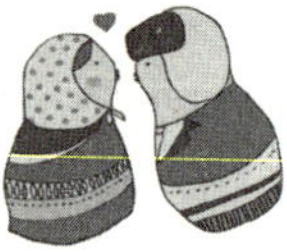

21.

Das Schloss der Standesbeamten

Ich knie am Boden und schaue dankbar zu Annuschka auf. »Ich bin so froh, dass du das genauso siehst.«

»Na ja, weißt du, meine Verwandten könnten wir sowieso nicht einladen. Und wenn ich auf unserer Hochzeit ganz allein unter deinen Leuten wäre, würde mich das nur traurig machen.«

Über diesen Aspekt habe ich mir noch gar keine Gedanken gemacht. Aber Anna hat natürlich recht: Auch ich würde mir bei meiner Hochzeit in Russland womöglich ziemlich verloren vorkommen als einziger Deutscher. Annuschka und ich sind uns daher einig, dass unsere Hochzeit maximal im Beisein unserer Eltern stattfinden soll. Am liebsten wären wir dabei sogar ganz allein. Letztlich ist Heiraten doch eine Sache, die hauptsächlich zwei Menschen angeht, und die haben verdammt noch mal auch das Recht, diesen Tag so zu gestalten, wie sie ihn am schönsten finden. Soll sich unsere Mischpoke anderswo mit Braten und Alkohol abfüllen.

Ich bin übrigens nicht etwa vor lauter Dankbarkeit vor Annuschka auf die Knie gefallen, ich *hocke* vielmehr auf dem Badezimmerboden und schraube in ungehemmtem Nestbautrieb an einer Lampe herum. Gerade kam mir nämlich die wahnsinnig einfallsreiche Idee, die beiden Halogenleuchten, die eigentlich an unseren neu erworbenen Spiegelschrank gehören, an den viel schöneren gerahmten Spiegel zu schrauben, der bereits über dem Waschbecken hängt.

»Okay, aber was machen wir dann mit dem Spiegelschrank?«, fragt Annuschka.

»Den hängen wir an der Wand gegenüber auf, dann können wir uns beim Zähneputzen gegenseitig auf den Hintern glotzen.«

»Gute Idee.« Anna packt mich mit einem kräftigen Griff am Allerwertesten. Dabei rutscht mir der Schraubenzieher ab und bohrt sich in meine linke Hand.

»Aua!«

Zum Glück ist die Hand noch recht gut geschützt dank der Verbände vom Fahrradunfall, ein frischer Blutfleck breitet sich gemütlich darunter aus.

»Oh! Das wollte ich nicht. Schlimm?«

Ich lächle tapfer, »Nee, nee, geht schon«, und ziehe die letzte Schraube an der Lüsterklemme fest.

»Sieht gut aus. Aber kann man diese Halogenlampen denn einfach so woanders anschließen?«

Der Elektrofachmann zuckt mutig die Achseln. »Klar. Mach mal an!«

Annuschka betätigt den Lichtschalter, und es gibt einen satten, lauten Knall. Sie flüchtet mit einem panischen Schrei aus dem Bad, während ich mit dem Schraubenzieher in der Hand belämmert im Dunkeln stehe. Die Sicherung ist rausgeflogen – alle vier Halogenbirnchen sind sofort explodiert.

Anna ruft ängstlich aus der Diele: »Markus? Geht's dir gut, Markus?«

»Alles in Ordnung. Sieht so aus, als bräuchten wir neue Birnen.« Es war zwar eine einfallsreiche, aber möglicherweise nicht besonders durchdachte Idee, 12-Volt-Lampen ohne Adapter direkt an 220 Volt anzuschließen …

Annas Dokumente sind ins Deutsche übersetzt, gestempelt, apostilliert, beglaubigt, et cetera pp. Wir haben mit dem Kram wirklich alles angestellt, was man machen kann und muss, fehlt nur noch die Parfümierung mit Echt Kölnisch Wasser. Das Kölner Standesamt liegt nämlich idyllisch in der Altstadt, vis-à-vis dem »Farina-Haus«, dem Geburtshaus des Eau de Cologne. Signore Farina brachte einst den edlen Duft nach Köln. Sein Wässerchen wurde schnell über die Grenzen der Stadt hinaus berühmt. Kein Wunder, denn wer es sich vor 300 Jahren leisten konnte, hat sich lieber parfümiert, anstatt ein Bad zu nehmen.

Eine Weile hatten wir die Angelegenheit in stillschweigender Übereinkunft vor uns hergeschoben. Doch es führt natürlich kein Weg am deutschen Standesamt vorbei, wenn wir tatsächlich heiraten wollen.

Hoffentlich sind die Beamten derart benebelt vom nachbarschaftlichen Kölnisch Wasser, dass sie die kleinen Unstimmigkeiten bei der Bestellung unseres Aufgebots schlichtweg übersehen.

Das ist leider nicht der Fall.

Der Standesbeamte begutachtet feindselig Annas Pass, ein hagerer, knochiger Typ mit Beamtenbrille, abstehenden Ohren und einer großporigen, leicht gekrümmten Spitznase mit viel zu großen Nasenlöchern. Seine Gesichtsextremitäten verschaffen ihm frappierende Ähnlichkeit mit Graf Zahl aus der Sesamstraße. Bartstoppeln kaschieren leidlich die Pockennarben, die von schlimmer Jugend-Akne künden. »Das ist ein Touristenvisum!«

Ich stelle mich erst mal dumm. »Ein ganz normales Schengen-Visum.«

»Wenn Sie mir das schon am Telefon gesagt hätten, hätten Sie sich den Besuch heute sparen können.«

»Aber es ist doch alles da: Meldebescheinigung aus Russland, Geburtsurkunde, Pass, alles übersetzt und beglaubigt.«

Er pocht auf Annuschkas Ausweis. »Aus diesem Pass geht ja nicht einmal hervor, ob die Dame noch ledig ist!«

Anna nestelt nervös an ihrer Halskette. Zwar hat sie nicht viel von dem verstanden, was Graf Zahl gesagt hat, aber sein Tonfall lässt keinen Zweifel. Irritiert übersetze ich Annuschka das Problem.

»Doch geht es!«, bemüht sie sich. » Wenn man in Russland heiratet, wird das im Pass abgestempelt.«

Das teile ich dem Beamten mit. Seine Augen verengen sich zu Schlitzen, als er Anna fixiert.

»Mag sein, aber *kein* Stempel reicht uns nicht. Ich brauche ein übersetztes und beglaubigtes Dokument, das bescheinigt, dass die Dame nicht verheiratet ist!«

Annuschka zuckt ratlos die Achseln und schüttelt den Kopf. »So was gibt es in Russland nicht, weil es ja aus dem Pass hervorgeht.«

Ich werde langsam sauer. »Sie sagen uns also, wir müssen nach Russland zurück und eine Ledigkeitsbescheinigung besorgen, die es gar nicht gibt, obwohl der nicht vorhandene Stempel im Pass beweist, dass meine Freundin ledig ist?«

»Es heißt Ehefähigkeitszeugnis. Das kriegen Sie schon, wenn Sie sich bemühen.«

Klar, in Russland ist mit den richtigen Connections, einer Schachtel Pralinen und einer Flasche Brandy alles möglich. Aber das kann doch nicht Grundlage des Verfahrens in einem deutschen Standesamt sein! Ich beginne zu bereuen, dass wir nicht an die Flasche Brandy gedacht haben. Ich würde sie Graf Zahl jetzt gern über den Kopf ziehen.

Ich schaue zu Anna hinüber. Die hat sich gerade mit dem

Ärmelknopf ihrer Jacke in der Perlenkette verheddert und versucht hektisch, sich wieder zu befreien.

»Wir können mit diesen Dokumenten also nicht in Deutschland heiraten?«

Er nickt. »Selbst wenn ich bei Ihnen eine Ausnahme machen würde, nützt Ihnen das gar nichts. Sie wollen doch sicher in Deutschland leben und nicht in Russland, da hätte Ihre Freundin gleich ein Heiratsvisum beantragen müssen.« Er lächelt süffisant. »So etwas gibt es eigentlich gar nicht, aber Leute wie Sie bezeichnen das gerne so. Was es gibt, ist ein Immigrationsvisum für Deutschland.«

»Ja, ja. Danke für den freundlichen Hinweis«, blaffe ich sarkastisch und springe auf. Ich bin mir gerade nicht mehr so sicher, ob wir in Deutschland leben wollen. Annuschka fühlt sich genötigt, ebenfalls aufzuspringen. Dabei zerreißt sie die noch immer verhedderte Halskette, und die Perlen hüpfen über den Boden.

»Shit!«, Annuschka ist den Tränen nahe. Und der türenschlagende Abgang, den ich mir vorgestellt hatte, ist leider ebenfalls perdu. Wir kriechen vor dem Schreibtisch herum und klauben hastig die Perlen wieder auf, während der Beamte selbst gerade mal seinen knochigen Hintern vom Stuhl erhoben hat, um uns auf die Tischplatte gestützt dabei zu beobachten.

»Geht's?«

»Keine Sorge.«

»Sind Sie so weit? Draußen warten noch andere.«

Ich spare mir eine Antwort.

»So«, er kommt hinter seinem Schreibtisch hervor und geht demonstrativ in Richtung Tür, »ich darf Sie dann bitten zu geh…«

Plötzlich sitzt er am Boden – und stöhnt. Eine Perle haben wir in der Eile wohl übersehen. Das muss weh getan haben, so ganz ohne rückwärtige Polsterung.

Anna bückt sich ganz nah vor seinem Gesicht und hebt die Perle auf.

»Ach, danke.« Sie lächelt.

Auch ich kann mir ein Grinsen nicht verkneifen. »'tschuldigung. Auf Wiedersehen.«

Trotz der kleinen Genugtuung schleichen wir wieder einmal wie zwei geprügelte Hunde aus einem deutschen Amt. Annuschka und ich blinzeln in eine Spätwintersonne, die ungerührt lacht, als wäre nichts geschehen.

»Was machen wir denn jetzt?« Anna klingt so niedergeschlagen, und ich möchte sie ein bisschen aufmuntern: »Ich gehe jetzt mal rüber ins Farina-Haus und frage, ob die mir eine Stinkbombe zusammenbrauen können.«

Annuschka lächelt matt. »Ich muss zurück nach Russland, Markus.«

Ich nehme sie in den Arm und küsse sie auf die Stirn.

»Ich gebe noch nicht auf. Wir haben noch über zwei Monate, bevor du zurückmusst. Jetzt werden wir erst mal im Internet nachschauen, wie andere Paare das gemacht haben.«

Anna schüttelt resigniert den Kopf. »Ich glaube nicht, dass ...«

Ich unterbreche sie liebevoll, aber bestimmt: »Das weißt du doch gar nicht, bevor wir nicht wenigstens mal recherchiert haben. Wenn es wirklich keine Lösung gibt, dann machen wir uns erst mal noch zwei schöne Monate. Und damit fangen wir jetzt sofort an: Lass uns irgendwo in der Sonne einen Kaffee trinken.«

»Es ist Februar ...!«

»Ja und?«

»Wie willst du denn ein Café finden, in dem man draußen sitzen kann?«

Ende Februar im Freien einen Kaffee trinken zu wollen, klingt für einen Russen etwa so, wie Mitte Juli die Skier auszupacken und nach einer gespurten Loipe Ausschau zu halten.

»Die Kölner werfen ihre Stühle vor die Tür, sobald sich die ersten Sonnenstrahlen hervorwagen.«

»Die werfen mit Stühlen?«

»Ja, nee. Ach, wir finden schon ein Café, vertrau mir.«

Kurz darauf räkelt sich Annuschka wie eine echte Kölnerin mit heißem Kaffee unter einem Heizpilz sitzend in der blassen Wintersonne. Kulturell scheint ihr die Eingewöhnung nicht schwerzufallen.

Zu Hause begegnen wir im Treppenhaus dem alten Uelzen. Schuldirektor a. D. Uelzen[22] unterhält sein Haus als eine Art Männerpension. Er selbst, geschieden, bewohnt eine Etage allein, die drei anderen sind jeweils in zwei Singlewohnungen aufgeteilt, die ausschließlich von Jungmännern bewohnt werden. Ich habe ihn mal gefragt, warum es im Haus eigentlich keine Mädels gibt. Seine Antwort: »Die machen nur Ärger.«

Die Scheidung ist für ihn offenbar nicht gut verlaufen.

Uelzen geht immerhin nicht so weit, Damenbesuch ausschließlich bis 22 Uhr zu gestatten, schließlich handelt es sich um ein ganz normales Mietshaus. Ganz Direktor fühlt er sich aber stets bemüßigt, »seine Racker« – also uns Mieter – mit Lebensweisheiten und Hausordnungsvorschriften zu versorgen. Zuckerbrot und Peitsche lautet seine langbewährte Devise, und das ist auch bei uns Mietern durchaus effektiv. Uelzens jovial-väterliche Art lässt einen so einiges verzeihen, das man sich bei jedem anderen Vermieter schlichtweg als Eingriff in die Privatsphäre verbitten würde.

22 Mein Opa, mein Onkel, Uelzen, Anna: Manchmal frage ich mich, ob mir das Universum mit der Umzingelung durch Lehrer und Schuldirektoren etwas sagen will?

Wahrscheinlich wäre es diplomatischer gewesen, ihn brav zu fragen, ob er etwas gegen Annuschkas Anwesenheit in meiner Wohnung hat. Aber ewig werden wir hier sowieso nicht wohnen, dafür ist die Hütte einfach zu klein.

»Darf ich Ihnen Anna vorstellen?«

Uelzen mustert sie, während wir die Treppe heraufkommen, dann schüttelt er ihr die Hand.

»Meine Verlobte«, sage ich der Einfachheit halber, obwohl sich unsere Verlobungsfeier auf den Sauna-Abend mit Dmitri und Ewa beschränkte.

Er nickt. »Sie wollen also heiraten, Herr Müller?« Gleich fügt er sicher an: »Dann muss ich Sie leider aus dem Männerparadies verbannen.«

Ich strahle seinen Subtext einfach weg: »Ja, so ist es!«

»Aha. Und bis dahin wohnen Sie hier zusammen?«

Ich nicke. »Annuschka kommt gerade erst aus Russland. Sie ist übrigens Englischlehrerin.«

Uelzen lupft anerkennend die Brauen.

»Welcome to Cologne.« Er lächelt, und Anna bedankt sich artig: »Thank you. Spassiba.«

Als wir weitergehen, folgt das Unvermeidliche: »Wie lange wollen Sie denn noch hier wohnen?«

Ich bleibe vage: »Nach der Hochzeit suchen wir uns was Größeres, Herr Uelzen.«

»Mhm, aber ich muss Ihnen schon höhere Nebenkosten berechnen. Das wäre sonst unfair den anderen Mietern gegenüber.«

»Ja, ja, kein Problem.«

Ich schiebe Annuschka eilig die Treppe hoch, weil ich vermeiden möchte, dass Anna das Gefühl bekommt, sie sei hier ebenso unerwünscht wie auf dem Standesamt.

»Was wollte er denn noch?«, fragt sie prompt, als wir die Wohnungstür hinter uns schließen.

Ich winke ab. »Ach, er will ein bisschen mehr Geld, weil wir zu zweit mehr Strom und Wasser und so was verbrauchen.«

Sie runzelt die Stirn. »Wie viel mehr denn?«

»Keine Ahnung, aber bestimmt nicht viel. Wenn wir ausziehen, wird sowieso noch mal genau abgerechnet.«

Annuschka nickt und scheint mit der Antwort zufrieden. Sie hakt das offenbar unter deutscher Pingeligkeit ab. Auch daran hat sie sich schnell gewöhnt.

Ich bin nervös, als ich den Laptop anschalte. Anna schaut mir gespannt über die Schulter. Beim Googeln stellt sich tatsächlich schnell heraus, dass wir mit unserem Problem nicht allein dastehen. Das russische Konsulat in Bonn könne zwar so etwas wie ein Ehefähigkeitszeugnis ausstellen, das dann wieder von einem vereidigten Übersetzer übersetzt und beglaubigt, von einem offiziellen Apostillierer apostilliert und am besten von Signore Farina höchstpersönlich parfümiert werden müsste, bevor sich Graf Erbsenzähler vom Standesamt damit den knochigen Allerwertesten abwischt. Das alles würde aber rein gar nichts daran ändern, dass Annuschka das falsche Visum zum Heiraten hat.

Anna seufzt. »Wie ich die Russen kenne, dauert das eh Monate.«

Auch mir ist nicht gerade nach Feiern zumute. Mit wachsender Resignation surfe ich über etliche Websites und durchforste Foren, die sich mit bi-nationalem Eheglück befassen, da tut sich plötzlich doch noch ein Ausweg auf: Dänemark.

Den Dänen ist das Visum zum Heiraten offenbar piepegal. Hauptsache, man hält sich legal in der EU auf, dann kann man dort auch heiraten. Klingt vernünftig.

Sie verlangen nicht mal eine dänische Übersetzung der Dokumente, Deutsch oder Englisch reicht. Traumhaft!

Ein kleines dänisches Städtchen hat sich zwecks Belebung des Tourismus sogar auf Hochzeiter wie uns spezialisiert. Die Einsendung sämtlicher Unterlagen beim Standesamt von Ribe kann per E-Mail erfolgen. Dänemark avanciert in Sekundenschnelle zu meinem Lieblingsland.

Ich strahle wie ein Honigkuchenpferd. Annuschka traut dem Braten noch nicht so richtig.

»Wie weit ist es denn nach Dänemark?«

Für jemanden, der mitten in Russland wohnt, ist es praktisch unvorstellbar, dass mindestens zehn fremde Länder nur eine Tagesfahrt entfernt sind. Ich zeige Anna den Weg nach Ribe auf Google Maps. Jetzt wird auch ihr Lächeln zusehends zuversichtlicher.

»Aber was ist mit dieser Ledigkeitsbescheinigung?«, wendet sie ein.

Ich strotze in diesem Moment vor Tatendrang und Optimismus. »Am besten, wir fahren zweigleisig: Ich rufe das Standesamt dort an und frage, was sie konkret von uns benötigen, und du versuchst zu klären, was für ein Schreiben dir das Konsulat in Bonn tatsächlich ausstellen kann und wie lange sie dafür brauchen.«

Ich fühle mich richtig beflügelt, und Annuschka lässt sich von meiner optimistischen Aufgeregtheit anstecken. Wir grinsen uns an und hüpfen Arm in Arm durch die Bude, bis beim ollen Uelzen die Kronleuchter wackeln.

22.

Deutschland – Ein Frühlingsmärchen

Die Dänen werden mir langsam unheimlich. Die dänische Standesbeamtin ist nicht nur ein wahrer Ausbund an Freundlichkeit, sie erklärt mir auch noch, dass wir voraussichtlich schon zwei bis drei Wochen nach Einreichen der Dokumente einen Hochzeitstermin vereinbaren können. Sie weiß auch um das Problem mit der russischen Ledigkeitsbescheinigung. Ihr würden Annas Pass ohne besagten »Verheiratet-Stempel« sowie eine beglaubigte Übersetzung desselben als Beweis ausreichen.

Also scheiß auf die Ledigkeitsbescheinigung, schaffen wir lieber einfach Fakten und werden ein Ehepaar. Eine in Dänemark geschlossene Ehe muss nach EU-Recht auch ein deutsches Standesamt anerkennen. Wir mailen das, was wir haben, nach Dänemark. Es wird nämlich höchste Zeit. Wenn wir die Heirat in Deutschland nicht anerkennen lassen, bevor Annuschkas Visum abläuft, ist alles für die Katz. Als Illegale bekäme sie hier niemals den Aufenthaltstitel. Ob verheiratet oder nicht, Anna würde sofort ausgewiesen. Und das deutsche Konsulat in Jekaterinburg ließe Annuschka garantiert nie wieder einreisen, hätte sie erst einmal gegen die Visabestimmungen verstoßen!

So schweben wir zwischen Hoffen und Bangen in den folgenden Wochen. Vielleicht geben wir uns auch gerade deshalb umso enthemmter dem Nestbautrieb hin. Jedenfalls ist Umzug keine Option, solange wir nicht endgültig wissen, ob Annuschka überhaupt bleiben kann. Als in Köln der Frühling ausbricht, drücken sich die Spatzen neidisch die Schnäbel am Fenster platt vor so viel hektischer Aktivität. Anna und ich haben weitgehend unfallfrei die gesamte Wohnung gestrichen. Das einzige nennenswerte Missgeschick dabei war mein Tritt in den randvollen Farbeimer, als ich rückwärts von der Leiter stieg.

Die »Montagsmaler« sitzen auf dem Boden zwischen zusammengeschobenen Möbeln, Abdeckplanen und Farbeimern, mampfen Blinis[23] mit Marmelade und betrachten kritisch ihr Werk.

»Wie wär's, wenn wir den Erker, wo das Bett steht, noch rot streichen?«

»Rot?«, Annuschka mustert mich stirnrunzelnd. »Nee, zu puffig. Aber wie wär's denn mit 'ner Fototapete? Im Baumarkt hab ich einen tollen Sonnenuntergang gesehen.«

Ich kann mich dunkel erinnern, dass meine Eltern mal so eine im Schlafzimmer hatten. Das Comeback der Fototapete begrüße ich in etwa mit demselben Enthusiasmus, mit dem ich ein Comeback von »Modern Talking« feiern würde.

»Rot findest du also zu *puffig*, Sonnenuntergang aber nicht?«

»Überhaupt nicht. Wär doch super, wenn man vom Bett aus so aufs Meer schauen könnte.«

Mir wird mal wieder klar, dass die 80er Jahre hinterm Eisernen Vorhang etwas völlig anderes waren. Fototapeten schmückten da vermutlich nur die Wände der Parteibonzen.

23 Manche behaupten, das seien Pfannkuchen, ich sage, Crêpes trifft es besser.

»Kann es sein, dass Russen ein Faible für Kitsch haben?«

Anna zuckt die Achseln. »Kann sein. In Russland kenne ich aber keinen, der eine Fototapete hat. Ich weiß nicht mal, ob man das bei uns kaufen kann. In Perwouralsk kriegst du so was auf jeden Fall nicht.«

Ich grinse. »Ach so. Ja, wenn es in Russland keiner hat, kann es ja kein Kitsch sein.«

»Hey!« Sie boxt mich auf die Schulter und trifft genau den empfindlichen Punkt. »Gleich lästere ich mal über die Deutschen.«

Ich reibe mir den Oberarm. »Was gibt's denn über uns zu lästern? Und übrigens: Aua!«

»'ne Menge. Ihr seid pedantisch, arrogant – und wehleidig.«

Ich wedele drohend mit meinem Blini vor ihrer Nase herum. »Pedantisch und arrogant lasse ich dir noch durchgehen, aber wehleidig?!« Ich zeige meine zerschundenen Hände. »Hast du je ein Wort der Klage gehört?«

»Ja, ziemlich viele sogar.«

»Das war nur Taktik, damit du noch mal Krankenschwester spielst.«

»Wenn das nur Taktik war, bist du ein ziemlich guter Simulant.« Annuschka schiebt den Blini-Teller beiseite, greift nach meiner Hand und setzt ihre Florence-Nightingale-Miene auf. »Sie haben da übrigens etwas, das mir wirklich Sorgen macht, Herr Müller …«

»Ja?«

»Mhm, schwerer Fall von Marmeladen-Infektion!«

»Oh, mein Gott! Muss ich sterben, Schwester Mischina?«

»Nicht, wenn wir sofort operieren.«

»Amputation?«

»Mal sehen. Ich werde mein Bestes tun …« Sie nimmt meinen Finger in den Mund und lutscht ihn ab.

»Oh, Schwester Mischina, mir geht's schon viel besser! Vielleicht geht es ja doch ohne …?«

Schwester Mischina mustert mich streng. »Freuen Sie sich nicht zu früh, Patient Müller, erst müssen wir die Hand einem eingehenden Funktionstest unterziehen.«

Sie schiebt sie zwischen ihre Schenkel. »Hm, dachte ich's mir: völlig wertlos. Wir sollten doch …«

Sofort kommt Bewegung in meine Finger. Schwester Mischina lächelt zufrieden. »Andererseits können wir die Amputation auch noch ein bisschen verschieben.«

Ich packe mir Anna, und wir wälzen uns auf der völlig bekleckssten Abdeckplane, bis ich über ihr zu liegen komme.

»Ich muss Ihnen ein Geständnis machen, Schwester Mischina: Es war alles nur vorgetäuscht, weil ich Sie liebe.«

Annuschka ist glücklich. »Küss mich endlich, du Simulant!«

»Ich geh mal die Waschmaschine putzen.«

»Bitte was?«

Annuschka präsentiert entschlossen einen Putzeimer, mit dem sie hinunter in die Waschküche will. Ich denke an das Mikrowellendesaster, spare mir die Warnung aber, da ich selbst gerade mal wieder mit Elektrizität beschäftigt bin: Es müssen Lampen an die frisch gestrichene Decke. Eigentlich kann dabei nichts schiefgehen, da alle Deckenlampen mit ganz »normalem Strom« funktionieren. Andererseits beinhaltet Über-Kopf-Bohren auf der Leiter für mich ein Gefahrenpotential, dessen ich mir bewusst bin. Volle Konzentration.

»Ja, die ist total dreckig, besonders an den Schaltern«, erklärt Anna.

»Okay, geh halt die Waschmaschine putzen. Aber nimm doch gleich die Wäsche mit.«

Ich sage das, weil sich mir der Nutzen ihrer Aktion nicht so richtig erschließt. Ich habe noch nie gehört, dass Waschmaschinen auch von *außen* Wasser brauchen.

Als Annuschka zurückkommt, stehe ich bereits neben der Leiter und betrachte stolz mein Werk.

»Na, fertig?«

Ich nehme die Bohrmaschine wie ein Pistolero in Anschlag und puste lässig über die Spitze. »Logo.«

»Gut, kannst du dann mal mitkommen?«

Ich ahne Schlimmes. Aber was kann schon beim Putzen einer Waschmaschine passieren? Der alte Toplader meiner Oma, der bei uns im Keller steht, läuft seit mindestens dreißig Jahren ohne Murren. Vielleicht fühlt sich Annuschka einfach etwas einsam, so ganz allein unten in der Waschküche …?

Ich grinse. »Hat's etwa komisch gerochen beim Anschalten?«

Das war eigentlich als Witz gemeint, aber Anna nickt. Perplex eile ich mit ihr in die Waschküche.

An der Maschine befinden sich oben neben der Klappe zwei Einstellräder. Eines davon muss man ein Stück herausziehen, damit der Toplader sich einschaltet, dann leuchtet ein Lämpchen.

Ich ziehe also an dem Einstellrad, das Lämpchen leuchtet, die Maschine beginnt klaglos zu laufen. Ich lächle triumphierend.

Dann springt das Lämpchen plötzlich im hohen Bogen aus der Fassung, gefolgt von einer kleinen Stichflamme. Der Geruch von verschmorten Kabeln ist uns vertraut …

»Äh, hast du beim Reinigen der Knöpfe hier oben sehr viel Wasser verwendet?« Mir fällt auf, dass von den Waschprogrammziffern nichts mehr zu sehen ist.

»Na ja, es sollte doch sauber werden.«

»Sicher, aber dir ist schon klar, dass sich Wasser und elektrische Schalter im Allgemeinen nicht so gut vertragen?«

Anna insistiert: »Aber das ist doch eine Waschmaschine!«

Ich seufze. In der Tat. Eine blitzblank gesäuberte Waschmaschine, die leider nicht mehr säubert.

»Na ja, sie war sowieso schon alt.«

Es ärgert mich schon ein bisschen, dass Annuschka es geschafft hat, dieses jahrzehntealte Monument deutscher Handwerkskunst in null Komma nichts in den Waschmaschinenhimmel zu befördern. Genau genommen stehe ich sogar richtig unter Dampf, als ich die Treppe hochstapfe. Anna schleicht betroffen hinterher. »Bist du jetzt sauer?«

Ich schaue mich nicht mal um. »Hm.«

»Weil die Maschine von deiner Oma war?«

Jetzt bleibe ich stehen und schaue mich doch um. »Nein, weil das schon das zweite Gerät ist, das du kaputtgemacht hast!«

Annuschka schmollt. »Ich wollte sie doch nur saubermachen. Du hast selbst gesagt, dass sie schon uralt war.«

»Ja, aber sie hat prima funktioniert – bis du gekommen bist!« Ich atme tief durch und stapfe weiter. Anna ist stehengeblieben.

»Was ist, kommst du?!«

Sie ist den Tränen nahe und schaut mich empört an. »Ich kann ja wieder gehen, wenn dir das lieber ist!«

Müller, du Blödmann! Du Vollidiot! Ich gehe zu ihr zurück. »Okay, sorry. Wir hätten sowieso bald mal eine neue gebraucht.«

Annuschka schweigt und bleibt regungslos, als ich sie umarme. »Tut mir leid, ehrlich. Sie war ja wirklich ziemlich dreckig.«

Wurstegal, solange die Wäsche drinnen sauber wird, aber das steht jetzt nicht zur Debatte.

Anna schnauft mit zusammengepressten Lippen, aber sie schaut mich jetzt wenigstens an.

»Ich will nicht mit dir streiten wegen einer blöden Waschmaschine«, sage ich leise.

»Warum sagst du dann so was?«

Ich schüttle verärgert über mich selbst den Kopf. »Ich war sauer. Es war total blöd. Komm.«

Noch etwas widerstrebend lässt sie sich die Treppe hinaufziehen. »Jetzt habe ich aber einen gut auf dem Schussel-Konto.«

Da muss sie doch schmunzeln. »Ich bin nicht schusselig!«

Ein paar Tage später: Ich sitze in der Küche, während Anna mit dem Telefon am Ohr nervös im Wohn- und Arbeitszimmer auf und ab marschiert und mal wieder versucht, das russische Konsulat zu knacken. Plötzlich klirrt und scheppert es heftig. Direkt darauf Annuschkas Schrei des Entsetzens. Sie ist kreidebleich, als sie in die Küche kommt.

»Die Lampe …!«, stammelt sie.

Ausgerechnet die neue, die ich gerade erst kunstvoll an die Decke gedübelt hatte, ist runtergekommen. Ich kratze mich verlegen am Kopf. »Ach du Scheiße!«

»Sie hätte mich fast erschlagen!«

»Mhm. Tja …«

»Weißt du, was ich glaube, Markus?«

»Nein?«

»Wir haben einen Domovoi!« Anna sagt das mit einer Mischung aus Angst und Respekt.

»Einen was?«

»Ja, wie würde man sagen: einen Kobold.«

»Aha.«

Sie nickt entschieden. »In alten Häusern gibt es oft Hausgeister.«

»Und warum habe ich von dem bisher nichts gemerkt?«

»Bist du denn sicher?«, raunt Annuschka.

Im Geiste gehe ich meine Missgeschicke der letzten Jahre durch. »Na ja …«

»An dich hat er sich wahrscheinlich inzwischen gewöhnt. Aber jetzt ist er sauer, weil plötzlich noch jemand hier wohnt. Du hättest das sehen sollen, die Lampe ist direkt neben mir eingeschlagen!«

Ich vermute zwar eher, es liegt an meinen zweifelhaften Künsten als Bohrmaschinen-Pistolero, andererseits scheint mir diese Erklärung die wesentlich spannendere – und sie lässt mich viel besser dastehen.

»Ein Kobold also. Was können wir denn tun, damit er dich akzeptiert?«

»Ich denke, ich sollte ihm etwas zu essen und zu trinken anbieten. Er muss wissen, dass ich ihn respektiere und dass ich ihm nicht den Platz hier streitig mache. Er braucht also eine Behausung.«

Ich besitze eine schöne alte Blechschatulle, auf der ein Windjammer in tosender See abgebildet ist. Sie war einmal die Behausung einer Flasche Aquavit und scheint mir daher für Klabautermann-ähnliche Wesen ideal geeignet. Ich hoffe bloß, dass Domovois sich nicht beleidigt fühlen, wenn man sie mit Klabautermännern gleichsetzt.

Das Mahl für unseren Domovoi besteht aus Rosinenmüsli, dazu reichen wir ihm selbstverständlich ein Gläschen Wodka. Das Ganze drapieren wir in der Schatulle und lassen die Klappe geöffnet.

Als wir beim Abendessen in der Küche sitzen, hören wir plötzlich, wie im Zimmer nebenan die Klappe zufällt. Mir läuft ein Schauer über den Rücken, während Anna einen Moment stutzt und dann hochzufrieden lächelt. »Er hat es angenommen.«

Ich will dringend nachsehen, ob das Glas Wodka leer ist, aber Annuschka hält mich zurück. »Stör ihn jetzt nicht!«

Während sie sich ungerührt wieder ihrem Kotelett widmet, denke ich über den russischen Aberglauben nach.

»Wenn der Domovoi dir wohlgesonnen ist, bringt er Glück«, lächelt Anna.

Ich habe jedenfalls nichts dagegen, einen Kobold zu beherbergen. Etwas Glück können wir im Moment sowieso gut gebrauchen. Daneben lehrt mich Annuschkas Domovoi noch etwas anderes: Es lebt sich viel besser, wenn man nicht gleich alles mit profanen Erklärungen abtut. Mythen existieren, um uns die Mysterien dieser Welt zu erklären. Und ist es etwa kein Mysterium, dass ausgerechnet wir zwei Schussel uns an den entgegengesetzten Enden der Welt gefunden haben?

Ganz und gar kein Mysterium ist dagegen die alltägliche deutsche Arroganz gegenüber Ausländern. Erwachsene Menschen wie Unmündige zu duzen, ist dabei noch das geringste Übel.

Anna war zum ersten Mal allein einkaufen. Natürlich kennt sie sich im Supermarkt noch nicht besonders gut aus und musste nach dem ein oder anderen fragen. Ebenso selbstverständlich fragt sich die Supermarkt-Schnepfe *nicht*, warum sie trotz sechs Jahren Schulenglisch immer noch kein Wort davon versteht. Stattdessen fertigt sie Anna grob ab, sie solle in Deutschland gefälligst Deutsch reden. So viel Deutsch kann Annuschka inzwischen, um *das* genau zu verstehen.

Das leistet sich die Tussi im Kittel natürlich nur, weil man Anna ansieht und anhört, dass sie weder aus England noch aus den USA kommt. Das wäre ja im Gegenteil schon wieder »total cool«. Ja, Deutschland hat sich richtig gut entwickelt in Sachen Weltoffenheit, es gibt nämlich jetzt gute und schlechte Ausländer. Jedem, der irgendwie aus Richtung Osten kommt, fühlt man sich immer noch haushoch überlegen – und zwar offensichtlich ganz besonders, wenn man selbst der totale Idiot ist.

Vor allem beschäftigt mich, dass Annuschka jetzt noch verunsicherter ist als ohnehin. Eigentlich weiß sie natürlich, dass sie sich von so einer nicht ins Bockshorn jagen lassen muss. Aber zu wissen und zu *fühlen* sind in ihrer momentanen Situation eben zwei völlig verschiedene Paar Stiefel.

Viel mehr noch als die Toleranz-Bratze im Supermarkt ärgern mich allerdings vermeintlich gebildete Bekannte, die mir beim Wort »Russin« augenblicklich dümmlich-kumpelhaft ins Gesicht grinsen. Sie stellen zwar brav Fragen nach meiner Russland-Reise, weil sie intelligent genug sind, sich nach außen politisch korrekt zu verhalten, signalisieren aber mit jeder Faser, dass sie natürlich genau wissen, was uns *eigentlich* zusammenhält: Sex gegen Wohlstand.

Selbst einige meiner Freunde entblöden sich nicht, mich besorgt beiseitezunehmen, um zu fragen, ob *das* denn wirklich eine Zukunft habe. Da ich sämtliche gescheiterte Beziehungen in meinem Freundeskreis kenne, bohre ich als Antwort gern in ihre weichste Stelle. Dann setzt Dr. Müller ein zuvorkommendes Lächeln auf, legt Zeige- und Mittelfinger unter den linken Rippenbogen und zerquetscht fachgerecht die Milz: »Keine Ahnung, ob das Zukunft hat, Hans. Bei Sabine warst du doch auch felsenfest davon überzeugt, dass es für immer und ewig hält, und trotzdem hat sie dich schon nach zehn Monaten abserviert.«

In der Regel korrigiert mich Hanswurst dann düpiert: »Vierzehn. Es waren vierzehn Monate mit Sabine.«

Ob *es* Zukunft hat oder nicht, erfährt man leider erst in der Zukunft. Dazu muss man sich allerdings zuerst mal auf die Gegenwart einlassen. Die entscheidende Frage ist vielleicht: Wann hat eine Beziehung eigentlich »Zukunft gehabt«, ist »gutgegangen« oder etwas in die Richtung? Nach vier, fünf, sechs, nach zehn Jahren? Oder muss beide Partner dank jahrzehntelanger Total-Synchronisation beim Abendessen gleichzeitig der Gehirnschlag treffen, worauf sie dann mit dem Kopf in der Suppe treu bis über den Tod hinaus vor sich hin schimmeln? Hat es dann Zukunft gehabt?

Im Großen und Ganzen nimmt mein Kölner Freundeskreis Annuschka aber fabelhaft auf. Schmitti ist der virile Charmebolzen unter meinen Freunden. Keine Frau, die seine offene, herzlich-joviale Art nicht sympathisch findet. Als er an einem überraschend warmen Märzwochenende zusammen mit Grillmeister Mike »zum Angrillen« lädt, ist auch Anna sofort von ihm eingenommen. – Von kleinen Startschwierigkeiten mal abgesehen …

Zur Begrüßung umarmt Schmitti Annuschka und will sie busseln. Anna windet sich erschrocken heraus, und Schmitti küsst ins Leere. Da Annuschka ihn anstarrt, als sei er gerade extrem übergriffig geworden, schaut Schmitti ziemlich dumm aus der Wäsche, und ich kratze mich verlegen am Kopf. »Das macht man so bei uns, Anna.«

Sie schaut entgeistert. »Fremde Männer küssen?«

Die Bussi-Bussi-Gesellschaft ist in Russland offenbar noch nicht angekommen.

Schmitti grinst schon wieder. »Keine Sorge, ich küsse jede Frau, die hier reinkommt.«

»Aha«, so ganz geheuer ist Anna die Sache trotzdem noch nicht, »das wusste ich nicht. Bei uns küssen sich nur alte Männer.«

Jetzt ist es Schmitti, der etwas befremdet dreinschaut. »Echt? Na ja, ich bin zwar ein bisschen älter als du. Aber der Mann, den ich küsse, müsste schon verdammt gut aussehen. Und wenn ich verdammt gut sage, meine ich, mindestens so gut wie du!«

»Dann sei mal froh, dass du kein Sozialist bist, Towarischtsch[24] …!« Sie hält ihm lächelnd die Wange hin.

Am Grill gehen die kulturellen Missverständnisse weiter:

»Was willst du denn haben?«, fragt Mike Annuschka aufgeräumt.

»Weiß nicht, ich kenne das alles nicht. Gib mir einfach das da.« Anna zeigt auf irgendetwas Mariniertes.

Mike mustert sie überrascht. »Das geht nicht, das ist für jemand anderen. Du sagst mir, was du haben willst, und ich lege es für dich auf den Grill.«

Annuschka ist sichtlich verwundert. Sie kann nicht wissen: Mike gibt die Hoheit über seinen Grill wirklich nur im Notfall ab, also ausschließlich, wenn er schon zu breit ist. Das wird toleriert, da er uns dafür mit seinen exotischen Marinaden entschädigt.

»Tja, ich weiß nicht. In Russland legt man einfach alles drauf, und dann kriegt jeder was ab.«

»Aha. Ach so …« Die beiden sind irgendwie in eine kommunikative Sackgasse geraten. Klassische Pattsituation. Mikes Blick irrlichtert unschlüssig über seine Grillauslagen, und Annuschka starrt Löcher in die Luft, während sie mit den Fingern auf ihrem Weinglas klimpert. Eigentlich amüsiere ich mich ganz gut, entschließe mich dann aber doch, sie zu erlösen: »Wie wär's mit einem von Mikes marinierten Rumpsteaks, die sind spitze?«

»Oh, ja gern.« Beide lächeln erleichtert.

Mike beeilt sich, das Ding mit seiner Profi-Grillmeister-Zange aus der Tüte zu fischen, dann stellt er fest, dass leider kein Platz mehr auf dem Rost ist.

24 Towarischtsch: Genosse

»Ich leg's drauf, sobald was frei wird.«

»Mhm, spassiba.«

»Ist das wirklich immer so in Deutschland?«, raunt Annuschka im Weggehen.

»Na ja, in der Regel schon. Mit steigendem Alkoholpegel werden aber auch die ehernen deutschen Grillgesetze etwas laxer gehandhabt.«

Sie verzieht das Gesicht. »Och nee, bitte keine Schnapsleichen! Dann gehen wir lieber früher.«

»Nein, so auch wieder nicht.«

Eine ganze Weile später kommt sie noch einmal darauf zurück. »Du hattest recht: Alle trinken, aber alle können noch stehen. Keiner ist richtig besoffen, das finde ich echt gut.«

Da war sie von Pummelchen Igor und seinen Freunden anderes gewohnt.

Anna trinkt ebenfalls etwas Wein, um sich Mut zu machen. Einer Horde wild durcheinanderquasselnder Deutscher ist sie natürlich noch nicht gewachsen. Da ich selbst viel zu quasseln habe, vertraue ich darauf, dass sie allein zurechtkommt. Nach einer Weile bemerke ich, dass sie sich offenbar angeregt unterhält, und beschäftige mich weiter mit der immens wichtigen Frage, ob der FC Köln es diese Saison ausnahmsweise schafft, nicht schon wieder abzusteigen.

Plötzlich steht Annuschka neben mir.

»Was ist?«

Sie nippt an ihrem Wein. »Können wir nicht mal ein bisschen zusammenbleiben?«

»Ich dachte, du unterhältst dich gut.«

»Ja, aber ich kenne hier doch keinen, und alle unterhalten sich auf Deutsch. Ich versuche ja, was zu verstehen, aber mir brummt schon der Kopf.«

»Okay, dann bleib doch einfach hier bei mir.«

Anna nickt, und ich widme mich wieder dem tragischen Schicksal des FC. – Natürlich auf Deutsch.

»Worum geht's?«

»Fußball.« Ich weiß natürlich, dass Anna das Thema in etwa so brennend interessiert wie ein Fachgespräch über Gallensteine. »Ach? Interessant.«

»Ehrlich?« Ich bin positiv überrascht. »Also, genau genommen geht es darum, ob der 1. FC, also der Kölner Bundesligaverein, den Trainer wechseln sollte oder ...«

Annuschka unterbricht mich grinsend: »Ich meinte eigentlich die Tatsache, dass deutsche Männer wirklich dauernd über Fußball reden.«

»Ach so, das. Nein, ehrlich ... – Magath?« Paul bringt den Namen eines Trainers ins Spiel, den ich zutiefst ablehne, daher muss ich mein Plädoyer für die intellektuelle Qualität deutscher Männergespräche abrupt unterbrechen: »Hast du sie noch alle, bloß nicht Magath!«

Da ich im weiteren Verlauf der immens intellektuellen Trainerdiskussion keine Zeit finde zu übersetzen, geschweige denn meine flammende Verteidigungsrede männlicher Redetugend zu Ende zu bringen, bin ich heilfroh, dass Mona – die Mutter der Kompanie – sich Annas annimmt: »Du kommst aus Jekaterinburg, ist das in Sibirien?«

Bingo! Ich weiß, dass diese Frage bei Anna auf äußerst fruchtbaren Boden fällt. Sie wird nicht müde zu erklären, dass der Ural nun mal der Ural und keineswegs Sibirien sei.

Mein leidlich schlechtes Gewissen ist mir irgendwann noch einen prüfenden Seitenblick wert. Dann vergesse ich die beiden, bis mich Mona plötzlich in die Seite knufft: »Da hast du dir ja eine richtig Nette geangelt, Müller. Kümmer dich gefälligst mal!«

Mona ist mit akutem Fußball-ADS vertraut. Daher kommt ihre Ermahnung genau zur rechten Zeit. Ich beeile mich, den Frauen ein frisches Glas Wein zu besorgen, und dann genießen wir auf der Terrasse die letzte Märzsonne.

Das war eben nicht gerade eine Glanzleistung an Aufmerksamkeit. Gut zu wissen, dass Anna nicht der Typ Frau ist, der daraus sofort ein Drama macht – und gut, dass ich eine Freundin wie Mona habe.

Schmittis Abschiedsküsse lässt Annuschka »mannhaft« über sich ergehen, wirkt dabei allerdings etwas steif. Dann wird sie plötzlich von sämtlichen Männern gebusselt, die sie gerade erst kennengelernt hat. Als wir endlich aus der Tür sind, steht Anna immer noch ein bisschen unter Schock: »Ich habe gerade mehr Männer geküsst als in meinem ganzen bisherigen Leben. Mach das bloß nicht bei meinen Freundinnen, wenn wir mal wieder in Russland sind!«

»Was würde denn passieren, wenn ich zum Beispiel Ewa ein paar Wangenküsschen gebe?«

»Was passieren würde? Na ja, im günstigsten Fall würde Dmitri sich über einen Partnertausch freuen, im schlechtesten haut er dir ein blaues Auge.«

»Okay, ich merk's mir lieber, bevor er noch die Flinte vom Oberstleutnant rausholt.«

Anna versteht das nicht als Witz. »Na ja, das vielleicht nicht, aber wenn du mit ihm befreundet bleiben willst …«

Keine Ahnung, ob Moskau da weiter ist als Jekaterinburg. Jedenfalls sollte mit frankophilen Sympathiebekundungen vorsichtig sein, wer mit unversehrten Zahnreihen aus Russland heimkehren möchte.

Ein paar Tage später brechen wir gerade zu einem Spaziergang über den nahe gelegenen Melaten-Friedhof auf[25], als Uelzen uns sichtlich schlecht gelaunt auf dem Treppenabsatz überfällt.

»Wann ziehen Sie denn jetzt aus, Herr Müller?« Er mustert uns feindselig. Ich bin ziemlich überrascht, da unser letztes Gespräch gerade mal drei Wochen her ist.

»Das habe ich Ihnen doch schon gesagt: wenn wir verheiratet sind!« Wenn mir jemand blöd kommt, bin ich nicht gerade diplomatisch. Uelzens grobporige, rote Weinchen-Nase läuft so dunkel an wie sein heißgeliebter Spätburgunder. Ich kann förmlich die Äderchen in seinem Gesicht platzen hören.

»Sie können da aber nicht ewig wohnen. Ich habe nur an Sie vermietet!«

Ich habe keinen blassen Schimmer, ob er mich wegen Annuschka wirklich rauswerfen kann, lasse es aber darauf ankommen: »Wenn's Ihnen nicht passt, können Sie ja mal versuchen, mir zu kündigen. Aber glauben Sie nicht, dass Sie damit durchkommen!«

»Das werden wir ja sehen!«

»Bitte schön, tun Sie das! Informieren Sie sich erst mal, bevor Sie jemandem drohen.« – Das müsste ich jetzt auch mal ganz dringend tun.

Anna hat unseren Schlagabtausch erschrocken und zusehends peinlich berührt verfolgt. Natürlich weiß sie, dass es um sie geht. Uelzen und ich stieren uns noch hasserfüllt an, als sie sich plötzlich einmischt: »Sind Sie wegen mir verärgert?«

Uelzen glotzt verdutzt. »Nein, nein, äh … nein«, stottert er auf Englisch.

Annuschka nickt. »Wenn ich etwas getan haben sollte, das Sie verärgert hat, tut es mir leid. Sagen Sie es ruhig.«

25 Der alte Kölner Stadtfriedhof ist wirklich sehenswert und beherbergt jede Menge Berühmtheiten, die außerhalb von Köln kein Schwein kennt.

Anna schaut ihn mit ihren großen, grünen Augen unschuldig an, und der Zorn des Alten verpufft augenblicklich. Plötzlich scheint ihm sein Ausbruch regelrecht peinlich. »Ja, nein, es geht nur um den Vertrag, den ich mit Herrn Müller habe.«

»Ach so. Ich hoffe jedenfalls, dass wir Sie nicht gestört haben. Wir renovieren ein bisschen.«

»Ja? Ach so. Ja, das ist auch im Prinzip sehr löblich.«

Uelzen zieht sich langsam in seine Höhle zurück. Er merkt, dass er sich gerade nolens volens vom bärbeißigen Ungetüm in einen flauschigen Teddy verwandelt.

»Jaa, äh … fühlen Sie sich nur ganz wie zu Hause hier.« Er wendet sich zum Abschluss mit strengem Blick an mich und sagt wieder auf Deutsch: »Wegen der Kosten reden wir aber noch, Herr Müller.«

Genau dafür liebe ich diese Frau!

Trotzdem würde ich Uelzen gerne den pseudo-antiken Regenschirmständer, der vor seiner Tür steht, durchs milchglasziselierte Türfenster hinterherschmeißen.

Annas Stimmung ist auf dem Tiefpunkt. Ein Spaziergang über den Friedhof kann das auch nicht wettmachen. Russen würden niemals ohne triftigen Grund auf einen Friedhof gehen. Dass der Melaten-Friedhof von Wohnstraßen eingerahmt ist, erstaunt Annuschka zutiefst.

»Ein Russe würde hier niemals hinziehen, das bringt Unglück. Die Friedhöfe bei uns liegen immer am Stadtrand, und dort wohnen höchstens Obdachlose.«

»Wieso Obdachlose?«

»Na, wegen des Wodkas und des Essens.«

Mein Gesicht muss ein einziges großes Fragezeichen sein.

Sie nickt wie selbstverständlich. »In Russland isst und trinkt man mit den Toten, wenn man sie besucht. Obdachlose holen sich oft das, was man für den Angehörigen zurückgelassen hat.«

»Spazieren gehen willst du hier also eher nicht, aber gegen ein Picknick hättest du nichts einzuwenden?«

»Nicht, wenn zum Beispiel deine Oma hier begraben läge.«

»Verstehe.«

Ich stelle mir vor, wie ich am Grab meiner Oma herzhaft in eine Frikadelle mit Senf beiße, während Mutter Müller die Tupperdose mit dem Kartoffelsalat öffnet und mein Vater sich ein lecker Pilsken genehmigt – auf, oder besser gesagt: mit Omi.

»Und was macht ihr dann noch so?« Ich denke an Planschbecken für die Kleinen und vielleicht eine Sonnenliege, auf der sich Schwesterchen im Bikini vorbräunt.

»Wir singen manchmal ein bisschen zur Ziehharmonika.«

»Ach was?« *Das* kannte ich bislang nur von Kölner Karnevalisten. Falls Sie nächtens auf dem Melaten-Friedhof also einer Gruppe wilder Gesellen begegnen, sind das nicht etwa musikalische Zombies, sondern nur die »Ahl Säu«; ein Karnevalsverein mit Sinn für karnevalistische Anarchie, der zu gegebener Zeit gern mal am Grab von Willi Ostermann[26] ein Ständchen gibt. Dass sich ausgerechnet die Russen hier mit dem Kölner Brauchtum treffen … Brasilianer: okay; Italiener, die ihre Ahnen besingen: ja gut – aber Russen?!

Ich zeige Annuschka meinen Lieblingsplatz. Die Bank steht unter einer kleinen Linde mitten in einem Gräberfeld mit labyrinthisch hohen Hecken. Ein lauschiges Plätzchen.

»Du hast einen Lieblingsplatz auf dem Friedhof?«

26 Willi Ostermann, Kölner Karnevalssänger und -komponist, eine der besagten Berühmtheiten, die außerhalb Kölns kein Schwein kennt.

»Na ja, so oft bin ich hier auch wieder nicht«, räume ich den Verdacht aus, ich würde schon mal probeliegen.

Sie nickt nachdenklich schweigend.

»Ist doch schön hier«, höre ich mich aufmunternd sagen. Es kommt mir plötzlich etwas seltsam vor, dass ich ihr gerade einen Platz auf dem Friedhof anpreise.

Anna schaut mich direkt an, das ist gar nicht der Grund ihrer Gedanken. »Wirft uns dein Vermieter raus? Was machen wir denn dann?«

»Keine Sorge. Ich wohne da schon ewig und zahle regelmäßig die Miete. Deshalb ist das gesetzlich nicht so einfach.«

»Und wenn ihm das Gesetz egal ist?«

Ein sehr russischer Einwand. Einen Schlägertrupp, der uns unfreundlich hinauskomplimentiert, erwarte ich dann aber doch nicht vom alten Uelzen.

»Mach dir keine Sorgen, in Deutschland ist es nicht so leicht, Mieter loszuwerden. Im Gegenteil. Außerdem beruhigt der sich schon wieder.«

Tatsächlich habe ich Uelzen bislang eher als Grantler mit Herz wahrgenommen.

»Meinst du?«

»Na, du hast ihn doch voll im Griff. Am besten, du tust so, als sei nichts gewesen, und bist weiter nett und freundlich, so wie eben.«

Annuschka nickt. »Wenn das hilft.«

Wieder zu Hause, mache ich mich im Internet schlau: Uelzen darf den Zuzug meiner werten Gattin in spe nicht verweigern. Allerdings hätte ich ihn trotzdem vorher um Erlaubnis fragen müssen. Klassische Juristen-Logik. Das Gute ist wiederum, dass die Zustimmung des Vermieters auch formlos und mündlich erfolgen kann. So gesehen war Annuschkas sommersprossige Charme-Offensive doppelt schlau. Schließlich hat Uelzen sie soeben aufgefordert, sich wie zu Hause zu fühlen, und somit praktisch die Erlaubnis erteilt, die ich nicht eingeholt habe. Ich muss Anna noch mal eben nach Leibeskräften lobhudeln.

23.
Die Asche meiner Beziehung

Inzwischen hat der März zu seiner gewohnten Kölner Form zurückgefunden: endlos nasskalter Regen. Anna findet sogar, dass die russische Kälte besser auszuhalten ist als die rheinische. Das ist aber wahrscheinlich genetisch.

Eigentlich ideales Saunawetter, denke ich. Ein Besuch im Spa wäre jetzt genau das Richtige, um das wettergegerbte Gemüt wieder auf Vordermann zu bringen.

»Kann man da auch im Bikini rein?« Annuschka schwankt bereits zwischen Neugier und den ehernen Gesetzen ihrer guten russischen Kinderstube.

»Ja, kann man …«

Sie ist sichtlich erleichtert.

»… wenn einem das unter lauter Nackten nicht zu peinlich ist.«

»Lauter Nackte« wirkt auf Anna, als hätte ich sie gerade zu einer wüsten Gruppensex-Orgie aufgefordert.

»Nein, Markus, nein, ich kann das nicht. Wo soll ich denn hingucken, wenn plötzlich ein nackter Mann vor mir steht?«

»Du gewöhnst dich dran. Das geht ganz schnell, glaub mir.«

Ich zeige ihr die Website der größten, schönsten und pompösesten Saunalandschaft, die ich finden kann. Der Schuppen ist wirklich ein Luxustraum aus 1001 Nacht. Annuschka bekommt große Augen, als sie sich durch die Bilder klickt.

»Und da können wir hin?«

Ich nicke. »Ist ganz in der Nähe.«

In Wirklichkeit ist es nicht mal in Köln, aber es ist eindeutig das schwerste Sauna-Geschütz, das ich finden konnte.

»Hm, schon was anderes als unser Banja.«

»Es wird dir gefallen, ich schwöre es.«

»Aber meinen Bikini nehme ich mit.«

Das wäre wiederum *mir* peinlich, wenn sie als Einzige dort im Bikini herumspringt. Ich versuche mich in Diplomatie: »Okay, nimm ihn mit. Aber die Einzigen, die ich je in Badesachen in der Sauna gesehen habe, waren Amerikanerinnen. Ich glaube, die waren sehr religiös!«

Der erste Teil ist nicht mal gelogen. Allerdings haben sich die Ami-Tussis nicht etwa ständig bekreuzigt, sondern saßen einfach peinlich berührt herum, trauten sich nicht, nach rechts und links zu gucken, und taten so, als würden sie sich angeregt unterhalten. Ich zähle auf Annas Aversion gegen alles Religiöse und auf die gute alte Feindschaft mit den USA.

Schwer grübelnd klickt sie sich noch einmal durch die Sauna-Traumlandschaft. »Trotzdem.«

In der Mitte des in schummriges Licht getauchten Raumes thront ein riesiger Buddha. Meditative Klänge säuseln mir ins Ohr, während ich mich von sanfter Wärme umschmeicheln lasse und auf der ergonomisch perfekt geformten Liege lümmele. Ich schaue durch eine Panoramascheibe auf den nächtlichen, beleuchteten Außenpool, der von orientalischen Arkaden umrahmt wird. Neben mir räkelt sich Annuschka, nicht weniger entspannt – und splitternackt!

Schon vor den Umkleiden hatte ich sie überlistet. Anna stand ein wenig unsicher vor der Damenumkleide. »Wie finden wir uns denn gleich?«

Ich legte besorgt die Stirn in Falten. »Oh, keine Ahnung. Du hast ja im Netz gesehen, wie riesig und verwinkelt das hier ist.«

»Mhm.«

»Tja …«, ich schaute mich schwer grübelnd um. »Ach, guck mal, hier gibt's auch gemischte Umkleiden!«

Annuschka war sichtlich hin- und hergerissen. ALLEIN unter lauter Nackten zu sein, behagte ihr offenbar noch weniger als mit mir zusammen. Ich öffnete entschlossen die Tür.

»Keiner drin, komm!«

Wenn ausgerechnet jetzt einer mit seinem dicken Schniedel vorbeibaumelt … Zum Glück stößt im nächsten Augenblick eine Clique passionierter Sauna-Weiber zu uns, die fröhlich entspannt die Brüste hüpfen lassen und uns freundlich grüßen. Anna schlüpft trotzdem sofort in ihren Bademantel, um dann erst den Bikini aus der Tasche zu kramen. Sie schaut ihn an, ich schaue sie an; sie schaut zu den fidelen nackten Weibern und zurrt todesmutig den Gürtel ihres Bademantels fest.

Der erste nackte Mann, der Annuschka begegnet, ist ein dickes Walross um die sechzig, das prustend unter der Kaltdusche steht. Sie ist so fasziniert, dass sie einen anderen Typen glatt über den Haufen rennt.

»Oh, Entschuldigung!« Panik flackert in ihren Augen. Anna weicht zurück und latscht dem nackten Walross, das gerade aus der Dusche tritt, auf den Fuß.

Das kann ja heiter werden. Ich lotse sie schnell in die erstbeste Sauna.

Dann geschieht plötzlich etwas vollkommen Unerwartetes: Annuschkas Unsicherheit verpufft wie Wodka auf dem heißen

Banja-Ofen. Schon nach dem ersten Schwitzgang verwandelt sich die scheue Raupe in einen fröhlichen Schmetterling, der von Sauna zu Sauna flattert. Anna ist plötzlich in ihrem Element und kann gar nicht genug kriegen. Für jemanden, der mit dem Banja aufgewachsen ist, ist das hier das reinste Paradies und außerdem die perfekte Kur gegen Heimweh. Als wir nach Stunden bei Onkel Buddha landen, bin ich dermaßen weichgekocht, dass ich befürchte, gleich wie warmer Vanillepudding von der Liege zu tropfen.

Annuschka greift träge nach meiner Hand. »Der wievielte Saunagang ist das eigentlich?«

»Keine Ahnung. Bei zehn hab ich aufgehört zu zählen.«

»Einen machen wir aber noch, oder?«

Ich schüttele matt den Kopf. »Ohne mich.«

»Na ja, vielleicht gehe ich allein.« Anna lehnt sich zurück und strahlt tiefenentspannt selig über das ganze Gesicht. »Das war wirklich ein schöner Tag, Markus.«

Strrrike! – Und perfekt wird dieser Tag, wenn wir uns gleich daheim noch kamasutramäßig die Seele aus dem Leib vögeln, denke ich.

Wir schließen die Augen und lassen uns von der Buddha-Musik berieseln. Plötzlich spüre ich Annuschkas warmen Atem ganz nah an meinem Ohr. »Weißt du, worauf ich jetzt Lust hätte?«, sie beißt mich sanft ins Ohrläppchen. Ihre Gedankenleserei mag ja manchmal lästig sein, aber jetzt gerade könnte ich Anna fressen vor Freude. Müller, Alter! Du hast wirklich die perfekte Frau gefunden!

Annuschka lächelt. »Ich hab Lust auf was richtig Leckeres zu essen.«

Ja gut …

Als wir zu Hause ankommen, sind wir so ermattet und vollgefressen, dass uns bereits beim Küssen die Augen zufallen.

»Gamassutra«, murmele ich im Halbschlaf und rolle mich auf die Seite.

»Hm? Mhm …« Sekunden darauf liegt Anna auf dem Rücken, alle viere von sich gestreckt, und schnarcht leise.

In den nächsten Tagen platzen wir förmlich vor Harmonie, und ich bin sogar mit Enthusiasmus bei der Arbeit. Sketche schreiben geht mir grad leichter von der Hand denn je, da poppt eine neue E-Mail auf.

»Annuschka, komm schnell her!« Ich brülle so laut, dass sie sich in der Küche am Borschtsch verschluckt, den sie gerade abschmeckt.

Sie steht hustend und prustend neben mir. »Schau mal!«

»Was denn?«

Ich klopfe ihr auf den Rücken. »Ja, lies doch mal!«

Sie hustet. »Müssen wir ausziehen?«

»Sozusagen. Wir ziehen gen Dänemark!«

Anna glotzt mich aus tränenroten Augen an wie ein Auto.

»Das Standesamt von Ribe! Unsere Dokumente sind geprüft, wir können einen Termin vereinbaren.«

Das wurde auch höchste Zeit, denn schon mehr als die Hälfte von Annas Visumszeit ist vorüber. Nur noch fünf Wochen, dann ist alles zu spät.

»Hoffentlich bekommen wir so schnell einen Termin«, gibt Anna noch zu bedenken.

Erst mal feiern, Sorgen können wir uns hinterher machen. Ich lasse eine Flasche Krimsekt poppen. Bevor wir anstoßen, kippt Annuschka noch einen ordentlichen Löffel Zucker in ihr Glas. Ich sehe ihr verdutzt dabei zu.

»Was ist, Markus? Das macht man so in Russland.«

Na denn, Prost. – »Auf Dänemark!«

Annuschka lächelt. Plötzlich setzt sie sich, streift den Hausschuh ab und kratzt sich wie wild an der Fußsohle. »Es juckt!«

»Ja und?«

Sie grinst. »Wir fahren nach Dänemark, ich weiß es!«

»Weil deine Fußsohle juckt?« Nicht, dass ich das bezweifle, nur der Zusammenhang ist mir unklar.

Anna nickt eifrig. »Wem die Fußsohlen jucken, der macht bald eine Reise.«

Klingt logisch. Ich erhebe noch einmal mein zuckerfreies Glas. »Auf unsere Reise also!«

Die Reise kommt dann schneller als erwartet. Aber vor allem kommt sie ganz und gar anders!

Ich muss gerade los zu einem Meeting, gebe Annuschka einen Abschiedskuss und öffne die Wohnungstür, da steht: Ella!

»Hi, ich wollte gerade klingeln.«

»Hi, ich wollte gerade …«

Die Worte bleiben mir im Halse stecken, denn unter Ellas geöffneter Jacke lugt ein Kugelbauch hervor – noch klein, aber deutlich!

Ella schaut durch mich hindurch: »Hallo.«

Ich trete hektisch beiseite.

»Hallo …?« Anna mustert sie distanziert, bis ihr Blick wie festgenagelt auf Ellas Bauch hängenbleibt. Langsam dreht sie den Kopf zu mir und schaut mich an. Ich spüre förmlich, wie mir das Blut in die Ohren schießt. Wäre ich eine Comicfigur, mir würden links und rechts heiße Dampffontänen aus den Ohren treten, ich höre sogar das Teekesselpfeifen in meinem Kopf. – Ach nein, das ist tatsächlich der Kessel in der Küche, den Annuschka eben aufgesetzt hat.

»Darf ich reinkommen? Ich muss mit dir reden, Markus …«

DAS hatte ich befürchtet! Auch meine allerletzten vagen Hoffnungen, dass Ella mit ihrem schwangeren Bauch vielleicht nur zu einem lockeren *Meet and greet* vorbeigekommen ist, sind jäh zerschlagen. Ich lächle dumpf. »Ja, klar.«

»Ella.« Sie reicht Anna die Hand. Annuschka nickt bloß, als sie sie ergreift, wieder bleiben ihre Augen auf Ellas Bauch hängen. Der Teekessel pfeift immer noch durchdringend. Anna erwacht aus ihrer Trance und lässt hastig Ellas Hand los. »Äh, Tee?«

Ella nickt mit gezwungenem Lächeln. »Gern.«

Mein Herz wummert, als wir zur Couch gehen. Ella ruft Anna hinterher: »Bitte Kräutertee.« Sie schaut mich an. »Sorry, das wusste ich nicht …«

Tja, wie wär's denn mal mit vorher anrufen, liegt mir auf der Zunge, doch ich nicke bloß: »Anna und ich sind zusammen aus Russland gekommen.«

»Ach so, das ist deine Russin.«

Deine Russin …! Das fängt ja gut an: Ellas übertrieben gespielte Überraschung geht mir jetzt schon auf den Sack. Ich bete, dass sie heute nicht eines ihrer Dramen aufführt. Anna kommt mit dem Tee zurück.

»Pashalusta. Ihr wollt bestimmt allein sein.« Sie wendet sich schon zum Gehen. Ich sehe, wie Ella leise nickt, und werde hektisch: »Nein, Anna, nein! Bitte setz dich.«

Mit dem Wissen, dass Annuschka im Nebenraum sitzt, werde ich hier nicht zu einem einzigen klaren Gedanken fähig sein. Annuschka lässt sich seufzend nieder. Wir schlürfen an unseren Tees. Es ist das mit Abstand unangenehmste Schweigen, das ich je erlebt habe.

Ella vermeidet es, Anna anzuschauen, als sie den Blick endlich von der Tasse hebt. »Ja, ich will auch nicht lange stören. Ich wollte dir nur persönlich sagen, dass ich nicht abgetrieben habe.«

Annuschkas Miene wird sofort zu Stein. Schon bereue ich, dass ich ihr Angebot von eben nicht angenommen und gleich noch ein paar Ohrstöpsel draufgelegt habe.

»Mhm, okay …« Was ich jetzt prima gebrauchen könnte, wäre ein schönes großes Loch im Boden. Schade, dass die Spülmaschine so reibungslos funktioniert. »W-was heißt das jetzt?«

»Für dich? Nichts. Ich bin jetzt mit Stefan zusammen.«

Stefan ist nicht der Name des Typen, der noch in Russland aktuell war, aber das Thema schenke ich mir heute lieber.

»Okay, aber was …?«

»Was ich hier will? Du bist immerhin der leibliche Vater, Markus!«

Ein scharfes Klirren gellt mir in den Ohren: Annuschkas halbvolle Teetasse kullert über den Tisch. Sie ist aufgesprungen und rennt hinaus. Der heiße Tee rinnt mir über die Hose. Der Schmerz tut irgendwie gut.

»Anna!«

Annuschka kommt mit ihrer Jacke unterm Arm zurück, rennt, ohne uns eines Blickes zu würdigen, an uns vorbei und schlägt die Wohnungstür hinter sich zu. Ich stakse mit meiner nassheißen Hose hinterher. So kann ich ihr unmöglich nachlaufen, es sieht aus, als hätte ich gerade eingepinkelt. Ich brülle in den Hausflur: »Anna! Anna!!«

Ella taucht hinter mir auf. »Sollen wir lieber ein andermal weiterreden? Ich mein, wegen Unterhalt und so.«

Ich starre sie an. Was soll man da sagen? Aber nein, bleib doch noch ein bisschen, setz dich ruhig wieder. Wir trinken Tee und plaudern noch ein bisschen über die Formalitäten. Ich nicke resigniert. »Ich ruf dich an.«

»Gut. Aber es ist wirklich wichtig, Markus.«

Ach was?! Ein diskreter Abgang ist nun mal nicht Ellas Sache.

»Meine Nummer hast du ja noch, oder?«

Ich nicke stumm.

»Ich hab jetzt auch Visitenkarten«, sie kramt tatsächlich in ihrer Handtasche, »nur zur Sicherheit.«

Ich glotze mit trübem Blick auf die Karte in meiner Hand, als sie sich auf der Treppe noch einmal umdreht und aufmunternd lächelt. »Du kriegst das schon wieder hin mit Anna.«

Wie zufällig gilt ihr letztes Lächeln meinem feuchten Schritt. Sie genießt es!

Annuschka kommt erst in der Nacht zurück. Sie brüllt nicht, das ist nicht ihre Art. Aber sie flüchtet vor mir. Ich dackele betroffen hinter ihr her und versuche es mit Engelszungen: »Anna, bitte rede mit mir!«

Als sie wütend herumfährt, sehe ich Tränen in ihren Augen. »Wusstest du davon?«

Ich atme tief durch. »Sie hat mich in Russland angerufen, weil sie abtreiben wollte.«

Anna mustert mich mit verheulten Augen, ihre Miene ist abweisend. »Abtreiben? Wieso sollte sie dich dann anrufen?«

Tja, wie soll ich das erklären? Was so in Ellas Kopf vorgeht, klingt wie eine leicht bescheuerte Lüge: Abtreibung vor Eltern und neuem Freund verheimlichen, weswegen ich sie …

»Wie lange wart ihr eigentlich zusammen, Markus?«

»Gar nicht. Eine Nacht, mehr nicht.«

Annuschka lacht spöttisch auf. »Und sie ist sofort schwanger? Das soll ich dir glauben?!«

Ich schwanke ein bisschen zwischen Befruchter-Stolz und dem Impuls, der Einfachheit halber etwas zuzugeben, das gar nicht stattgefunden hat.

»Wir waren ziemlich betrunken und haben nicht aufgepasst. Das ist alles, die ganze Geschichte.« Annuschka sieht mich skeptisch an. »Ich will und ich wollte nichts von dieser Frau, ehrlich, Anna.«

»Außer Sex.«

Ich seufze kleinlaut. »Ja.«

»Du wirst Vater, Markus. Ich möchte nach Hause.«

Es trifft mich wie ein Keulenschlag. Jetzt erst wird mir voll bewusst, dass ich wirklich Vater werde. Von Ellas Kind! Mein Herz sackt so tief, wie ein Herz nur sacken kann. Ich muss mich setzen und verfalle in hektische Grübelei.

»Annuschka, ich …«

Sie ignoriert mich und beginnt, planlos Sachen zusammenzusuchen.

»Anna!« Sie hält inne.

»Als ich mich mit dir eingelassen habe, war mir klar, dass du kein unbeschriebenes Blatt bist. In Russland ist ein unverheirateter, kinderloser Mann in deinem Alter entweder Mönch oder impotent. Aber du hast mich belogen, Markus!«

»Nein, nur geschwiegen. Wie hätte ich dir das mit ihrem Anruf denn beibringen sollen? Wärst du dann überhaupt mitgekommen?«

»Keine Ahnung, Markus. Was war damals, als du gesagt hast, du hättest keinen Sex gehabt?«

»Was genau meinst du?«

»Ich meine, als du gesagt hast, dass du nach Russland kommst.«

»Das war die Wahrheit, Ella kam danach.«

»Ach …?!«

Shit, voll in die Kacke gegriffen. Hier wäre eine Notlüge vielleicht doch die bessere Wahl gewesen. Zu spät. Und Pummelchen Igor? Aber ich will nicht irgendeinen Mist von gestern aufrechnen, ich will mich nicht mit Anna streiten, ich will, dass sie bleibt!

»Lass mich jetzt bitte allein, Markus. Ich schlafe hier auf der Couch.« Sie setzt sich an den Laptop und ruft eine Website auf: Lufthansa! Annuschka hat noch ein Rückflugticket, ohne das wir das Touristenvisum nicht bekommen hätten. Wir wollten es eigentlich verfallen lassen.

»Was machst du?« Als ob ich es nicht wüsste …

»Ich buche meinen Flug um.« Annuschka sagt es mit einer Ruhe, die kaum Zweifel lässt.

Zwei Tage später ist sie weg.

24.

Auch Puschkin war mal auf der Suche nach einem besseren Leben

Das war also der wahre Grund, warum Annuschka die Fußsohlen gejuckt haben: ihre Rückreise!

Liebes Schicksal, wenn du gern ironisch sein möchtest, verschone bitte mich damit. Du kannst mich mal mit ironisch!

Ich weiß nicht, ob Annuschka ihren spontanen Entschluss vor der Rückreise bereut hat. Ich weiß nicht, ob man sich tatsächlich so schnell »entlieben« kann, wie es mir Annuschkas kühle Distanz weismachen wollte. Ich weiß nicht mal, ob ich sie je wiedersehen werde.

Es gab keine theatralischen Emotionen, kein Heulen und Zähneklappern, kein fliegendes Geschirr, was es gab, war dröhnendes Schweigen.

Ich sitze allein in der Wohnung, die wir mit so viel Euphorie zu unserer gemacht haben, die jetzt wieder meine Wohnung sein soll – und sie kommt mir viel zu groß vor. Überall gähnende Leere.

Kein Wunder, sage ich mir, schließlich haben wir hier vierundzwanzig Stunden am Tag aufeinandergehangen. So etwas kann auch nicht gutgehen, sage ich mir, irgendwann hätte es sicher einen Riesen-Streit gegeben. Dann versuche ich es mit billiger

Die-Zeit-heilt-alle-Wunden-Rhetorik: Es war auch vorher *deine* Wohnung. So what? Du gewöhnst dich schon wieder dran.

Ich möchte hier raus.

Aber ich kann nicht raus, ich muss arbeiten, Gags schreiben, lustig sein. Wie soll das gehen? Arbeit ist eine gute Ablenkung, sage ich mir und schalte den Laptop ein. Erst mal routinemäßig E-Mails checken. Routine ist genau das, was ich brauche.

Die erste Mail ist vom Standesamt in Ribe: Unser Wunschtermin, 28. April, geht in Ordnung. Sie freut sich, uns dies mitteilen zu können, schreibt die Standesbeamtin, sie freut sich, uns zu trauen. Die freut sich ja förmlich den Arsch weg. Woher nimmt sie eigentlich die Gewissheit, dass wir nicht die größte Pest sind, die je ein dänisches Standesamt überfallen hat? Ich muss raus!

Auf der Treppe begegnet mir Uelzen. Bitte nicht! Der Alte ist inzwischen so begeistert von Anna, dass er ihr wahrscheinlich selbst einen Heiratsantrag machen wollte. Zum Flohmarkt hat er sie eingeladen. Und als ich mit auf der Matte stand, sagt er doch tatsächlich: »Ich hatte aber nur Ihre Freundin gemeint, Herr Müller.«

Annuschka fand den Flohmarkt großartig, den gibt es in Russland nämlich nicht.

»Wie geht es Ihnen beiden?«, fragt Uelzen jetzt.

»Danke, gut.«

Ich drücke mich eilig vorbei, da ruft er mir noch etwas hinterher: »Halten Sie das Mädchen bloß gut fest, Herr Müller. Die ist das Beste, was Ihnen passieren konnte.«

Besten Dank für den Hinweis, alter Mann. Leider zu spät. Ich schleiche die Treppe hinunter.

Ich muss den Hochzeitstermin absagen, das will ich nicht. Ich muss Kontakt mit Ella aufnehmen, das will ich erst recht nicht.

Ich werde Vater – und Anna ist nicht die Mutter. Scheiße! Scheiße! Scheiße!

Zwischendurch klammere ich mich tatsächlich immer wieder an den Gedanken, dass Ella vielleicht doch noch abtreiben möchte. Daran kann sich auch nur ein Vollidiot klammern. Und was würde es auch verändern?

Ich treffe mich erst mal mit Paul, um mich auszuheulen.

»Scheiße, Scheiße, Scheiße!«, sagt Paul. Brillante Analyse meiner augenblicklichen Situation. Nur: So weit war ich auch schon. Und dann: »Hey, ich hab mich da auf so 'ner neuen Dating-Seite angemeldet, da kriegst du im ersten Halbjahr 250 Euro Rabatt. Ich hab gerade eine kennengelernt, die …«

»Paul!«

»Okay, gut, gut, war ja nur ein Gedanke.«

»Sonst noch Vorschläge?«

»Tja, dass sie wieder in Russland ist, macht die Sache natürlich ganz schön kompliziert. Kannst du irgendwie noch an Anna rankommen?«

»Kaum, wenn sie mich nicht sprechen will.«

»Ihre Mutter kann doch Deutsch, hast du gesagt.«

»Vera? Hm, was soll ich ihr denn sagen?«

Paul nickt nachdenklich. »Ich würde Anna erst mal eine Mail schicken. Erstens fühlt sie sich dann nicht so bedrängt wie von einem Anruf, zweitens kannst du beim Schreiben deine Gedanken besser ordnen.«

»Gar keine schlechte Idee.«

»Ja. Ich maile schon seit vier Wochen mit einer aus Ostdeutschland. Die hat mir Fotos geschickt – boah, die muss ich dir zeigen!« Paul zückt sein Handy. »Wie findest du die?«

Pauls Hausmarke ist eigentlich zierlich und schwarzhaarig, diese hier ist eine recht dralle Wasserstoff-Blondine.

»Seit wann stehst du auf blond?«

»Tu ich nicht, aber die …! Ich mein, wenn sie schon *solche* Fotos schickt!«

»Okay, können wir mal bei Anna bleiben?«

Paul wedelt abwesend auf seinem Smartphone herum, verzaubert von Miss Super-Drall. »Klar …«

Ein Glöckchen ertönt, Paul ist ganz aufgeregt: »Da schickt die 'ne SMS, genau, als ich von ihr spreche!«

»Ich glaube, ich werfe mich jetzt aus deinem Fenster.«

Paul träumt weiter vom Fick seines Lebens mit Fräulein Super-Illu. »Mhm, mhm, okay …«

»Oder besser: Du hast doch einen Gasherd?«

Paul tippt bereits eifrig an einer Antwort.

»Aber nichts im Kühlschrank …«

Ich klatsche direkt vor seiner Nase in die Hände. Paul schreckt hoch. »Ja, okay. Pizza-Service?«

Vielleicht fragt man bei so etwas doch besser Frauen. Mona ist da klipp und klar: »Du wirst Vater, Markus. Regel erst mal das. Und wenn du Anna wirklich liebst, wirst du wohl noch mal nach Russland müssen. Fahr ihr hinterher, so schnell es geht!«

Leicht gesagt. Soll ich mich in Perwouralsk in irgendeinem Hotel einquartieren und täglich zum Haus der Mischinas pilgern, um vor Annuschkas Balkon selbstverfasste Gedichte vorzutragen? Gibt es in Perwouralsk überhaupt irgendein Hotel? Nein, der erste Schritt in Richtung Anna muss wohlüberlegt sein. Ich folge Monas Rat auch, weil mir die Baustelle Ella plötzlich die leichtere scheint.

Ich treffe Ella in einem Café namens »Rosenrot«. Obwohl nicht der Ort und die Zeit für blumige Liebesbeweise, passt es ganz gut, weil mir tatsächlich etwas blümerant zumute ist. Ella geht ihre Schwangerschaft mit derselben Konsequenz an, mit der sie früher auf die Kacke gehauen hat: keine Zigaretten, kein Alkohol und auch kein Koffein, sie trinkt weiterhin brav Kräutertee. Ich muss immer wieder auf ihren Bauch schielen.

»Wie geht's?«

Ella strahlt. »Ich kotze jeden Morgen wie ein Reiher, aber mir geht's trotzdem gut. Ich fühl mich super!«

Sie legt sich versonnen lächelnd die Hände auf den Bauch. Mein Lächeln ist bemüht. »Schön. Du bist dir also sicher?«

»Absolut, Markus. Ich bin so froh, dass ich nicht abgetrieben habe.«

»Mhm. Was ist eigentlich aus dem Freund geworden, den du damals am Telefon erwähnt hast?«

»Rainer? Vergiss den Vollidioten!«

»Das heißt, er hat dich abserviert, als er davon erfahren hat?«

»Nein, er weiß nichts davon. Ich hab *ihn* abserviert. Apropos: Wie läuft's denn jetzt eigentlich mit Anna? Wie geht's ihr?«

Ich weiß, dass es Ella im Grunde nicht die Bohne interessiert. »Gut. Wir wollen heiraten.«

Ella mustert mich leicht spöttisch. »Mach dir mal nicht in die Hose, Markus! Ich will nichts von dir, ich bin jetzt mit Stefan zusammen. Hab ich doch erzählt.«

Ich hoffe, dass Ella weniger Männer verschleißt, wenn das Kind erst mal da ist.

»Stefan, okay. Und der weiß Bescheid?«

Sie nickt. »Er kennt dich übrigens aus dem ›Roten Platz‹.«

Jetzt bin ich überrascht. »Etwa Stefan Worringer?« Er steht hinter der Theke, wo Ella und ich uns in jener verhängnisvollen Nacht die Kante gegeben haben.

»Ja.«

Ein Barmann und eine Säuferin. Na, das sind ja beste Aussichten für die Frucht meiner Lenden.

»Und der weiß, dass das Kind von mir ist?«

»Nein, das möchte ich auch erst mal nicht. Aber er weiß natürlich, dass ich schwanger bin. Stefan wird der Vater sein, nicht du.«

Ella macht in puncto Ehrlichkeit gegenüber ihren Partnern offenbar Riesen-Fortschritte.

»Und was erwartest du von mir?«

»Natürlich, dass du uns unterstützt, mich und das Kind.«

»Okay, was ist, wenn ich Besuchsrecht haben möchte?«

»Möchtest du das denn?«

Tja, gute Frage. Ich schweige. Ein Leben lang nur den Zahlemann zu machen scheint mir nicht eben erstrebenswert. Aber wie wird Annuschka damit umgehen? Vorausgesetzt, ich biege das je wieder hin.

»Ich denke schon.«

Ella ist abweisend. »Wenn du regelmäßig zahlst, darf ich dir das laut Gesetz nicht verweigern. Aber wir ziehen nach Duisburg, da wohnen meine Eltern.«

»Du meinst die Eltern, die von deiner Abtreibung nichts wissen sollten, so wie Rainer?«

Sie geht sofort auf Konfrontation: »Das geht dich nichts an, Markus!«

Mir wird klar, dass ich einfach irgendwie mit Ella auskommen muss, wenn das Ganze nicht in einem endlosen Drama enden soll. »Ich weiß nicht, was du mir verweigern kannst und was nicht, Ella. Aber ich hoffe eigentlich, dass wir in unserem Verhältnis ohne Richter und Anwälte auskommen.«

»Na klar, Markus, ich auch. Wenn du Unterhalt zahlst!«

»Natürlich werde ich zahlen.«

So wollte ich auf keinen Fall Vater werden: die nächsten

18 Jahre mit einer Frau zurechtkommen, die mir eigentlich schon nach einer Nacht zu viel war.

Zurzeit gibt es für mich nur ein Kriterium, um Prioritäten zu setzen, und das lautet »weniger unangenehm«. Weniger unangenehm als den Hochzeitstermin abzusagen ist zum Beispiel arbeiten. Also arbeite ich erst mal. Weniger unangenehm als in Russland anzurufen ist, den Hochzeitstermin abzusagen. Also sage ich ab. Gut, dass ich vorher gearbeitet habe, denn jetzt fühle ich mich so beschissen, dass an Arbeit gar nicht zu denken ist. Es ist zum Glück schon später Abend, das heißt, im Ural schon tiefe Nacht. Ich kann den Anruf also auf morgen verschieben, was wiederum die nächste Unannehmlichkeit nach sich zieht, die ich zuvor leider nicht bedacht habe: eine ziemlich schlaflose Nacht.

Morgens beginne ich lieber erst mal wieder mit Arbeit. Mir fällt auf, dass Kreativsein nicht unbedingt leichter fällt, wenn man statt bloß deprimiert müde *und* deprimiert ist. Scheiße! Ich starre auf das Telefon auf meinem Schreibtisch.

Dann fällt mir Pauls nützlicher Rat ein, bevor er mit seiner Super-Illu-Blondine in den siebten Fick-Himmel entschwebte. Ich schreibe Anna eine Mail.

Neben seitenlangen Ergüssen, die ich hier nicht weiter kommentieren möchte, lege ich Annuschka nahe, mich anzuskypen, falls sie mich sprechen möchte. Normalerweise schalte ich Skype beim Arbeiten ab, es nervt schon genug, wenn beim Schreiben dauernd das Festnetztelefon klingelt. Jetzt starre ich hypnotisiert auf das kleine grüne Wölkchen auf der Taskleiste: Klingle, kleines Wölkchen, klingle! Klingle doch endlich!

Wie viel Uhr ist es eigentlich in Perwouralsk? Sechs Uhr abends. Wenn das keine gute Zeit zum Telefonieren ist! Ist es nicht. Okay, dann wieder arbeiten. Eine Stunde lang starre ich vor mich hin. Und produziere: nichts.

Dann starre ich wieder nur auf das Skype-Wölkchen. *Kling, Wölkchen, klingelingeling. Kling, Wölkchen, kling* … Jedenfalls ist mir jetzt klar, warum das Wölkchen auf der Taskleiste grün ist und nicht blau: Dieses Warten ist zum Kotzen.

Anna ruft nicht an. Ich hänge auf der Couch und starre resigniert in die Glotze. Der Laptop ist noch an, ein letzter Rest Hoffnung. Ich schaue auf die Uhr: In Jekaterinburg ist es schon eins. Ich seufze leise.

Dann ertönt das Skype-Signal! Ich rappele mich in Zehntelsekundenschnelle hoch und hechte zum Schreibtisch, stolpere über das Kabel und reiße den Laptop herunter. Der Schreck fährt mir mit solcher Wucht in die Glieder, dass es geradezu wehtut.

»Bitte nicht! Bitte, bitte …!«

Da ist wieder das Signal. Puh.

Bei meinem Glück ist es Paul mit wichtigen Neuigkeiten von der Blondinen-Front.

Aber es ist wirklich Annuschka! Sie hat offenbar gewartet, bis die anderen im Bett sind. Hätte ich mir auch denken können, ich Idiot.

»Sorry. Moment, mein Laptop.«

Anna wartet schweigend, bis ich am Schreibtisch sitze. Wir schauen uns an, keiner weiß so richtig, wo er anfangen soll. Ich versuche es mit Smalltalk: »Wie war dein Rückflug?«

»Okay.«

Ich nicke. Wieder Schweigen.

»Was haben deine Eltern gesagt?«

»Nicht viel. Semjon wollte wissen, ob du diese Frau heiraten wirst.«

»Ella? Nein, garantiert nicht. Aber ich hab sie noch mal getroffen.«

»Und?« Annuschka ist sichtlich nervös, ich ebenfalls.

»Sie wird das Kind bekommen.«

Anna saugt die Luft ein und schaut mich mit weit geöffneten Augen an.

»Ich wünschte, das Kind wäre von dir.«

Sie weicht meinem Blick aus. Als sie wieder aufschaut, sehe ich, dass sie den Tränen nahe ist.

»Ist es aber nicht. Warum hast du mit der Frau geschlafen, Markus?«

Ich weiß, wenn ich jetzt flapsig sage, ich war besoffen, bekommt sie das in den falschen Hals. Sie wird sich nur an Igor erinnern oder an irgendein anderes Elend, das sie mit besoffenen Kerlen erlebt hat.

»Weil ich ein Idiot war, Annuschka. Vielleicht auch, weil ich nicht wusste, ob das mit uns wirklich was wird. Wir kannten uns doch nur durchs Internet.«

Anna nickt. »Aber du wusstest schon, dass du nach Russland kommen würdest.«

»Ja. Was soll ich denn tun, Anna? Ich kann's nicht mehr ändern.«

Sie zuckt die Achseln. »Das musst du selbst wissen, Markus.«

Vorsicht, Fettnapf! Wenn ein Mann diesen Satz sagt, meint er: Ich habe keine Ahnung. Wenn eine Frau ihn sagt, meint sie: Rate mal, was ich von dir erwarte, und tu bloß das Richtige!

»Ich möchte immer noch, dass wir heiraten, Annuschka. Du musst entscheiden, ob du damit leben kannst, dass ich ein Kind habe.«

»Ich weiß nicht, Markus.«

Wir schweigen wieder.

»Ich liebe dich, Annuschka.«

Sie nickt bloß.

»Hast du nicht selbst gesagt, dass kinderlose russische Männer in meinem Alter entweder Mönch sind oder …«

»Ja, aber nicht so!«

Müller, du Idiot! Ich schweige betreten. Auf keinen Fall will ich, dass unser kostbares Gespräch im Streit endet.

»Gib uns noch eine Chance, Anna.«

Sie schüttelt den Kopf. »Ich komme auf keinen Fall wieder nach Deutschland.«

»Und wenn ich nach Russland komme?«

Annuschka seufzt. »Ich weiß nicht. Ich gehe jetzt ins Bett, Markus.«

Ihre Antwort versetzt mir einen Stich, ich werde hektisch. So darf es nicht enden!

»Okay, bis ich Visum, Ticket und alles zusammenhabe, dauert es mindestens einen Monat. Wenn du dann immer noch nicht willst, dass ich komme, dann ist das so. Dann muss ich es akzeptieren.«

Sofort bricht Annas Sorge ums Haushaltsbudget wieder durch. »Die Billig-Tickets kannst du doch nicht wieder zurückgeben.«

»Dann buche ich eben ein teures.«

Annuschka schaut skeptisch drein. »Hm, guck doch erst mal, wie teuer die überhaupt sind.«

Sorgt sie sich wirklich um *unsere* Haushaltskasse? Ich sehe einen Lichtstreif am Horizont. Innerlich jubiliere ich bereits, setze aber nur ein leichtes Lächeln auf. »Mach ich, versprochen.«

Sie lächelt ebenfalls. »Gute Nacht, Markus.«

»Gute Nacht, Annuschka.«

25.

Große Erwartungen und kleine Brötchen

Ende Mai. Mal wieder Umsteigen in Scheremetjewo. Ich habe nämlich doch billig gebucht, weil ich mir teuer nicht mehr leisten konnte. Es hat auch ganze zwei Monate gedauert, bis ich loskomme, das Geld musste ich mir erst mal erarbeiten. Das hat erstens den Vorteil, dass es bereits warm ist in Russland und mir keine schuhwerkbedingten Missgeschicke bevorstehen – und zweitens, dass der separate Inlandsflughafen in Moskau nicht mehr existiert. Es ist alles neu und schick – und total chaotisch! Der Flughafen steckt mitten im Umbau, und die Anzeigetafeln sind noch nicht in Betrieb.

Über den Abflugschaltern flattern wild DIN-A-4-Blätter mit der jeweiligen Destination. Der offensichtliche Nachteil: Sie aktualisieren sich nicht automatisch, sobald der nächste Flug dran ist. So stehe ich lange Zeit in einer Schlange oder eher einem *Knäuel* von Menschen, das vermeintlich auf den Check-in nach Tel Aviv wartet. Als geübter Russlandreisender nehme ich das mit der nötigen Langmut. Es wird schon stimmen, dass hier nach Jekaterinburg abgefertigt wird.

Ich erwische mich dabei, wie ich auf mein Handy schiele.

Mir fehlen Annas SMS. Kein »Wo bist du?«, kein »Bist du auch sicher?« dieses Mal. Hier muss ich jetzt alleine durch. Wenigstens vertraue ich inzwischen darauf, dass sich im Notfall jemand findet, der keine Uniform trägt und der einem weiterhilft. Inzwischen habe ich in Köln sogar einen Russisch-Kurs absolviert. – Na ja, ein Drittel von einem Russisch-Kurs, mehr Zeit blieb nicht. Annuschka quittierte die Nachricht von meinen redlichen Bemühungen um deutsch-russische Verständigung lediglich mit einem knappen »schön«. Von Ella habe ich seit unserer Aussprache übrigens nichts mehr gehört, und ich reiße mich auch nicht darum. Meine ehemalige Stammkneipe, den »Roten Platz«, meide ich seither.

Annuschka holt mich dieses Mal zusammen mit Mischa vom Flughafen ab. Denn Mischa hat jetzt ein Auto, einen Ford.

Ich bin eigentlich ganz froh, dass Vera und Semjon nicht dabei sind. Ich bin mir nämlich nicht sicher, wie sie nach der Ella-Affäre zu mir stehen, und außerdem habe ich so den Kopf frei für Anna. Auch wenn wir uns in den letzten zwei Monaten wieder einander angenähert haben, bleibt es eine delikate Situation. Wir fangen praktisch noch mal von vorn an, und ich habe keine Ahnung, wie es diesmal ausgehen wird. Vor allem, da Annuschkas Standpunkt in einer Hinsicht unverändert ist: Deutschland, nein danke!

Das alles wird mir mit fast schmerzhafter Klarheit bewusst, als ich Anna und Mischa in der Ankunftshalle entdecke und auf sie zusteuere. Schlagartig rutscht mir das Herz in die Hose: Das hier ist deine allerletzte Chance, Müller!

»Priwjet Markus.« Sie sagt »priwjet« und nicht »hallo«. Nach dem Motto: Lern gefälligst erst mal richtig Russisch, bevor wir reden. Dann folgt ein Wangenkuss. Nur ein Wangenkuss?

Schon die simple Tatsache, dass Annuschka sich neben mir im Fond niederlässt und nicht auf dem Beifahrersitz, löst Glücksgefühle in mir aus. Na ja, eigentlich ist es bloß Erleichterung. Aber auch die kann in delikaten Situationen glücklich machen.

»Wie war dein Flug?«, fragt Anna.

Smalltalk. Ich bin ein bisschen enttäuscht und tröste mich damit, dass dies noch nicht der Ort und nicht die Zeit für ernste Themen ist. Reiß dich zusammen, Müller! Was hast du erwartet? Dass sie dir mit schuldbewusster Miene um den Hals fällt und etwas haucht wie »Ich hätte dich niemals verlassen dürfen«?

»Gut«, antworte ich aufgeräumt, »Scheremetjewo wird grad umgebaut. Kein Inlandsflughafen mehr.«

»Ach?« Sie lächelt. »Gut für dich.«

»Na ja, ein bisschen chaotisch war's da schon. Aber es ging.«

Der Rest unserer Fahrt nach Perwouralsk verläuft weitgehend schweigend. Was auch an Mischas Fahrstil liegt. Ich merke, dass er jahrelang mit *Need for Speed* geübt hat. Hardcore-Mucke dröhnt aus den Lautsprechern, während er unbekümmert rechts überholt und über Fahrbahnschwellen und Schlaglöcher hinwegheizt. Ich kralle mich an meinen Haltegriff über der Tür und schiele nervös am Beifahrersitz vorbei durch die Windschutzscheibe. In der vagen Hoffnung vielleicht, noch ein »Stopp!« brüllen zu können, bevor wir unter dem Heck irgendeines Schrottlasters, der mit 30 km/h über die Autobahn schleicht, zermalmt werden. Mischa nutzt die schwarz qualmenden Rostmonster als Slalom-Parcours. Ihm scheint nicht klar zu sein, dass »Game over« hier etwas anderes bedeutet als zu Hause am Computer. Annuschka schaut sich das Elend lieber gar nicht erst an, sie starrt nur genervt auf die Rücklehne des Fahrersitzes.

»How you like car?«, fragt Mischa grinsend, als wir wider Erwarten lebend Perwouralsk erreichen. Mir liegt auf der Zunge, dass ein 24-PS-Wagen für den Anfang die bessere Wahl gewesen wäre. Aber ich verkneife es mir: »Mhm, harascho.«

Mischa ist stolz und zufrieden.

Wie wohl Semjon und Vera auf Annas Rückkehr reagiert haben … Mit einem strengen, elterlichen »Wir haben's dir ja gleich gesagt« oder sogar »Nie wieder einer aus dem Internet«? Ich möchte es, ehrlich gesagt, gar nicht wissen, denn die Situation ist mir so schon peinlich genug. Ich weiß, dass sie wissen, und sie wissen, dass ich weiß, dass sie wissen – das reicht mir fürs Erste an Komplikationen. Aber sie empfangen mich freundlich. Babuschka Maria stellt mir sogar ihre Kemenate zum Ausruhen von der Reise zur Verfügung, wo Vera mir bereits das Bett hergerichtet hat. Dieses Mal beziehen Annuschka und ich keine eigene Wohnung.

Ich werte es zwar zunächst als positives Zeichen, dass Vera und Semjon mich in ihren eigenen vier Wänden beherbergen, weiß inzwischen jedoch auch, dass ich da nicht zu viel hineininterpretieren sollte. Gastfreundschaft ist in Russland nun mal oberstes Gebot. Das sagt noch wenig darüber aus, wie sehr man den Gast schätzt, der an die Tür geklopft hat.

Es ist schon etwas seltsam für mich, in Babuschkas Bett zu liegen. Und es wird auch nicht eben weniger seltsam dadurch, dass Anna sich für einen Moment zu mir legt. An Versöhnungssex ist hier nicht zu denken. Steht im Übrigen aber auch gar nicht zur Debatte. Ich erwische mich dabei, wie ich mir das »Beziehungsgespräch à la russe« herbeisehne. Dass Annuschka mir einen Vortrag hält, bei dem ich lediglich schuldbewusst nicken muss. Aber nichts dergleichen geschieht. Wir kuscheln. Wenigstens das. Ich ahne, dass wir nicht allzu viel Gelegenheit für Gespräche unter vier Augen haben werden. Womöglich ist sogar jede Minute kostbar.

»Hätte nicht gedacht, dass ich so schnell wieder hier bin.«

Annuschka nickt. »Ich auch nicht.«

Schon bin ich wieder verunsichert. »Anna, wenn du gesagt hättest, komm lieber nicht, dann wäre ich natürlich …«

Sie unterbricht mich: »Nein, ich meine, dass *ich* so schnell wieder hier bin.«

»Ach so«, ich bin erleichtert, »wie fühlt es sich für dich an?«

Sie zuckt die Achseln. »Mischa ist schon in mein Zimmer umgezogen. In seinem Zimmer ist jetzt das Schlafzimmer von Semjon und Vera.«

»Du fühlst dich fremd?«

»Ja und nein. Irgendwie schon.«

Moralisch nicht ganz astrein, aber: In diesem Moment frohlocke ich innerlich ein wenig.

»Na ja, du gewöhnst dich schon wieder dran. In ein paar Wochen ist es ganz normal.«

In meiner Daily-Soap-Wunschversion dieses Gesprächs hätte Annuschka mich jetzt fest umschlungen und mir ins Ohr gehaucht: »Nein, Markus, nie mehr. Ich spüre, ich gehöre zu dir!« Kuss, Abblende. Friede, Sex und Eierkuchen. Aber Anna nickt bloß: »Klar. Ich habe auch schon im Institut gefragt, ob ich meinen Job wiederhaben kann.«

Fuck! »Tatsächlich. Und?«

»Sie haben zwar schon eine Nachfolgerin, aber mit der sind sie wohl nicht sehr zufrieden.«

»Klingt ja gut«, sage ich – und denke: Jemand sollte dieser Nachfolgerin mal kräftig in den Arsch treten.

Annuschka sieht mich prüfend an. »Findest du?«

Das war vielleicht doch etwas zu viel Schleimerei.

»Ja, nein, äh, ich fände es natürlich am allerbesten, wenn du mit mir zurückfliegen würdest.«

Anna seufzt. Während sie noch nachdenklich schweigt, geht sie schon wieder körperlich auf Distanz und löst die Umarmung. »Also im Moment habe ich überhaupt keine Lust auf Deutschland.« Dann steht sie auf.

Es wird Zeit brauchen, Annuschka zu überzeugen. Ich habe schon geahnt, dass dies nicht unbedingt ein kurzer Aufenthalt in Russland werden wird, und in weiser Voraussicht meinen Laptop mitgenommen, arbeiten kann ich zum Glück von überall, Internet gibt es hier ja auch.

Dann bestätigt sich auch meine zweite Befürchtung. Bevor Anna den Raum verlässt, wendet sie sich noch einmal zu mir: »Semjon und Vera sind dir gegenüber im Moment … Na ja, sie sind gerade nicht so begeistert von dir. Besser, wir ziehen in die Datscha.«

Es wird mich ganz schön Arbeit kosten, meine Reputation wiederherzustellen – nicht nur bei Anna, auch bei Semjon und Vera. Momentan habe ich eigentlich keine Idee, wie ich das überhaupt bewerkstelligen soll. Und Internet gibt es in der Datscha auch keins.

Der Frühling ist die wichtigste Datscha-Zeit. Vera hat reichlich in der Schule zu tun und Mischa absolut keinen Bock auf Garten, es sei denn für Partys. Semjon ist zwar auch Lehrer, aber in Altersteilzeit. Zusammen mit Babuschka Maria ist er im Frühling vor allem Landwirt. Für mich ist das eine glänzende Gelegenheit, mich nützlich zu machen – hoffe ich jedenfalls.

Das heimische Wohnzimmer hat sich in eine Tomaten-Zuchtstation verwandelt. Sprösslinge so weit das Auge reicht, die nach und nach zur Datscha gebracht und ins Gewächshaus gesetzt werden müssen.

Da ich von Gemüseanbau nicht die geringste Ahnung habe, bleiben mir nur die niederen Dienste: Ich bin Wasserträger im besten Sinne. Denn Wasser gibt es nur Eimer für Eimer aus dem Brunnen. Dann grabe ich irgendwo irgendwas um. Warum und wofür wird mir nicht verraten. So hege ich nach kurzer Zeit den Verdacht, dass Babuschka Maria mir so einiges an Fronarbeit auflädt, das eher nicht notwendig wäre. Ich halte aber schön den Mund, grabe und tue Buße. Während ich so schwitze und mein geplagter Rücken sich an den Schreibtisch zurücksehnt, pflegt Annuschka mit Liebe und Hingabe Setzlinge. Sie tut das mit solcher Inbrunst – würde sie mir erklären, Tomatenkeime müssten unbedingt mit russischen Volksweisen besungen werden, ich würde es ihr sofort glauben.

Semjon und ich reden nicht viel miteinander. Wenn wir kommunizieren, dann geht es lediglich darum, wie man eine Schaufel, eine Harke oder sonst welches Foltergerät für meinen Rücken richtig hält und bedient. Was er wohl über meine Affäre denkt?

Einen anderen Tag nimmt mich Semjon mit in den Wald. Zum »Veniki« sammeln, sagt er. Diese Birkenzweige, mit denen man sich im russischen Banja selbst und gegenseitig auspeitscht – für die Durchblutung, nicht zum Austreiben der Sünden, eigentlich. Es stehen jede Menge Birken im Wald herum, der direkt hinter der Datscha beginnt. Aus irgendeinem Grund hält Semjon sie aber allesamt nicht für gut genug, und so geht es tiefer und tiefer in die Wildnis hinein. Inzwischen habe ich zwar verstanden, dass die Birken entweder zu alt oder zu jung sind, frage mich aber dennoch, warum er nicht ein paar blöde Zweige von den mittleren Birken abschneidet. Während ich hinter Semjon hertappe, habe ich längst die Orientierung verloren. Wie verfahren indigene russische Völker wie die Mari eigentlich mit Ehebetrügern? Führt der Schwiegervater sie womöglich in den Wald und man hört nie wieder von ihnen?

Plötzlich bleibt Semjon stehen und zückt tatsächlich ein scharfes Messer! Ausgerechnet hier von Birken keine Spur, dunkles Nadelgehölz umgibt uns. Ich setze ein bemühtes Lächeln auf und deute hoffnungsvoll dahin, wo die Birken den Wald wieder etwas lichter werden lassen. »Veniki?«

Semjon schüttelt den Kopf. »Njet.«

Okay, denke ich, davonlaufen hat keinen Zweck. Entweder verderbe ich es mir mit dieser peinlichen Angstattacke für alle Zeiten mit meinem Schwiegervater in spe, oder ich entkomme der Rache der Mari und muss dafür elendig in der Wildnis verhungern. Allein finde ich hier nie wieder raus. Dann schon lieber ein schneller Tod. Fachgerecht ausgeweidet, nach guter Mari-Sitte sozusagen. Vielleicht hängen sie meinen ausgestopften Kopf ja über den Esstisch in der Datscha?

»Pichte, Pichte!«, ruft Semjon. »Rache, Rache« auf Mari? Aber er beginnt, an einem jungen Nadelbaum herumzuschnippeln, also entscheide ich mich für das Naheliegendere: Es wird wohl »Fichte« heißen. Deren Zweige benutzt man also auch im Banja, wieder was gelernt. Schließlich treiben wir auch noch Birken-Veniki auf, die unter Semjons Argusaugen bestehen.

»Na, schon wieder da?«, fragt Annuschka augenzwinkernd, als wir mit unserer Gehölz-Beute zurück zur Datscha kommen. Wenn Familie Mischina sich tatsächlich vorgenommen hat, mir eins auszuwischen, dann passiert das wesentlich subtiler als in meinen paranoiden Wahnvorstellungen.

Semjon schlägt sich grinsend die Birkenzweige in die flache Hand. »Pojdjom Markus, Banja!«

Also gehe ich mit Semjon in die Sauna. Im Gegensatz zu mir ist er ein echter Banja-Meister. Es kann ihm nicht heiß genug sein. Ich verstehe schon nicht, warum man überhaupt in die Sauna muss, wenn's draußen warm ist.

»Semjon geht auch ins Banja, wenn es im Sommer über 30 Grad hat«, sagt Annuschka. Glück gehabt, dass erst Anfang Juni ist! Verweigern kann ich mich dem Prozedere nicht. Banja ist hier in erster Linie eine Sache unter Männern, und ich vermute sogar, dass es sich um Semjons Sommer-Variante des Mischina-Initiationsritus handelt. Im Winter war Langlauf, jetzt heißt es: Willst du meine Tochter zurück, musst du mit mir im Banja büßen!

Die Veniki werden in kaltes Wasser eingetaucht, anschließend wedelt Semjon kräftig mit ihnen herum, damit die Hitze auf Touren kommt, und schließlich wird gepeitscht, was das Zeug hält. Eine Zeitlang – etwa drei bis fünf Minuten – finde ich die Sache wirklich angenehm. Nachdem mich Semjon zehn Minuten lang in die Kunst des Veniki-Gebrauchs eingeführt hat, muss ich ihm dann noch den Rücken peitschen. Mir ist schon etwas schwummrig zumute, als ich mich dazu von der Bank erhebe, und ich will mich vorher mit kaltem Wasser erfrischen.

Doch Semjon insistiert: »Njet, njet.«

Im Gegenteil: Er heizt noch einmal richtig an, indem er wild mit den Veniki herumwedelt. Im Stehen habe ich für einen kurzen Moment das Gefühl, mein Kopf explodiert. Es ist aber nicht der Moment zu kneifen. Während Semjon es sich auf der Bank gemütlich macht, peitsche ich ihm also die Rückseite. Als ich zum Wassereimer gehe, um noch einmal die Veniki zu befeuchten, ist mir bereits so schwindelig, dass ich mich fast am glühenden Saunaofen abstütze. Dann bäumt sich in mir aber ein todesverachtender Ehrgeiz auf: Du willst es also wissen, alter Russe, sage ich mir. *Ich* werde nicht der Erste sein, der dieses Banja verlässt. Als Semjon zur Abkühlung schreiten will, fordere ich eine weitere Veniki-Runde. Semjon stutzt einen kurzen Moment, um dann anerkennend zu nicken. Höchstens eine Minute hätte ich noch freihändig stehen können, doch ich lasse mich betont lässig auf der Bank nieder. Endlich liegen!

Irgendwann merke ich, wie auch Semjon keine Luft mehr zum Stehen hat. Wir sitzen mit hochroten Köpfen nebeneinander. Da Semjon sich aber immer noch, wenn auch matt, Beine und Bauch bepeitscht, tue ich es ihm nach.

»Budesch est?«, fragt er.

Das bin ich schon oft genug gefragt worden, um zu verstehen, dass es um Flüssigkeits- und Nahrungsaufnahme geht.

»Harascho.«

Eine Dusche gibt es nicht, daher waschen wir uns gleich im Banja den Schweiß von der heißen Haut. Als die Banja-Helden zurück in die Küche wanken, hält Babuschka Maria Kompott, Räucherfisch und Akroschka, ein kaltes Sommersüppchen, bereit. Semjon sagt etwas in die Runde und klopft mir anerkennend auf die Schulter. Ich schaue fragend Annuschka an.

»Semjon sagt, dass dir Banja wohl richtig Spaß macht. Er freut sich auf den zweiten Gang, dann will er es mal richtig heiß machen.«

Mir bleibt der Bissen Räucherfisch im Halse stecken, doch ich gebe mir Mühe, eifrig zu nicken. Essen *nach* der Sauna: schön und gut, aber *dazwischen* ist wirklich nur etwas für Profis. Nach dem vierten Banja-Gang hänge ich über dem Donnerbalken und kotze Fisch, Süppchen und natürlich auch alles andere, was wir »zur Stärkung« zwischen den Gängen konsumiert haben, wieder aus. Ausgerechnet in diesem Moment kommt Babuschka Maria vorbei. Ihre düpierte Miene sagt mir, dass sie meinen leidigen Zustand eindeutig als Kommentar zu ihrem Essen versteht, da nützt auch kein entschuldigendes Lächeln. Dabei hatte ich doch gerade meinen Frieden geschlossen mit ihrer Küche.

26.

Noch mehr Brot und Gedankenspiele

Der Sommer zieht herauf, und ich werkele im Garten wie ein waschechter Russe, lasse mich im Banja mit Genuss durchpeitschen. Mayonnaise ist auf meinem Speiseplan geradezu unabdingbar geworden. Die Kalorien benötige ich schon wegen der Gartenarbeit dringend, und beim Hardcore-Banja mit Semjon verbrenne ich auch nicht eben wenig. Selbstverständlich kann ich immer noch nicht vernünftig Russisch, dafür habe ich schließlich mein Weib. Ähem, also die, die es werden soll.

Die Tatsache, dass Anna immer noch keine Anstalten macht, sich wieder eindeutig zu uns oder gar zu Deutschland zu bekennen, verdränge ich einstweilen. Es bietet sich auch wenig Gelegenheit, darüber nachzugrübeln, da ich abends meistens total k.o. ins Bett falle. Immerhin: Wir kuscheln wieder. Dafür, dass dieses Wort auf Russisch gar nicht existiert, sogar ziemlich ausgiebig. Als ich schon drauf und dran bin, mich an züchtige Zweisamkeit nach Feierabend zu gewöhnen, spüre ich eines Abends plötzlich Annuschkas vorwitzige Hand an einer heiklen Stelle und bin sofort hellwach. Wurde auch Zeit. Mit Versöhnungssex sollte man nicht so lange warten, bis man schon gar nicht mehr weiß, warum man sich eigentlich versöhnen muss. Andererseits werden wir beide dank Ellas Entschluss, die Schwangerschaft durchzuziehen, womöglich noch öfter Versöhnungssex benötigen …

Mitten in unser bäuerliches Idyll platzt eine Nachricht, die alle in Aufregung versetzt: Der Boden, auf dem die Datschen stehen, soll privatisiert werden. Bisher waren die russischen Datschen vor Spekulationen sicher, denn der Grund und Boden gehörte dem Staat. Jetzt heißt es, schnell handeln, bevor ein reicher Russe auf die Idee kommt, sich hier die eigene pompöse Datscha hinzupflanzen.

»Die Datscha gehört mir«, sagt Annuschka, »deshalb muss das Grundstück auch auf meinen Namen laufen.«

»Ach?« Gut zu wissen, dass die Angebetete ein Domizil besitzt, falls es mit dem Schreiben bei mir mal nicht mehr so läuft. »Und warum ist das so?«

»In Russland wird jetzt alles privatisiert. Semjon und Vera wollen sichergehen, dass alles in der Familie bleibt und dass es keine Erbstreitigkeiten gibt, wenn sie abtreten. Deshalb läuft die Wohnung auf Mischa und die Datscha auf mich.«

Schwer zu sagen, ob Semjon und Vera sehr vorausschauende Geister sind oder ob ihnen die russische Statistik Sorgen macht: Die durchschnittliche Lebenserwartung liegt hier gerade mal bei 70 Jahren, wobei die Männer den Schnitt ziemlich nach unten ziehen, da sie laut Statistik schon mit Mitte 60 sterben. Russische Frauen haben beste Chancen, ihre Männer um mindestens zehn Jahre zu überleben, rund ein Viertel ihrer Göttergatten gibt den Löffel sogar schon bis 55 ab – wegen Alkoholmissbrauch. Na denn, nastrowje!

Wir fahren also mit Semjon zum Grundbuchamt. Irgendetwas gefällt der Dame hinterm Schalter aber nicht an den Dokumenten, die Anna als Besitzerin der Datscha ausweisen.

Semjon bleibt wie immer hartnäckig, und so entspinnt sich eine langwierige Diskussion, die Annuschka bald schon mit heftigem Augenrollen kommentiert. Irgendwann verschwindet die Schalterdame mit widerwilliger Miene. Nach minutenlangem Warten kommt sie zurück und deutet kopfschüttelnd auf ein Dokument. Semjon redet unbeeindruckt weiter auf sie ein. Erst als es schon Kommentare aus der Schlange der Wartenden hinter uns gibt, gelingt es Anna, ihn vom Schalter loszueisen.

Zu meiner Überraschung wirkt Semjon weder aufgeregt noch wütend, als wir zurück zum Auto gehen.

»Irgendwie hätte Vera damals noch irgendetwas unterschreiben müssen, als ich die Datscha überschrieben bekommen habe«, erklärt Annuschka.

»Und was jetzt?«

»Kein Problem, ein ehemaliger Schüler von Semjon arbeitet im Grundbuchamt, der wird das schon regeln.«

»Und warum hat dein Vater dann eben stundenlang diskutiert?«

»Erstens fühlt er sich im Recht, und zweitens wird ihn der Einsatz seines Ex-Schülers wieder mindestens eine Flasche guten Cognac kosten.«

»Verstehe.« Semjon ist nicht nur in puncto Connections unübertroffen, auch im Sparen.

Ganz so einfach scheint die Sache dann trotzdem nicht zu sein. Annuschka stöhnt. »Wenn ich noch mehr Dokumente für dieses blöde Grundstück unterschreiben muss, bekomme ich einen Tennisarm.«

Schon im Hinblick auf meine ungewisse berufliche Zukunft, die im Übrigen immer ungewisser wird, je länger ich abgeschnitten vom Internet in Russland verweile, ermutige ich sie: »Aber es lohnt sich doch. Am Ende hast du ein Stück Land mit einem Haus darauf, das dir keiner mehr wegnehmen kann.«

»Ja, aber Semjon will es jetzt alles tausendprozentig machen, damit es bloß keinen Ärger mehr gibt. Das kann Monate dauern!«

Das ist allerdings keine gute Nachricht.

»Also, wenn man da mit noch mehr oder noch besserem Cognac etwas beschleunigen kann … Wie wär's, wenn ich eine Magnum-Flasche Hennessy oder so etwas besorge?«

Ich würde mit meiner letzten Kohle auch ein *Fass* Hennessy finanzieren, wenn ich damit sicherstellen könnte, dass Annuschka wieder mit mir zurückfliegt.

Anna schaut mich an. »Warum willst du das tun, das betrifft dich doch gar nicht?«

»Monate kann ich mir hier einfach nicht mehr leisten, Annuschka!«

Anna seufzt. »Ich möchte ja mit dir zusammen sein, Markus. Aber nicht in Deutschland! Gibt es denn keine Möglichkeit, dass wir uns hier etwas aufbauen?«

Auch wenn der erste Teil des Satzes meinen inneren Gemütsanzug heftig aufhübscht, weiß ich doch genau, dass ich nicht ewig von Russland aus arbeiten kann. Das funktioniert momentan nur, weil ich mitten in einem Auftrag stecke, den ich bereits in Deutschland akquiriert habe. Ich seufze.

Annuschka seufzt lauter.

»Hm, na ja, mir ist aufgefallen, dass es hier kein besonders gutes Brot gibt …«

»Tja, Bäcker wie in Deutschland gibt's bei uns natürlich nicht. Kommt alles aus der Fabrik.«

»Eben.«

Anna sieht mich stirnrunzelnd an. »Heißt das, du willst zurück nach Deutschland, weil dir das Brot hier nicht schmeckt?«

»Nein, aber mit echtem deutschen Bäckerbrot könnte man hier bestimmt ein gutes Geschäft machen.« Schon während ich das sage, fällt mir ein, dass ich leider kein guter Geschäftsmann bin, geschweige denn ein Bäcker. Aber Annuschka gefällt die Idee offenbar, sie lächelt dankbar und zuversichtlich. Und vielleicht ist Zuversicht in eine gemeinsame Zukunft das, was wir im Moment am dringendsten brauchen.

»Ewa hat mir mal erzählt, dass in E-Burg vor kurzem ein französischer Bäcker aufgemacht hat. Der Laden läuft wohl wie verrückt.«

Ich beschließe, mich an dieser genialischen Zukunftsidee festzuhalten, auch wenn sie mir vollkommen utopisch vorkommt.

»Siehst du! Den schauen wir uns doch mal genauer an.«

In Jekaterinburg erfahren wir von Dmitri und Ewa als Erstes, dass beim Himbeerendüngen auf der Datscha die Galosche wieder aufgetaucht ist, die mir damals ins Plumpsklo gefallen war. Ach ja, der Heiratsantrag! So lange ist das noch gar nicht her, doch es kommt mir ewig vor. Die Wiederauferstehung besagter Galosche werte ich da jetzt einfach mal als gutes Omen für unsere Zukunft.

Nicht ohne Stolz zeigen Ewa und Dmitri uns zunächst die schicke Wohnung, die sie gerade erworben haben. Ewa – die diskrete Macherin – ist bereits zur Sprecherin der Eigentümergemeinschaft gewählt worden.

»Das Viertel ist nicht gerade das beste in E-Burg«, meint sie, »aber es ist nah an meiner Schule, und es entwickelt sich.«

Ich habe keinen Zweifel, dass die beiden, was diese Wohnung angeht, mal wieder einen guten Riecher beweisen, genauso wie mit Ewas privatem Spracheninstitut. Hier im »Elmasch«-Viertel, dem einstigen Arbeiterquartier der Elektrischen Maschinenfabrik, sind sie Vorboten einer Gentrifizierung à la Prenzlauer Berg. Dem Berliner Bezirk, der den rasantesten Aufstieg vom Arbeiter- zum In-Viertel hingelegt hat, den Deutschland je gesehen hat.

Die französische Bäckerei entpuppt sich als Konditorei. War klar, außer Baguette können die Franzosen brotmäßig auch nix. Der Laden kommt daher wie eine Art Edelversion der deutschen Selbstbedienungsbäckereien mit angeschlossenem Café. Im Gegensatz zur deutschen Billig-Bäcker-Kette ist hier allerdings rein gar nichts billig. Trotz exorbitanter Preise bei durchschnittlicher Qualität brummt das Ding tatsächlich wie die dickste Hummel. Kein Wunder, denn die Durchschnittsware hier ist immer noch dreimal besser als die aus einem russischen Supermarktregal.

Dmitri und Ewa haben zwar noch nie deutsches Brot gegessen, sind aber trotzdem schwer interessiert an unserer Idee, zumal auch Annuschka von der germanischen Qualität und Vielfalt schwärmt: »Mehrkorn mit Sesamkruste, hmm …! Und Roggenbrot, außen knusprig und innen so fluffig. – Und Brötchen. Was es da alles gibt!«

Ich bekomme fast Heimweh von Annas Schwärmereien, während unsere Kompagnons in spe sich ein Lächeln nicht verkneifen können, dabei aber eifrig nicken. Wenn die beiden sich ehrlich für meine Idee erwärmen, ist sie vielleicht gar nicht so utopisch? Und Ewas Geschäftssinn ist phänomenal: Ihr privates Spracheninstitut residiert mitten in der öffentlichen Schule, in der sie zuvor als Lehrerin gearbeitet hat. Sie hat es gegen den Willen der Schuldirektorin geschafft, mit Segen des Schulamtes dort Räumlichkeiten anzumieten. Das Ganze ist natürlich ein totaler Affront gegen ihre Ex-Chefin, nach dem Motto: Wollt ihr richtig Englisch lernen, kommt lieber zu mir. So viel Chuzpe muss man erst mal aufbringen. Mal ganz abgesehen davon, dass es vermutlich selbst in Russland besonderer Verbindungen bedarf, um ein privates Gewerbe in einem staatlichen Schulgebäude aufzuziehen. Überhaupt: Die öffentlich-private Grauzone scheint eine Spezialität von Annuschkas besten Freunden zu sein. Dmitri verpachtet Werbeflächen direkt an der Autobahn, also ebenfalls auf Grund und Boden, der eigentlich dem Staat gehört.

Als wir den Franzosen wieder verlassen, bin ich fast so weit zu glauben, dass wir es wirklich schaffen könnten, hier mit den beiden die erste deutsch-russische Bäckereikette aufzuziehen. Vermutlich müssen wir uns nur darauf einstellen, dass unsere Filialen russlandweit ausschließlich in staatlichen Brotfabriken residieren. Oder in Schulen. Oder an der Autobahn. »Deutsche Drive-in-Bäckerei« – klingt doch super. Ich sehe eine endlose Schlange dicker SUVs vor mir, in denen die russische High Society geduldig darauf wartet, einen Laib von Meister Müllers Mischbrot zu ergattern, selbstredend zu absolut unchristlichem Preis. Zur Einweihung unserer tausendsten Autobahn-Filiale erscheint dann Putin persönlich. Herzhaft beißt er vor laufenden Kameras in ein Butterbrot und sagt: »Unter meine Wurst kommt nur Müller!«

Ewa und Dmitri sehen kein großes Hindernis darin, dass ich absolut keine Ahnung vom Bäckerhandwerk habe: »Aber du bist der Einzige von uns, der weiß, wie gutes deutsches Brot schmecken muss.«

Das stimmt. Das qualifiziert mich unmittelbar zum Direktor für Qualitätsmanagement in unserem germanskij Teigwaren-

Imperium. Und für alles Übrige lässt man eben einen Bäckermeister aus Deutschland einfliegen.[27]

Amateur-Meisterbäckerin Annuschka plant hingegen bereits eine Kuchenabteilung unter ihrer Leitung: »Was die Franzosen da anbieten, kann ich mindestens genauso gut.«

Während ich das Ganze eigentlich immer noch für Träumerei halte, melden sich wenige Tage nach unserem Besuch Dmitri und Ewa bei uns.

»Sie wollen noch mal mit uns über die Bäckerei sprechen«, richtet mir Anna freudestrahlend aus.

Also treffen wir uns mit den beiden auf ihrer Datscha zu einer Art »Business-Spaziergang«. Die ganze Veranstaltung trägt zunächst nicht viel dazu bei, meine Zurückhaltung in echten Gründer-Enthusiasmus zu verwandeln: Anna, Dmitri und Ewa marschieren vorweg und schmieden eifrig Pläne, während man mich offenbar als Kindermädchen für ihre Sprösslinge Pjotr und Wassili abgestellt hat.

»Du verstehst ja sowieso nichts, wenn wir Russisch reden«, ruft Annuschka lapidar über ihre Schulter nach hinten. Also versuche ich, die beiden fünf- und sechsjährigen Rabauken in Schach zu halten. Ohne Russisch mindestens genauso schwierig, wie einer Unterhaltung zwischen Erwachsenen zu folgen.

Annuschka und Ewa haben sich indes mit Eimerchen bewaffnet. Soweit ich es verstanden habe, wollen sie nebenbei Blaubeeren sammeln, um ein Kuchenrezept zu testen.

27 Stellenangebot: Abenteuerlustige(r) Bäcker/-in gesucht, beste Aufstiegschancen garantiert. Ernst gemeinte Bewerbungen bitte an den Verlag, meine Lektorin wird sie gern bearbeiten. Ja, sie freut sich sicher ein Loch in den Bauch über diese Fußnote …

Ich schiele ein bisschen beleidigt hinüber zu den Dreien und versuche dabei, Wassili und Pjotr nicht aus den Augen zu verlieren, die unverdrossen weit abseits des Weges durchs Unterholz kraxeln. Da fällt mir auf, dass auch die drei das Reden weitgehend eingestellt und ihre Augen allesamt zu Boden gerichtet haben.

»Was macht ihr denn da?«, rufe ich hinüber.

Annuschka hört nichts, sie ist offenbar schwer beschäftigt.

»Hey!«

Sie nimmt abwesend Notiz von mir. »Hier gibt's Walderdbeeren.« Dann verschwindet ihr Kopf im hohen Gras. Dafür taucht Pjotr vor mir auf und präsentiert stolz den eignen Sammelerfolg: eine fette Spinne. Sie zwickt ihn in den Finger, worauf er sie erschrocken fallenlässt. Ob es in Russland giftige Spinnen gibt? Und wo ist eigentlich Wassili? Ein Kind verschollen, das andere blau angelaufen von irgendwelchem Spinnengift. Wenn ich damit vor Dmitri und Ewa trete, war's das vermutlich mit unseren gemeinsamen Businessplänen. Da sehe ich ihn. Wassili hat irgendwo im Unterholz die rostigen Überreste einer Betonarmierung aufgetan. Neidvoll schleudert sein Bruder die dicke Raupe fort, die er nach der Spinnenattacke ergattert hat, bewaffnet sich ebenfalls mit spitzem Stahl, und die beiden gehen im ritterlichen Schwertkampf aufeinander los. Um zu verhindern, dass sie sich gegenseitig aufspießen, bleibt mir nichts anderes übrig, als mich mitten in die Gefahrenzone zu begeben. Pjotr ist nicht nur der ältere und stärkere der Brüder, sondern auch der weitaus wildere. Daher entscheide ich mich, ihn zuerst zu entwaffnen, bevor die Sache ins brüderliche Auge geht. Eben bekomme ich sein Armiereisen zu fassen, da knallt mir Wassili im Überschwang des Kampfes seinen rostigen Spieß auf den Rücken. Gut, dass ich noch nicht dabei war, mich zu ihm umzudrehen. Eine Zehntelsekunde später wäre das Ganze womöglich übel für mich ausgegangen. Wassili hält für einen Moment betroffen inne. Zeit genug für Pjotr, den Versuch zu starten, wieder an seine Waffe zu gelangen.

Mit einiger Mühe und brennendem Rücken schaffe ich es schließlich, Pjotr und Wassili endgültig zu entwaffnen und zu ihren Erziehungsberechtigten zurückzutreiben. Dort quittiert man die Kunde meiner heldenhaften Rettung der beiden Recken mit abwesendem Nicken und ohne den Blick vom Waldboden zu heben.

»Was hältst du von Walderdbeerkuchen?«, fragt Annuschka aufgeräumt statt des erwarteten Lobes und präsentiert mir die Beute im Eimerchen mindestens ebenso stolz wie Pjotr zuvor seine bissige Spinne. »Du kannst Dmitri ja beim Blaubeersammeln helfen.«

Irgendwie habe ich mir unsere Geschäftsplanung anders vorgestellt. »Was habt ihr denn wegen der Bäckerei besprochen?«

Annas Blick heftet sich schon wieder auf den Boden. »Ja, ach so. Nächsten Freitag in E-Burg.«

»Und was dort: nur Banktermin für einen Millionenkredit oder gleich feierliche Eröffnung unserer ersten Filiale?«

»Nee, Laden anschauen«, flötet Annuschka.

Mir wird etwas schwindelig. »Was, die haben schon ein Ladenlokal?«

Annuschka nickt strahlend.

Ich starre sie an. »Gemietet?«

Zu meiner Erleichterung schüttelt Anna den bereits wieder gen Waldboden geneigten Kopf. »Nein, bloß Besichtigung. Ansehen können wir's uns doch mal.«

Ich hätte es wissen müssen: Zwei wie Dmitri und Ewa machen gern Nägel mit Köpfen. Bäcker in Russland. Will ich das wirklich? Okay, Bäcker trifft es sowieso nicht ganz, eher »vorkostendes Vorstandsmitglied« oder so ähnlich. Andererseits, warum eigentlich nicht? Ansehen kostet nichts.

»Da bin ich ja beruhigt.«

Sie hört meine Antwort schon nicht mehr.

Merke: Wenn ein Russe in den Wald geht, zählt nur eins: Beute machen. Ein Russe, der in den Wald geht und mit leeren Händen heimkehrt, ist entweder Forstaufseher oder Mafioso, der etwas *mitbringt*, um es zu entsorgen. – Oder er ist einfach verrückt. Wie diese Deutschen, die »spazieren gehen«, was offenbar nichts anderes bedeutet, als mit verzückt-debilem Lächeln sinnlos Löcher in die Luft zu starren.

Pjotr findet Raupen und Beeren mittlerweile langweilig, unter einem Blatt hat er nämlich eine bedrohlich aussehende, rot gepunktete Spinne gefunden.

Ich lobe ihn: »Harascho!«

Meine Zähne mahlen so heftig, dass ihr Knirschen beinah das Radio übertönt. Mischa hat sich bereit erklärt, uns nach E-Burg zu fahren. Wir treffen uns mit Dmitri und Ewa zur Besichtigung des Ladenlokals. Ground Zero unseres zukünftigen Bäckerei-Imperiums – oder eines grandiosen Fiaskos.

Mischas Freundin Katharina begleitet uns, was ihn erst recht dazu animiert, die bei »Need for Speed« erworbenen Fahrkünste unter Beweis zu stellen. Wir Männer sitzen vorn. Die Mädels im Fond können sich wenigstens mit einer Unterhaltung ablenken, während mir das Weggucken quasi unmöglich ist. Annuschka und Katharina plappern unbeschwert vor sich hin, und ich sehe dem Tod vor der Windschutzscheibe ins Auge.

Wenigstens ist Mischas Ford sicherheitstechnisch besser ausgerüstet als Semjons Lada, rede ich mir ein. Im Grunde bete ich aber bloß das Ende der Autobahnfahrt herbei. Im Jekaterinburger

Stop-and-go-Verkehr wird Mischa die Geschwindigkeit zwangsläufig drosseln müssen. Na, hoffentlich ist da nicht bloß der Wunsch Vater meines Gedankens …

Als wir uns der Stadtgrenze nähern, wird der Verkehr immer dichter. Für Mischa erst mal kein Argument, etwas an seinem Höllentempo zu verändern. Noch nie zuvor habe ich einen Stau herbeigesehnt. Und da vorne ist er auch schon! Ich bin erleichtert. Das währt allerdings nicht lange, denn Mischa macht noch immer keine Anstalten, den Fuß vom Gas zu nehmen. Stattdessen nimmt er gerade angeregt an der Unterhaltung der Mädels teil. Ich kneife die Augen zusammen. Ob es in Russland wohl uncool ist, als Mann auf dem Beifahrersitz zu brüllen? Dann brülle ich aus Leibeskräften: »Stopp!«

Die Mädels kreischen. Mischa fährt erschrocken herum und latscht voll auf die Bremse. Zu spät!

Während er sich wie paralysiert am Lenkrad abstützt, kommt uns das schwarz qualmende Lkw-Monster am Ende des Staus immer näher. Ich greife schnell ins Lenkrad: rechts, links. Das war's. Wir kommen neben dem Lastwagen zum Stehen – im Graben.

Mischa würdigt mich keines Blickes, als wir mit zittrigen Knien aus dem Auto steigen. Nachdem er sich mit einem kurzen Seitenblick vom unversehrten Zustand Katharinas überzeugt hat, die unter Schock am Heck lehnt, gilt seine ganze Aufmerksamkeit dem geliebten Wagen. Tatsächlich sieht die rechte Vorderradaufhängung nicht gut aus. Hier kommen wir ohne fremde Hilfe garantiert nicht mehr weg. Es entspinnt sich ein heftiger verbaler Schlagabtausch zwischen Anna und ihrem Bruder. Ich kann mir schon denken, worum es geht …

Die deutsch-russische Bäckerdynastie muss jedenfalls warten. Stattdessen treten wir am Haken eines Abschleppwagens die gemächliche Rückfahrt an. Der Herr vom Abschleppdienst hat auch nichts dagegen, dass wir wieder im Ford Platz nehmen. Gegen ein kleines Trinkgeld, versteht sich.

Polizei kam auch zum Unfallort, wirkte aber ziemlich gelangweilt: Niemand außer uns in den Unfall involviert und kein Blut geflossen. Mischa deutete bei der Schilderung des Unfallhergangs verdächtig oft auf mich, so dass ich um des lieben Friedens willen zähneknirschend das fällige Knöllchen zahlte.

Semjon und Vera stehen bereits mit besorgten Mienen vor der Haustür, als unser Tross den Hügel hinaufrollt. Da wir die Rückfahrt über weitgehend in Schock-Schweigen verharrten, weiß ich gar nicht, wie Annuschka die Sache eigentlich sieht. Mittlerweile bin ich mir selbst nicht mehr sicher, ob mein Eingreifen wirklich notwendig war. Mischas Meinung dazu ist jedenfalls glasklar. Wenn er mir überhaupt in die Augen schaut, dann mit einem Blick, als hätte ich ihm gerade in die Hose gegriffen. Irgendwie kann ich ihn sogar verstehen. Wenn mir jemand ins Lenkrad gegriffen hätte, wäre ich auch nicht gleich voll des Lobes für den Typ.

Unser Abschlepp-Heini lässt den Wagen vom Haken und empfiehlt sich selbst gleich für die Reparatur. Man begutachtet den Schaden. Nicht nur die Radaufhängung, die ganze rechte Seite hat ordentlich gelitten. Vera und Semjon, die ihrem Sohn den Wagen vorfinanziert haben, sind nicht begeistert. Mischa beginnt vorsichtshalber wieder, ab und zu in meine Richtung zu deuten. Semjon mustert mich aus den Augenwinkeln. Mist! Insgeheim hatte ich gehofft, als der große Retter dazustehen. Habe ich stattdessen meinen mühsam erarbeiteten Kredit bei Semjon und Vera auf einen Schlag wieder verspielt?

Plötzlich fährt Anna energisch dazwischen. Es wird laut zwischen ihr und ihrem Bruder – und es fällt auffällig oft mein Name.

Wirklich unangenehm, einer Diskussion beizuwohnen, deren Thema man ist, ohne ein Wort davon zu verstehen. Bei Annuschkas Gespräch mit dem pummeligen Ex musste ich wenigstens nicht danebenstehen wie Hein Blöd. Ich versuche, ein neutrales Gesicht aufzusetzen. Also irgendwas, das weder Schuldbewusstsein ausdrückt noch Vorwurf. Vera sieht zu mir herüber, während das Palaver andauert. Könnte sie meine um Neutralität bemühte Miene etwa als Langeweile interpretieren? Langeweile ist auch nicht gut. Also lege ich besorgt die Stirn in Falten. Ja, besorgt ist prima. Und es passt zu meiner Überlegung, anzubieten, die Reparaturkosten zu übernehmen. Das kommt zwar einem Schuldeingeständnis gleich, aber immer noch besser, als von Semjon zur Begleichung der Rechnung *aufgefordert* zu werden.

Zu meiner Überraschung springt irgendwann auch Katharina ein, um Annas Version zu bestätigen, obwohl ihr deutlich anzumerken ist, dass sie sich lieber ganz herausgehalten hätte. Mischa wird zusehends kleinlauter und Semjons und Veras Blicke in meine Richtung zusehends respektvoller. Mir fällt ein Stein vom Herzen, den ich mir aber nicht anmerken lasse. Weiterhin: Sorgenfalten. Da wendet sich Mischa ruckartig von seinen Eltern ab und kommt auf mich zu. Ich weiche zurück. Doch statt mir vors Schienbein zu treten, schüttelt er mir zerknirscht die Hand. »Spassiba, Markus.«

»Ich würde trotzdem gern einen Teil der Reparatur übernehmen«, flüstere ich Annuschka zu.

Sie ist überrascht und schüttelt mit dem Kopf: »Nee, lass das mal.«

»Wenn du meinst. Dann aber danke.«

»Wofür?«

»Dafür, dass du mich verteidigt hast.«

Sie runzelt die Stirn. »Hab ich? Ich habe nur klargestellt, dass ich nicht sauer auf dich, sondern auf Mischa bin.«

Jetzt bin *ich* überrascht. »Das heißt, du glaubst gar nicht, dass mein Griff ins Lenkrad notwendig war?«

Sie wiegt den Kopf. »Keine Ahnung, doch, schon irgendwie. Es ging alles wahnsinnig schnell. Bei Mischas Fahrstil war es sowieso nur eine Frage der Zeit. Ich bin einfach froh, dass keiner verletzt wurde.«

Ich bin ein wenig enttäuscht und hake doch noch einmal nach. »Wir wären garantiert unter den Lkw gekommen, wenn ich nicht eingegriffen hätte.«

Anna nickt. »Okay.«

Das klang nicht sehr überzeugt. Ich setze noch einen drauf: »Ehrlich, also aus meiner Sicht …«

Annuschka unterbricht mich ungeduldig: »Schon gut, Markus. Selbst wenn ich glauben würde, dass es nicht notwendig war, hätte ich dich in Schutz genommen.«

»Ach? Warum denn?«

»Weil ich mir sicher bin, dass du nur in bester Absicht handeln würdest.«

»Und das reicht dir?«

»Na ja, würdest du dasselbe nicht auch für mich tun? Wir sind doch zusammen.«

Bevor ich über ihre Antwort nachdenken kann, überwältigt mich der letzte Teil davon. Annuschka hat es endlich ausgesprochen: Wir sind wieder ein Paar!

Mit einem Mal sehe ich glasklar, was Anna wirklich wichtig ist in unserer Beziehung: Loyalität.

Vielleicht ist Loyalität tatsächlich das, was in unseren ach so selbständigen und unabhängigen Beziehungen inzwischen zu kurz kommt? Füreinander einzustehen, sich in Schutz zu nehmen, zu wissen, dass der andere für einen da ist, selbst dann, wenn man mal Blödsinn gemacht hat … Habe ich in Deutschland nicht öfter mal gedacht: »Das lös jetzt mal schön selbst«, wenn jemand mit dämlichen Bemerkungen über Annas mangelnde Deutschkenntnisse um die Ecke kam? Habe ich vielleicht sogar nur darum Selbständigkeit von ihr erwartet, weil ich zu feige war, dem ein oder anderen Bekannten mal kräftig den Kopf zu waschen? Hier in Russland, in der Fremde, ohne Sprachkenntnisse, hat mir Annuschka jedenfalls gerade das Gefühl gegeben, dass sie hundertprozentig hinter mir steht.

Könnte durchaus sein, dass ich noch ein paar Dinge mehr verbockt habe als die Sache mit Ella. Dafür muss ich jetzt die Konsequenzen tragen, und die heißen offenbar: Leben in Russland. Es gibt Schlimmeres.

Im zweiten Anlauf klappt die Besichtigung von Bäcker-Ground-Zero. Die mit Packpapier verklebten großen Ladenfenster sehen momentan nicht gerade einladend aus, und die Hausfassade könnte ebenfalls einen Anstrich vertragen. Doch soweit ich das beurteilen kann, ist der Laden mitten im Zentrum gelegen. In einer frisch eröffneten Fußgängerzone, hier und da wird sogar noch Pflaster verlegt.

»Wer wäre denn unser Vermieter?«, möchte ich wissen.

Ewa schaut drein, als verstünde sie den Sinn der Frage nicht. »Die Stadt Jekaterinburg, aber wer genau, weiß ich nicht. Dmitri kennt da jemanden.«

Sie gibt die Frage an ihn weiter, und ich schaue Dmitri erwartungsvoll an. Offenbar ist Ewa meine Fragerei ein bisschen lästig. Sie überlegt, wie sie Dmitris Antwort am besten übersetzt, und diskutiert kurz mit Annuschka, dann nickt sie: »*Vice head of town planning service.*«

Ein Vize-Direktor des Stadtplanungsamtes also. So ist das eben in Russland: Verträge macht man nicht mit Institutionen, sondern mit Personen. Das hat den Vorteil, dass man immer weiß, an wen man sich wenden muss – unter Umständen aber auch den Nachteil, der Willkür eines Einzelnen vollkommen ausgeliefert zu sein. Also immer schön für Nachschub an Cognac und Pralinen sorgen, notiere ich mir in Gedanken. Wobei ich insgeheim den Verdacht hege, dass es damit in unserem Fall nicht getan sein wird.

»Darf man denn hier überhaupt einen professionellen Backofen betreiben?«, frage ich mit deutscher Gründlichkeit weiter.

Dmitri lächelt verschmitzt, als Ewa übersetzt. »Das wird sich schon machen lassen.«

Sie sieht mich plötzlich durchdringend an: »Mach dir über so etwas keine Sorgen, Markus. Wir wüssten nur gerne bald, ob ihr das wirklich durchziehen wollt.«

Die beiden wollen uns das Hinterzimmer für die Backstube zeigen. Annuschka und ich bleiben einen Moment allein in dem kahlen Verkaufsraum zurück.

»Und?«

Ich weiche Annas Blick aus und schaue mich mit fachmännisch kritischem Kaufmannsblick um. Tapeten hängen von den Wänden, die Schaufenster sind verklebt, eine flackernde Neonröhre taucht unsere Zukunft in fahles Licht.

Russland forever, traue ich mir das zu?

»Tja, was sagst du? Kannst du dir das vorstellen?«

»Ja, schon.« Annuschka sieht sich achselzuckend um. »Ich liebe backen.«

Da ist es wieder, dieses verdammt mulmige Gefühl in der Magengegend.

»Mhm. Aber was, wenn wir pleitegehen?«

Anna nickt zwar, sagt dann aber: »Glaube ich nicht. Du hast ja gesehen, was bei dem Franzosen los ist.«

Ich nicke ebenfalls und lege so viel Optimismus in meine Stimme, wie ich aufbringen kann: »Okay, gut. Ich müsste natürlich noch eine Menge in Deutschland regeln.«

»Klar. Aber eine Frage hätte ich noch, Markus: Willst du das hier alles wirklich, oder machst du es nur meinetwegen?«

Ich atme tief durch. »Und umgekehrt? Wenn wir zusammen zurück nach Deutschland gingen, würdest du es doch auch bloß mir zuliebe tun, oder nicht?«

»Stimmt. Aber ich hatte mich schon einmal dazu entschieden. Und ich könnte jederzeit wieder zurückkehren. Das könntest du nicht, wenn du dein ganzes Geld hier reinsteckst.«

Ich schaue sie perplex an. »Und was heißt das jetzt?«

»Dass es schön ist zu wissen, dass du so viel für mich riskieren würdest.« Annuschka seufzt. »Ich kann mir aber auch vorstellen, das Heiratsvisum zu beantragen.«

Ich habe mit allem gerechnet, was den Ausgang dieser Bäckerei-Idee anging: Vom Autobahnbrot-Oligarchen bis zum armen Schwein, das wegen mangelnder Schutzgeldzahlungsmoral im eigenen Backofen zum Teigmännchen verarbeitet wird, war alles drin. Aber damit?

Als ich Anna fest in den Arm nehme, bin ich heilfroh, dass dieses Russlandabenteuer einstweilen ohne mich auskommen muss. Nur ganz leise meldet sich Bedauern. Vielleicht können wir die Idee irgendwann wieder aufgreifen?

»Trampen wir halt zurück«, sagt Annuschka sorglos.

Wir stehen am Busbahnhof irgendwo am Stadtrand von Jekaterinburg. Abends fährt nur leider kein Bus nach Perwouralsk. Zum letzten Mal getrampt bin ich wahrscheinlich im zarten Alter von sechzehn, und ich meinte, diese juvenile Art der Fortbewegung hinter mir gelassen zu haben.

Ich schaue Anna stirnrunzelnd an. »Gibt's keine Bahn?«

»Doch, aber die will ich dir nicht zumuten.«

»Wie jetzt? Gibt man da seine Brieftasche gleich beim Schaffner ab, um nicht ausgeraubt zu werden?«

»Nein, aber eine russische Regionalbahn kannst du nicht mit einer deutschen vergleichen, da sitzt man meistens auf Holzbänken.«

Aha, Annuschka hat offenbar Sorge um meinen verzärtelten deutschen Hintern.

»Ich würd's drauf ankommen lassen«, entgegne ich todesmutig.

»Warum sollen wir denn mit der Bahn fahren, wenn wir ein Auto nehmen können? Außerdem liegt der Bahnhof im Zentrum, und trampen könnten wir gleich von hier aus.«

Während ich noch grübele, wo sich mitten auf dem Busbahnhof der Durchgangsverkehr entlangschlängelt, marschiert Anna entschlossen zu einer Reihe parkender Wagen. Erst beim Näherkommen fällt mir auf, dass in jedem der Autos ein Fahrer sitzt. Annuschka verhandelt schon mit einem und winkt mir.

Trampen in Russland funktioniert offenbar anders. In Deutschland würde man es als »illegale Taxifahrt« bezeichnen. In Russland eigentlich auch, aber es wird weitgehend toleriert. Ist ja schließlich nicht verboten, im eigenen Auto am Busbahnhof ein bisschen rumzustehen. Und wenn dann jemand zufällig gerade irgendwohin muss, na ja, dann hilft man natürlich aus.

Unser selbstloser Automobilist scheint ganz nett zu sein. Er heißt Sergej. Sein Fahrpreis für die 40 Kilometer würde ihn in Deutschland jedenfalls sofort als wahren Menschenfreund ausweisen – und das, obwohl ich mich gleich als Tourist geoutet habe. Im Übrigen ist Sergejs Wagen etwa im selben beklagenswerten Zustand wie die offiziellen Taxis. Vielleicht steckt die russische Straßenverkehrsordnung dahinter: *Ein Taxi muss mindestens zwanzig Jahre alt sein und durch mindestens eine kaputte Rückleuchte oder wahlweise Scheinwerfer kenntlich gemacht werden.*

Wie praktisch: Das spart das beleuchtete Taxischild auf dem Dach.

Für Wolga-Fahrer Onkel Michail waren das Interessanteste auf Annas Panoramafoto vom Kölner Dom jedenfalls die schnieken Mercedes-Taxis im Vordergrund. »Werden die überall in Deutschland gefahren?«

»Jetzt nicht mehr, aber früher gab es eigentlich nur Mercedes-Taxis.«

Michail wertete den Umstand, dass die Deutschen mittlerweile auch popelige VWs und Toyotas besteigen müssen, sogleich als Indiz für den Niedergang der deutschen Wirtschaft.

Auf halber Strecke erweist sich meine Theorie über die russische Straßenverkehrsordnung jedoch als unhaltbar. Die Polizei winkt uns heraus, wegen des kaputten Scheinwerfers.

»Das kann teuer für ihn werden«, bemerkt Annuschka besorgt, »vor allem, wenn sie mitkriegen, dass wir Fahrgäste sind. Wenn er an einen Hardliner gerät, konfiszieren sie über Nacht sein Auto und sperren ihn ein.«

Ich sehe uns schon einsam und verloren über die nächtliche Autobahn marschieren. Sergej ist ausgestiegen und diskutiert wild mit dem Polizisten, der seine Papiere kontrolliert. Schließlich kommt er erstaunlich gutgelaunt zurück, Geld scheint nicht geflossen zu sein.

»Zemlyaki«, sagt er grinsend, startet den Wagen und winkt dem Polizisten zum Abschied zu.

Ein Zemlyaki ist sozusagen einer aus derselben Kinderstube.

Er kommt vielleicht aus deiner Gegend oder diente im selben Regiment oder Ähnliches in der Richtung. Da fühle ich mich gleich wie zu Hause und denke an das erste Kölner Gesetz: »Ma' kennt sisch, ma' hilft sisch.« So verschlungen, wie ich annahm, sind die Pfade russischer Vetternwirtschaft vielleicht doch gar nicht. Ich nicke also verständig. »Aha, Sergej kannte den Polizisten.«

Annuschka sieht mich erstaunt an und gibt die Frage zögerlich weiter. Sergej schüttelt nicht minder überrascht den Kopf. »Njet.«

Okay, Russen haben offenbar einen weiter gefassten Begriff von »Man kennt sich«. Passt auch mal wieder zur Größe des Landes: Wenn man sich kennt, muss das nicht unbedingt gleich heißen, dass man *sich kennt*. Oder so ähnlich.

Draußen ist es stockdunkel. Annuschka greift im schummrigen Licht der entgegenkommenden Scheinwerfer nach meiner Hand und schenkt mir ein Lächeln, während sie sich weiter mit Sergej unterhält. Mal wieder Händchenhalten im Fond. Nur diesmal fühle ich mich dabei überhaupt nicht seltsam. Diesmal weiß ich genau, was ich hier mache, und muss auch keinen Gedanken daran verschwenden, ob ich das überhaupt möchte. Annuschka wird mit mir kommen, wir fliegen gemeinsam zurück nach Hause. Das ist genau das, was ich will!

27.

Der Herr hat immer noch was gegen Ringe

Am Tag bevor wir zum deutschen Konsulat fahren, statten wir mit der gesamten Familie Opa Grigorij Leonidowitsch einen Besuch ab. Dieses Mal ist sogar Annuschkas Bruder mit von der Partie, was mich einigermaßen wundert: »Mischa war bisher noch nie bei einem Ausflug dabei?«

Anna mustert mich stirnrunzelnd. »Ausflug?«

Okay, das war vielleicht nicht ganz das passende Wort, Annuschkas Deduschka liegt bereits auf dem Friedhof. Der liegt vor den Toren der Stadt mitten im Nirgendwo. Jedenfalls kann ich weit und breit kein Haus entdecken. Wie alle Gräber ist auch das des Großvaters großzügig von einem gusseisernen Gitter eingefasst.

»Damit das Picknick-Tischchen und die Bank noch Platz haben?«, mutmaße ich.

Annuschka schüttelt den Kopf. »Beim Absperren sieht man einfach zu, möglichst viel Boden zu ergattern, damit so viele wie möglich von der Familie ins Grab passen.«

»Ach so.« Da ist es wieder, das russische Motto: Lieber zu viel als zu wenig.

Ich versuche, ein Schmunzeln zu unterdrücken. Das könnte Babuschka Maria doch leicht missverstehen, zumal es nicht ganz das feucht-fröhliche Stelldichein ist, das ich mir noch in Köln vorgestellt habe. Wir zünden eine Kerze an, und die Familie tauscht nachdenklich ein paar Erinnerungen. Von dem Wodka, den wir dazu heben, bekommt Opa Grigorij die Neige aufs Grab geschüttet, selbst Annuschka und ihre Mutter nippen jeder an einem Gläschen. Grigorij Leonidowitsch erhält von seiner Witwe noch eines ihrer leckeren Krautküchlein. Zu guter Letzt zündet Semjon ihm eine Zigarette an und legt sie feierlich auf den Grabstein.

»Woran ist dein Opa denn gestorben?«

»Lungenkrebs.«

»Ah ja …« Eben hatte ich auch noch Lust, eine zu rauchen, stecke meine »Peter I« aber wieder weg. Stattdessen schaue ich mir das Foto von Grigorij Leonidowitsch etwas genauer an.

»Ist das nicht ein bisschen makaber?« Ich flüstere, obwohl die anderen uns sowieso nicht verstehen können.

Annuschka schmunzelt achselzuckend. »Na ja, er mochte nun mal gern Zigaretten. Er hat geraucht bis ganz zum Schluss.«

Logisch: Warum soll Grigorij Leonidowitsch ausgerechnet jetzt auf seine geliebten Fluppen verzichten, wo er eh schon in der Kiste liegt? Ich stecke mir also doch eine an und nicke ihm zu.

Als wir zusammenpacken, sagt Vera noch etwas in Richtung Mischa und deutet dabei auf die Umzäunung. Mischa nickt zerknirscht, ohne Vera anzusehen. Annuschka grinst in meine Richtung: »Eigentlich haben sie das Grab für sich und Babuschka so großzügig abgesteckt. Aber Mischa kann gern schon mal bei Grigorij Leonidowitsch probeliegen, wenn er Wert darauf legt, sagt Vera.«

Semjons Kommentar dazu fällt drastischer aus: »Wenn deine Schwester oder sonst irgendjemand bei deiner Raserei zu Schaden kommt, kannst du dich hier gleich selbst einbuddeln, bevor ich es mache!«, übersetzt mir Annuschka leise.

Das nenne ich mal Verkehrserziehung.

Tags drauf im Deutschen Konsulat Jekaterinburg geht die »Trauerarbeit« quasi nahtlos weiter.

»Ein D-Visum wollen Sie beantragen? Gut, ich hoffe, Sie haben etwas Zeit mitgebracht, das dauert momentan nämlich drei Monate.« Es ist zufällig derselbe Beamte, der uns schon im Winter genervt hat. Die sommerlichen Temperaturen haben seine gottverdammte Süffisanz offenbar ins Kraut schießen lassen.

Annuschkas Augen verengen sich zu Schlitzen, sie hat sichtlich die Schnauze voll. »Ja gut, dann beantragen wir eben …«

»Nichts«, falle ich ihr eilig ins Wort. Sie schaut mich verdutzt an. Ich ziehe sie am Ellbogen vom Stuhl.

»Vielen Dank.« Ich nicke dem Beamten mit gezwungenem Lächeln zu und bugsiere die erstaunte Anna aus seinem Büro.

Annuschka ist sauer. »Germanija … twoju mat![28] Und du? Hast du es dir jetzt anders überlegt, oder was?«

»Natürlich nicht. Aber wenn wir heute gleich mit dem Antrag für ein Touri-Visum um die Ecke kommen, wird er höchstwahrscheinlich nicht mal das genehmigen.«

»Warum?«

»Weil er es in diesem Zusammenhang gar nicht genehmigen *darf*.«

Anna ist gerade voll auf Krawall gebürstet: »Warum denn das nicht?«

28 Anna möchte eigentlich nicht, dass ich es übersetze, dabei bedeutet es lediglich: »Deutschland, f… deine Mutter!« Das Geschlechtsverkehr andeutende Satzprädikat wird dezent ausgelassen.

Ich atme tief durch. »Weil klar ist, dass du das Visum nicht zum Urlaub machen brauchst.«

Annuschka schnaubt verächtlich. »Ihr Deutschen seid echt solche Pedanten!«

Sie macht auf dem Absatz kehrt und stapft die Treppe hinunter. Ich dackele hinterher. Wenn das hier schlecht ausgeht, ist Annuschkas Standpunkt bald: Wenn ihr Deutschen mich nicht wollt, will ich auch nicht. Dann ist Sense. Die Situation schreit nach einer Beruhigungstaktik.

»Der Mann kann ja eigentlich nichts dafür, dass es im Moment so viele Anträge gibt.«

»Der kann mich mal, der Idiot!«

Das war offenbar schon mal nicht die richtige Strategie.

»Wir brauchen sowieso erst mal eine neue Einladung aus Deutschland.«

»Ja, ja.« Sie flucht noch irgendwas auf Russisch hinterher.

»Hey, ich kann doch auch nichts dafür«, langsam ist es auch mit meiner Geduld vorbei.

Sie bleibt stehen. »Ich weiß. Aber ich hab jetzt schon keine Lust mehr auf das Ganze, irgendwie.«

Mein Kopf sagt mir: Okay, nehmen wir die drei Monate Wartezeit eben in Kauf, dann sind wir wenigstens auf der sicheren Seite und können entspannt in Deutschland heiraten. Mein Bauch allerdings ist ganz anderer Meinung: Wer weiß, was in drei Monaten ist? Wer weiß, was in Anna vorgeht, wenn sie hier erst mal wieder angefangen hat zu arbeiten? Außerdem und zu guter Letzt: Ich möchte, verdammt noch mal, nicht allein in diesen Flieger steigen!

»Ich fahre nicht ohne dich zurück! Dazu hab *ich* nämlich keine Lust.«

Annuschka lächelt. »Ist das eine Drohung?«

»Gewissermaßen.«

»Ich dachte, du hast kein Geld mehr, um zu bleiben?«

»Hab ich auch nicht.« Ich nehme sie in den Arm. »Komm, lass uns an einem anderen Tag noch mal versuchen, ein Touri-Visum zu beantragen.«

»Und wenn sie wirklich auch das Touristenvisum ablehnen?«

Wenn wir wieder an denselben Typ geraten, wird's kritisch, denke ich, sage aber: »Vielleicht haben wir ja das nächste Mal einfach Glück. Zuerst brauchen wir sowieso mal wieder eine Einladung aus Deutschland.«

Das mit der Einladung aus Deutschland ist so eine Sache. Wir brauchen sie dringend, denn ohne diese bekommt Anna kein Visum, da braucht man ansonsten wie gesagt ein üppig gefülltes Konto. Ich will aber keinesfalls noch einmal meine Eltern dafür verhaften. Ein weiteres Mal Anträge ausfüllen und Einkommensnachweise beschaffen, ein weiteres Mal Rennerei zur Ausländerbehörde. Ohnedies haben sie mich ziemlich schräg angeguckt, als ich ihnen erklärte, dass ich schon wieder nach Russland unterwegs bin – diesmal auch noch open end!

Clara, mein großes Schwesterherz, muss jetzt ran. Der Anruf kostet mich einige Überwindung.

»Hi Clara, ich bin's, Markus.«

»Ach wie schön, bist du wieder zurück?«

»Nein, ich bin noch in Russland. Deshalb rufe ich an.«

Sie klingt schon weniger begeistert: »Aha, wieso denn?«

»Tja, also, das ist alles sehr kompliziert, aber Anna und ich wollen jetzt doch heiraten.«

»Wieso ›jetzt doch‹?«

Clara ist offenbar nicht auf dem Laufenden, was meine kleine Krise mit Annuschka anbelangt. Kein Wunder, ich war diesbezüglich ziemlich maulfaul gegenüber meiner Familie.

»Na ja, ich sagte ja, es ist kompliziert.«

»Okay, wie auch immer, herzlichen Glückwunsch euch beiden. Aber ehrlich, Markus, Russland ist mir echt zu weit weg. Ich fahre doch nicht 4000 Kilometer für eine Hochzeitsfeier.«

Wenn ich jetzt sage, du bist auch gar nicht eingeladen, ist das taktisch sicher unklug.

»Nein, nein, darum geht's gar nicht. Außerdem wollen wir in Dänemark heiraten. Dafür brauchen wir allerdings ein Schengen-Visum für Anna.«

»Dänemark?«

»Wie gesagt, kompliziert ...« Ich schwitze.

»Okay, jetzt sag mal, worum es geht!«

»Hm, würdest du vielleicht eine Einladung für Anna aussprechen?«

»Du meinst, so eine Verpflichtungserklärung?«

Ja, so nennt es sich leider in nüchternem Amtsdeutsch. Und leider ist es auch genau das: Der Gastgeber verpflichtet sich, die volle Verantwortung für den Gast zu übernehmen, was weit mehr beinhaltet als bloß Unterkunft und Verpflegung. Clara muss nicht nur eine Reisekrankenversicherung für Anna abschließen, käme Annuschka zum Beispiel spontan auf die Idee, die Goldreserven der Bundesbank zu klauen oder die Rote Fahne auf dem Reichstag zu hissen – Clara müsste dafür blechen. Ihr diese Tatsache mit der blumigen Umschreibung »Einladung« schmackhaft zu machen, hat jedenfalls schon mal nicht funktioniert. Meine politisch engagierte Schwester hat selbst schon einige Male dieses Prozedere mitgemacht, wenn auch nicht, um zu heiraten. Was muss sie auch so gut informiert sein, verdammt?! Mir war natürlich von vornherein klar, dass Clara sich darum nicht so leicht die rosarote Brille aufsetzen lassen würde wie Mutter und Vater Müller.

»Du würdest mir wirklich einen Riesen-Gefallen tun.«

»Mhm. Und warum machst du das nicht selbst?«

»Würde ich ja, wenn ich in Deutschland wäre.«

»Dann komm doch zurück und mach es.«

»Wir haben uns gerade erst wieder versöhnt, ich will Anna jetzt ungern hier zurücklassen.«

»Versöhnt? Okay, was für einen Mist hast du gebaut, Markus? Rumgevögelt?«

Was für eine böswillige Unterstellung, das weise ich energisch zurück! … Also *würde* ich, wenn es nicht irgendwie genau den Nagel auf den Kopf getroffen hätte.

»Na ja, das kann ich dir dann mal in Ruhe erzählen, wenn wir wieder in Deutschland sind. Jedenfalls würdest du mir wirklich einen Riesen- …«

»Boah, Markus, ich hab gerade echt total viel zu tun.«

Hat Schwesterherz eigentlich rund um die Uhr, denn sie ist alleinerziehend und ihr Job frisst sie auf. Darauf kann ich momentan aber keine Rücksicht nehmen.

»Ich schulde dir was, wenn du das für uns machst.«

Mit dem »uns« bringe ich rhetorisch geschickt Annuschka ins Spiel und appelliere quasi an ihre Nächstenliebe. Was für ein raffinierter Schachzug von mir.

»Du schuldest mir sowieso noch was. Wann krieg ich das eigentlich wieder?«

Ups! War mir doch glatt entfallen, dass ich sie wegen der ganzen Russland-Reiserei angepumpt hatte.

»Sobald ich wieder zurück bin.«

»Aha.«

»Aus Dänemark«, füge ich überhastet hinzu. Sicherheitshalber erst mal schauen, was uns der Hochzeitsspaß eigentlich kosten wird.

»Und da soll ich mitkommen?«

Claras Tonfall lässt keinen Zweifel, dass sie auf Dänemark genauso wenig Bock hat wie auf Russland. Puh.

»Ja, wenn du Zeit hast, wäre das natürlich toll.«

»Nee, sagte ich ja schon.«

Problem Numero eins erledigt. Ich versuche es noch mal mit der »Wir«-Rhetorik: »Machst du das denn nun für uns?«

»Ja, okay, mail mir mal alle Daten, die ich brauche.«

»Super! Du bist großartig! Danke, Clara.«

»Ja, ja, bis dann.«

Ich bin nervös, als wir mit Annas Eltern ein weiteres Mal vor dem deutschen Konsulat stehen – viel nervöser, als ich dachte. Meine Handflächen schwitzen, das Herz pocht, plötzlich bekomme ich heftigen Durst. Ein Königreich für einen Schluck Mineralwasser! Aber daran ist jetzt nicht zu denken. Der Durst muss warten. Mit dem Vierfingerkamm noch kurz die Frisur gerichtet und diskret den Hosenstall geprüft. – Heraushängende Hemdzipfel strahlen nun mal wenig Seriosität aus.

Ein kurzer Seitenblick auf Anna bestätigt mir, dass es ihr nicht besser geht. Ihr Blick irrlichtert an der modernen rosa Fassade empor, hinauf zum siebten Stock, wo ganz oben die Visaabteilung thront.

Das Büro, vor dem wir warten müssen, ist genau dasselbe wie beim ersten und beim zweiten Mal. Das bedeutet wohl: derselbe Beamte! Wäre ja auch zu schön gewesen, wenn wir mal Glück gehabt hätten. Als ich mich seufzend neben Annuschka auf einem Wartestuhl gegenüber der Tür niederlasse, begegnen sich unsere Blicke. Ich weiche ihr aus, ich will jetzt nicht reden. Alles, was aus meinem Mund käme, wäre sowieso nicht geeignet, Optimismus zu verbreiten. Außerdem ist der inzwischen komplett ausgetrocknet. Ich schlucke trocken, senke den Blick und tappe unruhig mit dem rechten Fuß auf den grauen Filzboden. Annuschka legt mir die Hand auf den Oberschenkel. »Du machst mich nervös!«

Als wir endlich hereingebeten werden, habe ich mich schon damit abgefunden, dass ich die Heimreise allein antreten werde. Dann also doch D-Visum – oder »Heiratsvisum«, wie wir naiven Idealisten es nennen. Ein Vierteljahr warten auf Annuschka. Wenn sie denn überhaupt nachkommt!

Doch dann die Überraschung: Dieses Mal haben wir eine Visabeamtin!

»Bitte setzen Sie sich.« Sie begrüßt uns mit einem Lächeln, als gebe ihr gerade das englische Prinzenpaar die Ehre. »Die Einladung kommt von einer Verwandten?«

»Meiner Schwester.«

Sie wirft einen prüfenden Blick in die Dokumente vor ihr auf dem Schreibtisch: »Ich habe hier gleich drei Verpflichtungserklärungen …«

Ja, Clara hat es gemacht! Und gleich dreimal: Es war ihre Idee, Annas Eltern zur Hochzeit gleich mit einfliegen zu lassen. »Wenn ich schon mal dabei bin …« So ist sie: Clara hat ein Herz, so groß wie der Mount Everest, aber sie zeigt es nicht so gern, damit ihr nicht zu viele Leute mit irgendwelchen Wünschen auf den Wecker fallen.

»Das ist ungewöhnlich«, die Visabeamtin runzelt einen Moment die Stirn, »aber so selten auch wieder nicht.« Sie zückt ihren Stempel und stempelt tatsächlich alle drei Dokumente. »Ich wünsche Ihnen einen schönen Aufenthalt in Deutschland.«

Als wir sieben Stockwerke später wieder unten auf dem Parkplatz angekommen sind und zum Lada marschieren, ist das breite Grinsen auf meinem Gesicht immer noch nicht verschwunden.

Auch Annuschka lächelt, als gäbe es dafür einen Sonderpreis, und in Veras Augen flackert die Reiselust, während sie noch einmal den Visa-Aufkleber in ihrem Pass begutachtet. Nur Semjon sieht nicht gerade überglücklich aus.

Semjon und Vera wollen nachkommen, sobald die Schulferien in Russland beginnen. Ihre größte Sorge gilt dem Garten, mit dem sie Babuschka Maria nicht zu lange allein lassen wollen.

Vera ist von der Idee, gemeinsam mit meinen Eltern unsere Hochzeit zu feiern, begeistert. Nicht so begeistert war sie anfangs davon, dafür nach Deutschland beziehungsweise Dänemark reisen zu müssen. Bei dem Gedanken, Russland zu verlassen, war ihr erst mal sichtlich mulmig zumute. Doch als sie erfuhr, dass Paris von Köln aus nur noch einen russischen Katzensprung von 500 Kilometern entfernt ist, war es um sie geschehen.

Semjon dagegen scheint nicht viel von Paris zu halten.

»Da kannst du mit deiner Tochter hinfahren«, ist sein schnöder Kommentar. Semjon steht überhaupt auf keine andere Stadt außerhalb Russlands. Eigentlich möchte er nicht einmal in irgendeine andere Stadt *innerhalb* Russlands reisen. Am allerliebsten wäre es ihm, wir würden die Heiraterei gleich in Perwouralsk erledigen – wenn es denn schon sein muss. Selbst jetzt, nachdem das Visum schon in seinem Pass prangt, möchte er sich noch nicht damit abfinden: »Die zwei könnten doch erst mal hier heiraten, und dann fliegt ihr schön zu dritt. Das ist auch viel billiger. Und wenn es sein muss, heiraten sie in Dänemark eben noch mal.«

Annuschkas Vater gibt sich alle Mühe dreinzuschauen, als hätte er gerade den ultimativen Lösungsvorschlag all unserer Probleme aufgetischt. Sein geradezu flehentlicher Blick verrät aber, dass er selbst nicht wirklich daran glaubt. Es ist auch gar nicht möglich, weil ich natürlich nicht die nötigen Dokumente dabeihabe.

»Von Babuschka Olga bekommt Semjon bestimmt ordentlich was auf den Deckel, dass jetzt auch noch seine Tochter keinen *Mari* heiratet«, raunt mir Annuschka augenrollend zu.

Semjons gestrenger Mari-Mutter ist es dann sozusagen zu verdanken, dass ihn plötzlich doch die Reiselust packt: »Was willst du Babuschka Olga sagen, wenn Markus und Annuschka tatsächlich hier heiraten?«, fragt ihn Vera. Semjon kratzt sich nachdenklich am Kopf. Dem Druck von zu Hause wäre natürlich noch weniger zu entgehen, wenn Anna keinen Mari in *Russland* heiraten würde. Zudem erspart Semjon sich mit der Flucht ins Ausland die Diskussion mit seinen Frauen darüber, ob und, wenn ja, wen von seiner Familie er eigentlich einladen würde. Semjon dämmert plötzlich, dass Dänemark in dem ganzen Dilemma praktisch das kleinere Übel für ihn darstellt.

Wir zwei Königskinder rechnen indes mit einem wahrhaftigen Culture Clash, wenn Semjon und Vera auf meine Eltern treffen. Ich bin jetzt schon ein bisschen beunruhigt darüber, was Vater Müller als militanter Pazifist wohl Semjon zum Thema Wehrsportunterricht zu sagen hat … Wäre gut möglich, dass der fanatische Tierfreund und der sanftmütige Wolfsjäger von Perwouralsk die Frage nach dem Umgang mit tollwütigen Stadt-Wölfen (die ja inzwischen auch zu Hunderten durch Köln streifen) nur mittels eines Duells lösen können.

Annuschka ist indes besorgt, dass ihre Eltern bei ihrem ersten Auslandsaufenthalt so viel Betreuung benötigen werden wie Zwillingssäuglinge. Fraglich ist auch, wo wir Semjon und Vera unterbringen. Den Hotel-Zahn hat Anna mir sofort gezogen: »Auf gar keinen Fall! Das können wir nicht bringen, und ich möchte es auch nicht. Das sind schließlich meine Eltern!«

»Und?«

»Und Familie wohnt eben bei Familie. Die wären zutiefst beleidigt, wenn sie in ein Hotel müssten, und zwar zu Recht!«

Was auch immer auf uns zukommt: Jetzt wird erst mal gefeiert. Wenn auch keine Hochzeit, so doch im ganz großen Stil. Der Mega-Supermarkt in Jekaterinburg ist praktisch leergeräumt, als wir nach Hause fahren. Nur auf den Kauf von Glühwein-Zutaten haben wir wohlweislich verzichtet. Zwischendurch liebäugelte ich kurz mit einer Flasche Jägermeister. Als ich aber Veras panischem Blick begegnete, stellte ich sie rasch wieder zurück ins Regal. Besser ist das: keine Alkohol-Exotika für russische Mägen mehr.

Inzwischen ist es übrigens bereits Hochsommer geworden. Der Datscha-Garten steht in voller Blüte, und ich bin durchaus ein wenig stolz auf das, was uns da entgegensprießt, schließlich zeugen die ehrlichen Schwielen an meinen Händen davon, dass ich einiges dazu beigetragen habe. Andererseits bedauere ich es nicht im Geringsten, bei der Ernte nicht dabei sein zu können.

Zu dieser Feier ist nicht bloß der innere Zirkel geladen, es tauchen auch diverse Cousins und Cousinen samt Anhang auf, die ich noch nie zuvor gesehen habe.

Cousin Anatolij präsentiert gleich seinen gesamten deutschen Wortschatz und trompetet mir zur Begrüßung ein freundliches »Fußball, Butterbrot, Hcheil Gitler« entgegen. Wie alle Russen hat er ein Problem mit dem stimmlosen »H« am Wortanfang.[29]

29 Bei Substantiven wird es darum einfach durch ein »G« ersetzt. Annuschka kann mir aber leider nicht beantworten, warum die Russen bei Adjektiven dann lieber wieder ein krächzendes »Hch« in Kauf nehmen, anstatt auch hier konsequent zu »Geil Gitler« zu stehen.

Die obere Etage der Datscha ist gerade groß genug, damit alle einen Sitzplatz ergattern. Ich mache mir angesichts der Massen, die sich hier versammeln, ein wenig Sorgen um die Statik.

»Wird denn später noch getanzt?«

»Nein. Höchstens Anatolij, wenn er wieder zu viel getankt hat«, lacht Annuschka.

Cousin Anatolij ist zurzeit offenbar der Alkohol-Problemfall in der Familie. Nach einer Noteinweisung ins Krankenhaus wegen Alkoholvergiftung hat ihm seine Frau Nadja das Versprechen abgerungen, nur noch auf Familienfeiern und sozusagen unter Aufsicht zu trinken. Entschlossen hat sie daheim sämtliche Wodkavorräte in den Ausguss gekippt. Nach einer Weile kannte Nadja alle von Anatolijs Verstecken, aber irgendwie schaffte er es trotzdem, sich jeden Abend vorm Fernseher die Lampe anzuknipsen. Selbst eine konzertierte Suchaktion mithilfe seiner Mutter, Tante Natalia, brachte keinen Erfolg.

»Wir haben die ganze Wohnung auf den Kopf gestellt«, versichert Natalia Anna und Vera gerade kopfschüttelnd.

Irgendwann stieß Nadja zufällig auf die geheimen Vorräte des Gatten: Sie hatte sich an einem Sonntagnachmittag vorgenommen, die guten Gläser in der Vitrine abzustauben, als sie feststellen musste, dass sie alle randvoll mit Wodka waren.

Anatolij hatte während ihrer Abwesenheit viel Zeit und Liebe aufgewendet, das kreative Versteck stets so aussehen zu lassen, dass man bei einem flüchtigen Blick auf die Gläser nicht mal einen Befüllungsrand sah.

Ich sitze mit Großonkel Iwan auf der kleinen Holzbank, draußen neben dem Eingang. Wir haben Zigaretten getauscht und rauchen. Anatolij gesellt sich zu uns und raucht ebenfalls. Marlboro. Dabei läuft er hibbelig, aber gutgelaunt vor uns auf und ab –

schließlich darf er sich heute offiziell einen genehmigen – und quatscht abwechselnd auf mich und Iwan ein. Sein Stiefvater reagiert in etwa mit derselben Eloquenz wie ich auf Anatolijs Redeschwall, obwohl er im Gegensatz zu mir jedes Wort versteht.

»Hm«, brummt Iwan zustimmend. Manchmal lässt er sich sogar zu einem »Mhm, mhm« herab.

Anatolij ist das offenbar egal, er quatscht weiter. Für einen russischen Mann ist er wirklich enorm gesprächig, selbst wenn man berücksichtigt, dass er schon einiges an Wodka intus hat. Da ich sowieso kein Wort verstehe, gebe ich mir irgendwann auch keine Mühe mehr, an den mir passend erscheinenden Stellen zu nicken, und schaue stattdessen über den verwunschenen Brunnen der Mischinas hinweg in den Garten. Zu dem Macher-Stolz, den ich dabei empfinde, gesellt sich überraschend ein weiteres Gefühl: Wehmut.

Ja. Wenn ich ehrlich bin: Eigentlich wäre ich doch ganz gern bei der Ernte dabei. Babuschka Maria hat mir kürzlich gezeigt, wie man fachgerecht Kartoffeln ausgräbt. Ihr gelingt das mit weit über siebzig Jahren noch mindestens doppelt so schnell wie mir. Dennoch kann ich plötzlich auch Semjons und Veras Sorge verstehen, sie mit der ganzen Pflege allein zu lassen. Der Sommer ist jetzt schon so heiß, das Thermometer zeigt 30 Grad, und es soll weiter steigen. Babuschka Maria wird jeden Tag etliche Eimer Wasser schleppen müssen. Auch die Flaschen, die zur Luftbefeuchtung zahlreich in den drei großen Gewächshäusern verteilt stehen, müssen regelmäßig aufgefüllt werden. Wie soll sie das alles ganz allein schaffen?

»Detij?« Iwan reißt mich aus meinen bäuerlichen Sorgen.

Ich weiß, was er wissen will. Oder vielmehr, ich kann es mir zusammenreimen, weil ich dieses eine Wort verstehe: Kinder. In

Ermangelung eigener Enkel (offenbar hat Iwan bezüglich Anatolij die Hoffnung bereits aufgegeben) wünscht er sich Nachwuchs von mir und Annuschka.

Wie soll ich Iwan jetzt erklären, dass wir das Kinderkriegen in Deutschland eher langsam angehen, selbst verheiratete Paare?[30] Angenommen, ich könnte sogar perfekt Russisch, der Großonkel würde nichts von dem verstehen, was mir gerade an Standardrechtfertigungen durch den Kopf schwirrt: Karriere, Selbstverwirklichung, soziale und materielle Absicherung … Vielleicht würde er mir nicht gleich einen Vogel zeigen, aber mitleidiges Schulterklopfen wäre das Mindeste, bevor er sich kopfschüttelnd verziehen würde. Dabei waren wir uns doch gerade noch so russisch männlich schweigend rauchend einig in allem. Das will ich auf keinen Fall zunichtemachen.

Also nicke ich eifrig: »Da, da« und zähle an den Fingern vage die Anzahl meiner Wunschkinder auf, »adin, dwa, tri…«

Iwan klopft mir trotzdem auf die Schulter – allerdings mit anerkennendem Nicken. Ich hoffe, meine Angabe ist irgendeiner uralten russischen Tradition zufolge nicht verpflichtend und wird bei Nichteinhaltung wie Landesverrat bestraft.

Drinnen im Haus wird heute die »Party-Etage« bespielt: das obere Stockwerk, das eben nur für derlei Festivitäten oder eine größere Anzahl Schlafgäste genutzt wird. Die u-förmige Festtafel nimmt praktisch den gesamten Raum ein und ist dennoch nicht groß genug für das ganze Essen. Vera und ihre Helferinnen sind daher ständig damit beschäftigt, leere Schüsseln hinunter in die Küche zu schleppen und Nachschub aufzutischen. Für Babuschka Maria ist die steile Treppe auf Dauer dann doch zu anstrengend. Sie sitzt im Kreis ihrer Brüder zur Rechten am Fenster und lässt

30 Außer natürlich, man hat einen total besoffenen One-Night-Stand.

es sich ausnahmsweise beim Wodka gutgehen. Hin und wieder erhält die auf- und abrennende, jüngere Damenriege Anweisung, was noch dringend benötigt wird. So ganz will Babuschka die Küchenkontrolle dann doch nicht aus der Hand geben.

Nun, da klar ist, dass seine Nichte gen Westen zieht, kommt Onkel Michail mit mir noch einmal auf die deutsche Taxi-Situation zu sprechen. Anna ist die Sache etwas peinlich, aber sie übersetzt tapfer. Onkel Michail macht sich immer noch ernsthaft Sorgen über das Verschwinden der Mercedes-Limousinen. Ob ich denn nicht ebenfalls der Meinung wäre, dass dies eine Bestätigung für den Niedergang der deutschen Wirtschaft sei, über den man in letzter Zeit so viel lese. Schließlich kommt er auf des Pudels Kern: »Wie ist denn die Lage im TV-Geschäft?«

Annuschka wirkt nun tatsächlich ein bisschen verunsichert. Offenbar wird ihr gerade klar, dass meine Finanzlage nun auch die ihre ist. Und mir wird angesichts ihres bemühten Lächelns schlagartig bewusst, dass ich, seit ich wieder hier bin, ständig nur über rote Zahlen auf dem Konto gewitzelt habe. Ich füge schnell hinzu, dass die Comedy-Serien, für die ich tätig bin, sozusagen die »Mercedesse« unter selbigen sind.[31]

Später trudeln auch noch Dmitri und Ewa mit ihren Söhnen ein. Mir ist unser Rückzieher, was die Bäckerei angeht, immer noch peinlich, besonders gegenüber Dmitri. Höchstwahrscheinlich ist er jetzt der Meinung, dass man mit einem deutschen Windei wie mir besser keine Geschäfte machen sollte. Ich fühle mich daher bemüßigt, ihm zu versichern, dass aufgeschoben ja nicht aufgehoben ist. Wer weiß, vielleicht ziehen Anna und ich ja doch irgendwann noch nach Russland … Dmitri lächelt milde und klopft mir auf die Schulter, während er antwortet. »Er hat

31 Na ja, vielleicht nicht alle …

sowieso nie richtig daran geglaubt, dass du deine Zelte in Deutschland wirklich abbrichst«, übersetzt Ewa schmunzelnd.

Zum Schluss des Festes versammeln sich alle im Garten für das ganz große Familienabschiedsfoto.

»Unverzichtbar!« Annuschka besteht darauf, bevor die Sippe wieder auseinandergeht. Sie fummelt an ihrem Fotoapparat herum und schielt skeptisch in die tiefstehende, rote Sonne. »Was denkst du, wo wir es am besten machen?«

Ein kurzer Blick über den Garten reicht aus, um festzustellen, dass das Foto hier unmöglich ist, ohne diverse Quadratmeter Gemüse zu zertrampeln.

»Auf dem Weg vorm Haus«, sage ich entschieden.

Anna nickt. »Hab ich auch schon überlegt.«

Wir lotsen die gesamte Sippschaft also aus dem Haus und positionieren sie auf dem Weg davor. Doch Annuschka ist erst zufrieden, nachdem einige Autos umgeparkt sind, damit die Datscha akkurat im Hintergrund erscheint. Bis alles arrangiert ist für das perfekte Foto, hat sich die Sonne leider schon hinterm Dachgiebel verabschiedet, und das Haus wirft einen langen Schatten. Annuschka schaut nach dem ersten Knipsen unzufrieden auf ihr Display.

»Zu dunkel.«

»Du brauchst die Sonne im Rücken«, sage ich.

»Es ist doch gar keine Sonne mehr da.« Anna gibt ihre perfekte Inszenierung nicht so ohne Weiteres auf.

»Außerdem hab ich dann die Datscha nicht mit drauf.«

»Wie du meinst«, ich zucke die Achseln, »jedenfalls brauchst du Licht im Rücken, sonst wird das nichts.«

Onkel Artjom möchte wissen, was los ist, und Anatolij murrt bereits ungeduldig. Er schwankt ein bisschen, aber Nadja und Tante Natalia keilen ihn ein.

»Ich hab eine Idee!« Annuschka schleppt Mischa und mich zum Schuppen hinter der Datscha. Mischa hat hier zwei Disko-Scheinwerfer auf Stativen eingelagert, die offenbar unabdingbares Equipment für seine Datscha-Partys sind.

»Wird das ausreichen?« Anna schaut mich fragend an.

Ich nicke. »Wenn wir die bunte Folie ablösen und genug Kabel bis zum Weg haben.«

Mischa besitzt tatsächlich auch eine Kabeltrommel. Beim Ausrollen derselben wird mir allerdings schnell klar, dass dieses Kabel seine besten Tage lange hinter sich hat. Mischa hat es an diversen Stellen fachmännisch mit Heftpflaster geflickt, dennoch blinkt hier und da das blanke Kupfer durch. Unwillkürlich muss ich an meine ambitionierten Elektriker-Experimente daheim denken. Und traue dem Braten noch weniger. Scheint wirklich so, als passte ich perfekt in diese Familie.

»Ist ja nur für das eine Foto«, wischt Annuschka meine Bedenken beiseite.

Ich ergebe mich achselzuckend und ziehe das Kabel durch den kleinen Graben, der die Gärten vom Weg trennt, und direkt durch die ungeduldig wartende Verwandtschaft hindurch.

Als Mischa drinnen Saft gibt, flammen die Scheinwerfer tatsächlich grell auf. Wider Erwarten brennen sie auch noch tadellos, als Anna den Selbstauslöser betätigt und wir drei uns eilends zur Gruppe gesellen. Annuschka begutachtet ihr Werk und ist zufrieden. Ich bin indessen erleichtert.

»Noch eins zur Sicherheit«, höre ich sie sagen. Gerade wollte die Familie sich schon zu einem kleinen Scheidebecher zurück ins Haus begeben. Plötzlich ein Aufschrei – er stammt von Nadja: Anatolij knickt unter ihrem Arm weg. Erst denken wir, Grund ist der Wodka. Doch Anatolij zuckt so seltsam, während er sich am Boden krümmt. Er hat eine volle Ladung Volt vom brüchigen

Kabel abbekommen. Als wir ihm wieder auf die Beine helfen, stellt sich zum Glück heraus, dass der Schutzengel für Kinder und Betrunkene voll auf Draht ist.[32]

Wäre das passiert, als alle noch fotogen beieinanderstanden, hätte Annuschka zum Abschied glatt die gesamte Familie ausgelöscht.

Dann wieder ein Schrei: Diesmal kommt er vom Schuppen, und es ist Semjon. Die Steckdose brennt! Brandexperte Anatolij kommt bereits mit einem vollen Wassereimer vom Brunnen angerannt, da hat Semjon die Flammen schon mit einer Decke erstickt. Anatolij möchte seinen Wassereimer »zur Sicherheit« trotzdem über die Steckdose kippen. Semjon, Mischa und mir gelingt es nur mit sechs Armen, ihn davon abzuhalten, das Ganze doch noch in eine Katastrophe zu verwandeln.

»Das hätte gut das letzte Foto von deiner Datscha sein können«, sage ich außer Atem zu Anna. Sie wirft mir einen kurzen bösen Blick zu, schimpft dann aber doch lieber weiter wie ein Rohrspatz mit Mischa.

Da Haus und Gäste am Ende glimpflich davongekommen sind – bis auf Anatolij, der zum alkoholbedingten Schwanken jetzt auch noch hinkt –, ist die kleine Panne schon vergessen, als wir zum großen Abschied die Gläser erheben. Ich stehe mit Annuschka im Kreise ihrer Lieben, und wir haben alle Hände voll zu tun, beim Anstoßen niemanden auszulassen.

»Derjenige wäre auf ewig beleidigt«, bläut mir Anna extra noch mal ein.

Dieser Anlass ist den Mischinas dann sogar ein feierliches »Nastrowje« wert statt des lässigen »Nu dawaitije«.

32 Okay, zugegeben, das Wortspiel ist in diesem Zusammenhang vielleicht etwas geschmacklos.

»Auf eure Zukunft!«, ruft Vera lächelnd auf Russisch und anschließend auf Deutsch in die Runde. Hoffentlich eine bessere als beim letzten Mal, denke ich. Und als ich Semjons Blick begegne, weiß ich, dass er dasselbe denkt. Auf seiner Miene spiegelt sich aber auch eine Spur Erleichterung. Erleichterung darüber, dass seine Tochter die Datscha künftig nicht mehr in Gefahr bringen kann? Man weiß es nicht.

Jekaterinburg, Flughafen Koltsovo. Déjà-vu im Schwitzkasten: Noch einmal Abschied mit Tränen – allerdings längst nicht so viele, schließlich werden wir Vera und Semjon schon bald wiedersehen. Noch einmal Übergepäck – dieses Mal allerdings ein ganzer Koffer voller Eingemachtes statt Bücher. Hundert Euro für Tomaten, Gurken et cetera in Essig – höchstwahrscheinlich das teuerste Gemüse, das Russland je verlassen hat. Ich verstehe es weniger als Nahrung denn als probate Medizin gegen Annuschkas Heimweh, insofern: gut angelegtes Geld. Wirkungsvolle Medikamente kosten nun mal.[33] Das ganze Prozedere vollziehen wir diesmal bei plus 35 Grad anstatt bei frostigen minus 25. Der Ural ist temperaturtechnisch eine wahre Wundertüte; der Unterschied zwischen Sommer und Winter kann im Extremfall mehr als 70 Grad betragen.

Ebenso unfassbar sind die Mengen an Schweiß, die ich beim Abschied absondere. Ich sehne den klimatisierten Flugzeuginnenraum herbei.

Doch bevor es so weit ist, begrüßt uns einmal mehr der Metalldetektor. Und bevor man den in Russland passieren darf, be-

33 Ich hege übrigens den Verdacht, dass Semjon und Vera uns nicht ganz uneigennützig so gut versorgt haben. Vermutlich trauen sie dem deutschen Essen nicht.

kommt man die Schuhe abgenommen. Dafür darf man sich putzige hellblaue Plastik-Söckchen über die Füße stülpen.

Ich bin mir nicht sicher, ob das Ganze tatsächlich der Sicherheit dient oder der präventiven Demütigung der Passagiere: Benimm dich bloß anständig, sonst werfen wir dich in den lächerlichen Dingern wieder auf die Straße! Schuhlos mit babyblauen Mini-Mülltüten an den Füßen fühlt man sich der uniformierten Obrigkeit gegenüber jedenfalls gleich bedeutend untertäniger.

»Ich komme mir irgendwie entmündigt vor in den Baby-Schühchen«, sage ich zu Anna, die gerade das Detektor-Tor passiert.

»Echt? Ich denke bei Babyschuhen eher an Verantwortung, das solltest du vielleicht auch.«

Ich bin ziemlich angepisst, dass sie ausgerechnet jetzt mit Ellas Schwangerschaft um die Ecke kommt. Ob sie mir das fürderhin jeden Morgen aufs Brötchen schmieren wird? Des lieben Friedens willen schlucke ich meinen Ärger hinunter. »Keine Sorge, ich kümmere mich ja drum.«

Annuschka hat sich die Schuhe wieder angezogen und schaut, während sie den Kopf hebt, zu mir herüber. »Das ist schön, Markus, aber erst mal werde *ich* wohl die Hauptarbeit damit haben. Du kannst dich allerdings gerne um mich kümmern …«

»Wie? Was?«

Anna deutet schmunzelnd auf die lächerlichen Babyschühchen an meinen Füßen und streichelt sich den Bauch. Dann dreht sie sich um und marschiert zum Gate.

»W-Was? Hey! Hey, warte mal!«

Sie schaut noch einmal zurück und nickt. »Genau das, Markus!«

Leicht benommen starre ich auf den Detektor. Da steht er und hier stehe ich. Durch diese hohle Gasse muss er gehen, der olle

Müller: Zwei Kinder! Okay, klar, das mit Annuschka habe ich sowieso gewollt. Aber muss es unbedingt gleichzeitig sein?

Dann fällt mir plötzlich etwas ein. Ich versetze dem Tor ins neue Leben einen freundlichen Klaps, worauf das Ding unerwartet heftig wackelt. Der Grenzbulle mustert mich daraufhin, als wolle er mich präventiv erschießen. Als ich hindurchschreite, besinnt er sich aber noch einmal, da ich offenbar zu entwaffnend lächle. Sei's drum: Zwei Kinder sind sowieso besser als eins. Kinder kann man doch nicht genug haben, oder? Lieber zu viel als zu wenig!